减贫

POVERTY REDUCTION

中国劳动力
流动的多重效应

The Multiple Effects of
Labor Mobility in China

樊士德 / 著

社会科学文献出版社
SOCIAL SCIENCES ACADEMIC PRESS (CHINA)

本书系作者主持的国家社会科学基金项目"精准扶贫背景下中国劳动力流动的减贫效应与政策研究"（批准号：18BJL124）的优秀结项成果（结项证书编号：20221676）。

本书还得到以下项目资助："研究阐释省第十四次党代会精神"江苏省社会科学基金重大项目"共同富裕目标下劳动力流动推进江苏城乡融合机制研究"（批准号：22ZDA001）、江苏高校优势学科建设工程四期项目（苏教研函〔2023〕11号）、江苏省重点学科项目（苏教研函〔2022〕2号）。

序

　　欣闻学生樊士德博士的新著《减贫：中国劳动力流动的多重效应》即将付梓，心中感慨万千。忆起 16 年前，他在中国社会科学院读博期间，随我到贵州安顺、浙江台州、河北涞水等地调研的情形，他总是细心观察、深入访谈，并把自己的想法和困惑与我们进行探讨，然后认真撰写调研报告。更让我欣慰的是，之后的 16 年，他一头扎进劳动力流动与地区差距、劳动力流动与产业转移、劳动力流动与减贫、劳动力流动与城乡融合这一领域，率先提出了"劳动力转移刚性""贫困的空间位移"等符合中国国情和中国劳动力流动特征化事实的创新性概念，并在该领域取得了丰硕的研究成果。2019 年 10 月，他入选"中国'劳动+'学科最具影响力学者排行榜"，成为这一领域颇具影响力的学者。

　　16 年来，他的博士学位论文及其后所主持的国家社会科学基金项目、中国博士后科学基金特别资助项目、教育部人文社会科学研究规划基金项目、江苏省社会科学基金项目等多项国家级和省部级重大重点研究项目都是围绕这一领域展开的。这种钻研精神与持之以恒的精神是难能可贵的。更值得赞赏的是，他所有的研究都是基于实地调研和深度访谈展开的实证研究，从关注欠发达地区的劳动力流出状况，到研究发达地区农民工的流入状况与福利，再到探讨劳动力流动与产业转移、区域经济协调发展之间的内在关系；从关注中西部地区的贫困，到聚焦东部沿海地区的贫困，再到最近几年结合国家精准扶贫战略所做的劳动力流动的减贫效应研究都是如此。他真正做到了既仰望星空，又脚踏实地、与时俱进，将论文写在了祖国的大地上。

　　《减贫：中国劳动力流动的多重效应》这一新著是樊士德教授所主持的国家社会科学基金项目的优秀结项成果，是结合近年来中国劳动力流动的现实困境和国家的精准扶贫战略所做出的新思考与新探究。国家级项目结项，需要通过有影响的专家评审，该项目能够得到"优秀"等级鉴定，不仅充分展现了本研究具有重大的理论价值和现实意义，而且彰显了作者深厚的理论功底和长期的学术积累。

该书将劳动力流动内生化进行考察，做出了以下几个方面的突出贡献。其一，在理论研究层面，该书围绕劳动力流动对贫困影响的内在作用机理与传导机制进行了理论分析，深入探究了劳动力流动对家庭多维贫困、农村贫困以及城市贫困的影响，在很大程度上丰富和拓展了这一领域的理论研究，尤其是为后续研究奠定了坚实的理论基础。其二，在实证研究层面，该书对改革开放以来我国劳动力流动与贫困的动态演进特征进行分析，采用相对贫困、多维贫困指数、预期贫困脆弱性等较为前沿的指标和方法对贫困进行测算，并在此基础上利用全国和省级面板数据、中国家庭追踪调查（CFPS）数据以及在全国范围内组织开展的微观调查获取的第一手数据等，从宏观、中观和微观三个层面系统地对劳动力流动的全国范围减贫效应、不同区域和城乡的减贫效应以及微观家庭的减贫效应进行实证研究，不仅测算了以往中国劳动力流动的减贫效应，而且探究了劳动力流动减贫的可持续性效应。其三，在政策研究层面，基于劳动力流动对全国样本家庭贫困、不同区域和城乡贫困、不同区域代表性省份贫困、多维贫困、多维相对贫困等方面具体效应的比较研究，提出了具体且可操作性强的政策建议。非常值得肯定的是，该书基于劳动力流动对贫困影响分家庭、分地区的比较研究和农村宏观整体的研究，不仅在微观层面有效甄别出了精准扶贫对象，而且在宏观和中观层面为中央提出的"因人因地分类施策"以及"深入开展定点扶贫、东西协作扶贫"等政策导向提供了具体的实施路径。

该书体现出鲜明的问题意识。作者在深度观察中国农村劳动力流动的过程中提出了一系列问题。例如，中国农村劳动力流动有助于可持续减贫吗？为回答这一问题，作者基于西部地区1876户农户的调查数据，从相对贫困、多维贫困和主观贫困三个视角考察了中国农村劳动力流动对家庭贫困的影响。最难得的是，他不仅考察了劳动力流出对当前家庭贫困的影响，而且基于对家庭贫困脆弱性的预测，考察了劳动力流动对家庭未来贫困发生概率的影响，并在此基础上对劳动力合理流动政策和扶贫政策的制定提出了有针对性的建议。又如，东部地区农村劳动力流动、务工收入和家庭贫困之间有什么样的关系？该书基于东部沿海地区欠发达县域近1000户农户和中部地区近2000户农户的调查给出了答案。

除一般性之外，该书尤其探讨了发达地区劳动力流动的减贫效应与政策安排在空间上的差异性和特殊性。无论是对于地方政府还是中央政府的相关决策者，这些答案都值得重视。

该书体现出明显的人文情怀。正如美国学者罗尔斯（John Bordley Rawls）在其《正义论》一书中的观点，一个公正的社会必须考虑最不幸的人的利益，在制定规则时，应最大化弱势群体的利益。对于樊士德教授而言，劳动力流动、家庭收入、减贫、区域经济协调发展、城乡融合发展等都不是抽象的概念，更不是冰冷的数据，而是人民群众的福利，直接关系到人民群众美好生活的实现。因此，在研究过程中，他将劳动力流出地留守儿童和留守老人的福利纳入考察，同时也对流入地劳动者的医疗保障、受教育权利、身份认同等社会福利和文化福利进行了观照与研究。对此，他认为最能反映改革开放40多年成就的，应该是贫困地区面貌的改变和低收入群体福利的提升。事实上，这也是党中央扎实推进共同富裕的本质内涵和根本遵循。这些研究已超出单纯的经济福利的范畴，体现出学者高度的社会责任感。

该书体现出强烈的社会观照性。一方面，作者注重宏观数据的科学性与准确性。例如，在劳动力流动对地区贫困影响的时空效应方面，以全国各省份长期以来的面板数据为样本，采用前沿计量模型从宏观、空间和时间多重维度实证检验了劳动力流动对贫困影响的异质性效应；在劳动力流动对城乡贫困影响的异质性方面，基于我国长期以来各省份城市和农村的面板数据，运用空间杜宾模型分析了劳动力流动对城乡贫困的影响及其空间外溢效应；在劳动力流动对多维相对贫困影响方面，基于长期以来中国家庭追踪调查数据，运用 A－F 法测度了样本家庭多维相对贫困状况，并从静态和动态两个维度聚焦劳动力流动对中国家庭多维相对贫困的具体效应。这些研究时间跨度之长、空间跨度之广，从宏观上反映了我国近年来发生的大规模劳动力流动对贫困的影响。另一方面，作者注重微观调查的深入和细致。为研究劳动力流动对农户的影响，作者在我国东部、中部和西部地区广泛进行微观调查和深度访谈，发放调查问卷超过 7000 份，并利用 Logit 模型和多元线性回归模型，实证验证了劳动力流动对不同地区家庭贫困发生概率和人均纯收入水平的影响，体现出强烈的社会观照性。

　　该书体现出明确的实践导向性。在樊士德教授看来，学问不应该停留在象牙塔，而应该直面现实、透析现实，并服务于现实。因此，在严谨的理论研究和扎实的实证研究的基础上，该书提出了可操作性强的政策建议。第一，将劳务输出纳入扶贫工作的战略框架，并凸显其战略地位，以弥补传统区域开发扶贫的不足、纠正扶贫政策方向偏差和扶贫对象漏出。第二，拓宽对家庭留守人员的帮扶维度并加大保障力度，做好外流劳动力的后方保障，提升劳动力流动减贫的潜在质量和效率。第三，制定区域本地开发扶贫、劳务输出扶贫与配套的农村救济式扶贫等多种不同组合的扶贫政策，因人因地而异，提高扶贫的针对性、精准性和有效性。第四，发挥城乡和区域协同效应，实现城乡和区域间的扶贫脱贫一体化，并辅之以户籍制度及其背后所附属的一系列福利制度改革，为发挥劳动力流动的减贫效应创造制度条件。第五，针对劳动力流动导致的贫困的空间位移，需要多管齐下，尤其要利用前沿的数字技术和信息化手段，建立健全的贫困人口和贫困家庭动态数据库以及城乡一体化的社会保障和福利体系，同时以劳动力市场需求为导向，建立教育和培训两大体系，确保对贫困人口在空间上的动态追踪，并实现贫困人口、家庭和贫困地区的内生式脱贫。他认为，精准扶贫收官后，中国的减贫战略需要转向更为复杂的相对贫困、多维贫困和防止新的贫困发生，着力解决农村和欠发达地区多方面发展的不平衡不充分问题，推进共同富裕。这些来自实践的真知灼见，应引起相关政府部门的思考。

　　值得强调的是，樊士德教授长期以来研究的实践导向性取得了突出成效。多项研究成果得到了江苏省委书记肯定性批示，以及国家发展改革委、国务院侨务办公室、江苏省发展改革委、深圳市国资委、兴化市扶贫办等国家部委以及省、市级政府部门的采纳和应用，其中1项上报中央领导阅示。该书的前期系列成果有10余篇发表在权威和核心期刊上，并产生了重要的社会效应和良好的经济效益，无论是在学界还是对指导中国实践都产生了重大影响，充分体现了该书具有重大的理论意义与实践价值。

　　《减贫：中国劳动力流动的多重效应》这一著作是我国劳动力流动领域的又一力作。它不仅是樊士德教授在劳动力流动研究方面新的里程碑，而且是一项应用前景十分广阔的前沿性成果。全书内容既丰富又前沿，系统性极强，建构了劳动力流动与贫困间统一的分析框架和全新的研究范式，内在逻辑高度一致，学术思想和观点新颖，娴熟的动态优化、机制设计、数值模拟、动态面板、空间计量模型、倾向得分匹配等前沿数理分析和计量研究方法的综合交叉应用贯穿整个研究，构成了方法上极大创新的典型例证。作为老师，我甚感欣慰。相信该书的出版能够进一步拓展和深化我国劳动力流动、贫困、乡村振兴、新型城镇化和城乡融合等领域的相关研究。

樊士德教授作为子课题负责人的"新发展格局下长三角一体化大市场研究"获得国家社会科学基金重大项目立项，主持的"中国劳动力转移刚性对城乡融合发展影响的机理、效应与政策研究"获得国家社会科学基金项目立项，作为首席专家主持的"共同富裕目标下劳动力流动推进江苏城乡融合机制研究"获得江苏省社会科学基金重大项目立项。相信和期待樊士德教授在这一领域有更多新的开拓。

清华大学中国经济思想与实践研究院研究员
中国社会科学院经济研究所研究员
中国社会科学院欠发达研究中心主任

2023 年 10 月 23 日

前　言

　　党的十九大报告指出，要确保到 2020 年我国现行标准下农村贫困人口实现脱贫，贫困县全部摘帽，解决区域性整体贫困。自 2013 年"精准扶贫"理念被提出以来，脱贫攻坚取得了举世瞩目的成就。为进一步将精准扶贫工作推向纵深，李克强总理在 2017 年《政府工作报告》中将"劳务输出"作为实施精准扶贫的重要举措。西方传统经济理论认为，劳动力流动可以实现劳动力及其附载要素在空间与区域上的有效配置，有助于缓解贫困，并降低收入不平等。然而，20 世纪 80 年代以来我国大规模劳动力流动以及贫困演进中的典型特征化事实引起了笔者的思考。一方面，对中国的现实观察发现，劳动力流动并未缩小反而扩大了城乡和地区差距，同时带来了农村和欠发达地区人口结构"畸形化"、"空心村"现象加剧、自身内涵式发展的内生动力源丧失以及产出漏出等社会经济问题，进而影响减贫的潜在效应，农村贫困问题依然突出；另一方面，劳动力流动在一定程度上带来了贫困由农村和欠发达地区向城镇和发达地区的"空间位移"，以及贫困在空间分布上的动态变化，这无疑对目前我国聚焦贫困区域、贫困县和贫困村并实行就地开发的扶贫政策形成了考验、提出了新要求。因此，系统考察中国劳动力流动对贫困影响的内在机理与具体效应具有重大的理论价值和实践意义。本书将劳动力流动内生化，围绕劳动力流动对贫困影响的内在机理与传导机制进行理论分析，不仅对改革开放以来我国劳动力流动与贫困的动态演进特征进行分析，而且采用相对贫困、多维贫困指数（MPI）、多维相对贫困、预期贫困脆弱性（VEP）等较为前沿的指标和方法对贫困进行测算，并在此基础上利用全国和省级面板数据、中国家庭追踪调查（CFPS）数据，以及笔者在全国范围内组织开展的微观调查所获取的第一手数据，从宏观、中观和微观三个层面系统地围绕劳动力流动对全国范围贫困、不同区域和城乡贫困、不同区域代表性省份微观家庭贫困以及多维贫困、多维相对贫困等方面的具体效应进行了理论和实证研究，在这一过程中对不同区域和空间、城乡、劳动力流出地的差异化地貌特征，以及不同家庭的减贫效应进行比较研究，不仅为全国扶贫政策的顶层设计以及分家庭、分区域、分城乡等差异化的扶贫政策安排提供了决策依据，而且为相对贫困和多维贫困的缓解提供了有针对性的政策建议。

本书共包括十三章的内容。第一章为问题提出，提出了本书的差异化聚焦、理论意义和现实价值；第二章为文献回顾，为后续研究奠定了文献基础；第三章梳理了改革开放以来中国劳动力流动与贫困的演进特征，为本书提供了纵向历史参照与特征化事实基础；第四章剖析了劳动力流动对贫困影响的内在机理，为劳动力流动减贫效应的经验研究奠定了理论基础；第五章主要从宏观层面围绕劳动力流动对家庭贫困的影响进行计量实证；第六章从中观层面围绕劳动力流动对地区贫困的影响进行实证研究；第七章同样从中观层面围绕劳动力流动对城乡贫困的影响进行经验研究；第八章、第九章和第十章基于笔者对东部、中部和西部地区代表性省份的 6370 份有效调查问卷中获取的微观调查数据，围绕劳动力流动分别对东部、中部和西部地区贫困的影响进行相应的计量实证；第十一章和第十二章围绕劳动力流动分别对多维贫困、多维相对贫困的影响进行专题研究；第十三章为主要结论与政策建议。从第五章至第十二章的实证安排来看，本书从宏观、中观、微观三个层面以及多维贫困、多维相对贫困两个维度系统地考察劳动力流动的减贫效应，彰显了内在逻辑的严谨性、研究层次的清晰性和研究内容的系统性。

本书围绕劳动力流动对贫困影响的内在机理和传导机制的研究发现，劳动力流动对家庭贫困、农村贫困、城市贫困、家庭多维相对贫困等既存在正向的缓解效应，又存在负向的加剧效应。进一步的计量实证研究结果如下。①在劳动力流动对家庭贫困影响方面，基于 CFPS 数据的全国样本发现，存在劳动力流动情形的家庭可以显著地降低贫困发生率；欠发达地区与发达地区二维划分的分地区研究发现，欠发达地区劳动力流动的边际减贫效应要优于发达地区。②在劳动力流动对地区贫困影响的时空效应方面，以全国 30 个省份（四川和重庆合并处理）的面板数据为样本，通过固定效应模型研究表明，中国劳动力流动除在宏观维度能够有效缓解贫困之外，在空间维度虽对减缓不同地区贫困均能产生正向影响，但边际效应呈现差异化特征，中部地区的减贫效应优于东部和西部地区，即中部地区劳动力流动的减贫效应最强，东部地区次之，西部地区最弱。从时间维度来看，2010 年前后劳动力流动均能有效减缓贫困，但 2010 年后的总体减贫效应更突出。③在劳动力流动对城乡贫困影响的异质性方面，基于全国 31 个省份城市和农村面板数据，运用空间杜宾模型围绕劳动力流动对城乡贫困的影响及其空间外溢效应的研究发现，劳动力流动显著降低了城市贫困程度，同时导致农村贫困程度加深，且劳动力流动对贫困的影响具有空间外溢效应。分阶段研究发现，2010 年之前劳动力流动对本地区城乡贫困具有缓解作用，2010 年之后则加剧了城乡贫困。④在劳动力流动对东部地区贫困影响方面，基于笔者对东部沿海地区欠发达县域 878 户农户微观调查数据的研究发现，贫困促使农村家庭劳动力外出务工，进而提高了家庭收入并缓解了贫困。劳动力流动同时降低了主观感受下的绝对贫困和相对贫困，但对缓解主观感受下的相对贫困更显著。采用不同的贫困标准，劳动力外流对缓解贫困的程度不尽相同。⑤在劳动力流动对中部地区贫困影响方面，基于笔者对中部地区 1876 户农村家庭的微观调查数据，利用 Logit 模型和多元线性回归模型，研究发现劳动力流动能够提高中部地区农村家庭的收入，缓解家庭贫困，且劳动力流动规模越大，对农村家庭的增收减贫效应越明显。在流入地的具体选择上，相较于省内流动，省外流动尤其是劳动力流向经济更为发达的省份务工，收入提升效应更为明显。⑥在劳动力流动对西部地区贫困影响方面，基于笔者对西部地区 1876 户农户微观调查数据的实证研究发现，农村劳动力流动不仅可以缓解家庭当前的贫困，而且有助于降低家庭未来发生贫困的概率，这表明农村劳动力流动的减贫效应具有可持续性。与在省内流动相比，劳动力向省外流动给家庭带来的增收效应和减贫效应更强。⑦在劳动力流动对多维贫困影响方面，基于对 CFPS 数据的实证研究发现，劳动力流动能够有效降低欠发达地区农村家庭收入贫困及多维贫困发生的概率；男性外出务工人员相比女性对缓解多维贫困的边际贡献更大，选择跨省务工的减贫效应更为显著，然而随着贫困维度的增加，劳动力流动对贫困的边际效应呈现逐渐减弱的特征。此外，持续外出务工不仅可以有效提高欠发达地区农村家庭单维和多维的脱贫概率，而且能够降低农村家庭重返贫困的可能性，由非外出务工向外出务工的微观决策转变也有助于缓解贫困，但其边际贡献小于持续外出务工的家庭。⑧在劳动力流动对多维相对贫困影响方面，基于对 CFPS 数据的实证研究发现，从静态视角看，劳动力流动显著地缓解了家庭多维相对贫困状况，既提升了相对贫困家庭的收入，又改善了其在教育、健康、住房以及养老等多方面的相对贫困状态，进而提升了其对生活的主观满足感。劳动力流动年限与家庭脱贫和返贫之间呈现 U 形关系。随着流动年限的增加，劳动力流动对家庭多维相对贫困的影响由积极转向消极。从动态视角看，劳动力流动对多维相对贫困的影响在时间维度具有动态性。劳动力流动对多维相对贫困的边际贡献经历了提升—下降—再提升三个阶段。

基于上述理论分析和实证研究，本书提出以下主要政策建议。第一，将劳务输出纳入扶贫工作的战略框架，并凸显其战略地位，这是弥补传统区域开发扶贫的不足、纠正扶贫政策方向偏差和扶贫对象漏出的需要。第二，拓宽对家庭留守人员的帮扶维度并加大保障力度，做好外流劳动力的后方保障，提升劳动力流动减贫的潜在质量和效率。第三，制定区域本地开发扶贫、劳务输出扶贫与配套的农村救济式扶贫等多种不同组合的扶贫政策，因人因地而异，提高扶贫的针对性、精准性和有效性。第四，发挥城乡和区域协同效应，实现城乡和区域间的扶贫脱贫一体化，并辅之以户籍制度及其背后所附属的一系列福利制度改革，为发挥劳动力流动的减贫效应创造制度条件。其中，不同区域、城乡、流入地和流出地的地方政府需要实行差异化、有针对性的扶贫政策。第五，建立健全的贫困人口和贫困家庭动态数据库以及城乡一体化的社会保障和福利体系，同时以劳动力市场需求为导向，建立教育和培训两大体系，确保对贫困人口在空间上的动态追踪，并实现贫困人口、家庭和贫困地区的内生式脱贫。第六，重视教育扶贫，处理好教育扶贫短期性和长期性的关系，通过教育扶贫，既可以扶外流劳动力这一代人的贫困，又能够防止贫困的代际传递。第七，脱贫攻坚战全面胜利后，中国的减贫战略需要转向更为复杂的相对贫困、多维贫困和防止新的贫困发生，着力解决农村和欠发达地区多方面发展的不平衡不充分问题，推进共同富裕。

综上，本书不仅基于收入与缓解贫困最大化目标为劳动力合理流动的微观决策提供了具体方案，而且基于区域和城乡空间协同理论与视角，针对绝对贫困、相对贫困、多维贫困等不同的贫困标准，对不同家庭、区域和城乡的扶贫政策进行了差异化的制度安排，并从宏观层面对全国范围的劳动力流动政策、扶贫政策等进行了顶层设计，校正了传统扶贫政策在空间上的偏差和对象上的遗漏，这也构成了本书重要的理论和实践创新。

目　录

第一章 绪论

一 研究背景与问题提出

党的十九大报告指出，要确保到 2020 年我国现行标准下农村贫困人口实现脱贫，贫困县全部摘帽，解决区域性整体贫困。自 2013 年"精准扶贫"理念被提出以来，脱贫攻坚取得了举世瞩目的成就。为进一步将精准扶贫工作推向纵深，李克强总理在 2017 年《政府工作报告》中将"劳务输出"作为实施精准扶贫的重要举措。根据中国社会科学院农村发展研究所、国家统计局农村社会统计司发布的《1995 年中国农村经济发展年度报告——兼析 1996 年发展趋势》，1995 年我国转移到非农产业的劳动力约为 9600 万人。根据国家统计局发布的《中华人民共和国 2022 年国民经济和社会发展统计公报》，2022 年全国农民工总量达到 2.96 亿人，其中外出农民工约为 1.72 亿人。这一庞大的农村劳动力外流无疑对我国经济社会发展产生了深远影响，在这一过程中贫困人口尤其是农村贫困人口的逐步减少构成了典型的特征化事实。1995～2010 年，我国农村贫困人口从 6500 万人减少到 2688 万人。[①] 2011 年实施新贫困标准[②]后，历经近 10 年的持续扶贫，到 2020 年底，中国现行标准下 9899 万农村贫困人口全部脱贫（黄俊毅，2021）。脱贫攻坚战于 2021 年圆满收官，全国范围内消除了绝对贫困，创造了世界减贫史上的奇迹。为了进一步防范化解返贫致贫风险，针对因病返贫致贫，国家医保局办公室等五部门于 2022 年发布《关于坚决守牢防止规模性返贫底线 健全完善防范化解因病返贫致贫长效机制的通知》，强调要确保农村低收入

---

① 1995 年数据来源于《人口研究》编辑部《中国的人口增长和粮食问题》，《人口研究》1996 年第 3 期；2010 年数据来源于黄俊毅《减贫奇迹铸丰碑》，《经济日报》2021 年 6 月 30 日。

② 2011 年，我国将贫困标准从 2008 年划定的年人均纯收入 1196 元上调至 2300 元。

人口和脱贫人口应保尽保，健全和完善因病返贫致贫监测预警机制。针对失业可能带来的返贫，《中共中央　国务院关于做好 2022 年全面推进乡村振兴重点工作的意见》提出要深化东西部劳务协作，做好省内转移就业工作，促进脱贫人口持续增收。农业农村部（国家乡村振兴局）2023 年印发《关于进一步做好促进脱贫人口持续增收工作的通知》，明确提出各地区要推动脱贫人口稳岗就业，提高工资性收入。各地区要加大工作力度，确保 2023 年脱贫人口务工规模稳定在 3000 万人以上，特别强调要促进脱贫地区劳动力就业和持续增收。具体而言，要求东部地区把脱贫人口稳在企业、稳在当地，稳住岗位、稳住收入；要求中西部地区做好脱贫人口省内就业和就地就近就业；要求对返乡回流人口建立跟踪服务机制，动员更多脱贫劳动力参加重点项目建设，增加务工收入。

改革开放以来，伴随我国农村劳动生产率的不断提升，在农村、欠发达地区和传统部门对于劳动力而言诸多不利因素的"外推力"以及城市、发达地区和现代部门所存在的有助于劳动力实现收入提升和帕累托改进的"内引力"的双重作用下，劳动力逐步由农村向城市、由欠发达地区向发达地区、由传统部门向现代部门转移。与此同时，我国贫困人口尤其是农村贫困人口和贫困发生率总体呈现"直线式"的下降趋势。换言之，长期以来大规模的劳动力流动和举世瞩目的贫困缓解构成了我国经济社会发展过程中的典型特征化事实。

西方传统经济理论认为劳动力流动可以实现劳动力及其附载要素在空间与区域上的有效配置，有助于缓解贫困，并降低收入不平等。然而，20 世纪 80 年代以来我国大规模劳动力流动以及贫困演进中的典型特征化事实引起了笔者的思考。①对中国的现实观察发现，劳动力流动并未缩小反而扩大了城乡和地区差距，同时带来了农村和欠发达地区人口结构"畸形化"、"空心村"现象加剧、自身内涵式发展的内生动力源丧失以及产出漏出等社会和经济问题，进而影响减贫的潜在效应，农村贫困问题依然突出，乡村振兴战略显得尤为必要。②劳动力流动在一定程度上带来了贫困由农村和欠发达地区向城镇和发达地区的"空间位移"，以及贫困在空间分布上的动态变化，这无疑对目前我国聚焦贫困区域、贫困县和贫困村并实行就地开发的扶贫政策形成了考验、提出了新要求。简言之，精准扶贫背景下贫困地区劳动力外流导致贫困对象的空间分布与表现形式都在发生变化，这对传统的扶贫方式提出了挑战。一是劳动力流动所带来的贫困空间位移对精准扶贫战略提出了反思与新的要求。二是劳动力流动所带来的贫困空间位移形成了"新城市贫困"，这对精准扶贫战略的"精准"推进与扶贫效率提升提出了新的命题。三是劳动力外流给农村和欠发达地区自身的内生发展带来的冲击值得关注，由"输血式"向"造血式"扶贫的转变迫切需要加快进程。

上述特征为何与西方传统理论相悖，其特殊性何在？劳动力流动对贫困的内在作用机理和传导机制如何？哪些因素在影响劳动力流动的减贫效应？劳动力外流是否导致现有扶贫政策出现了"空间上的偏差"与"对象上的遗漏"？现有扶贫政策究竟应做出什么样的新的顶层设计、制度安排和政策调整？

基于此，本书通过探究劳动力流动对贫困影响的内在机理及其在现实中的减贫效应，对传统的偏向贫困地区就地开发的扶贫政策进行考量与反思，并尝试提出完善和推进精准扶贫战略实施的政策优化路径，不仅为全国扶贫政策的顶层设计以及分家庭、分区域、分城乡的差异化政策安排提供了有针对性的政策建议，而且为相对贫困和多维贫困的缓解提供了决策参考。

需要说明的是，大规模的劳动力流动和举世瞩目的脱贫成就构成了我国改革开放以来社会经济发展过程中的重要特征化事实。农村外出务工劳动力规模从改革开放初期的不到 200 万人（孔祥智、周振，2020）发展到 2020 年的 3.76 亿人[①]。大规模的劳动力流动改变了人口的空间分布、资源配置以及家庭的收入状况、生活水平等，同时也打破了原有的贫困治理格局，对新时期的扶贫工作提出了更高的要求。在脱贫攻坚决胜年，即 2020 年，我国成功实现了现行标准下 9899 万农村贫困人口全部脱贫、832 个贫困县全部摘帽、12.8 万个贫困村全部出列的脱贫壮举，完成了消除绝对贫困的历史性任务[②]，提前 10 年实现《联合国 2030 年可持续发展议程》的减贫目标，不仅推进了我国全面建设小康社会的战略目标，而且为国际减贫治理提供了中国样本和中国理念。然而，"胜非其

---

① 数据来源于第七次全国人口普查数据，此处为流动人口规模。
② 数据来源于国务院新闻办公室于 2021 年 4 月 6 日发布的《人类减贫的中国实践》白皮书。

难也，持之者其难也"。一些偏远地区由于地理位置较差、生态环境恶劣、经济基础和产业发展薄弱，部分已脱贫的农村贫困边缘家庭（贫困脆弱户）仍存在返贫风险，脱贫过渡期能否实现稳定生计和可持续减贫是一个亟待考究的问题。习近平总书记在全国脱贫攻坚总结表彰大会上的讲话中强调，要切实做好巩固拓展脱贫攻坚成果同乡村振兴有效衔接各项工作，让脱贫基础更加稳固、成效更可持续。这意味着 2020 年后中国贫困治理工作重点向相对贫困转变，贫困出现多元化、多维化等新问题。因此，如何更好地引导劳动力流动，并有效防止脱贫的贫困脆弱户返贫，巩固脱贫成果，建立扶贫长效机制，实现可持续减贫，成为经济社会发展的重要目标。这对推进乡村振兴战略、实现共同富裕具有重要的现实意义。

二　学术价值与应用价值

（一）学术价值

本书将劳动力流动、贫困、城乡和区域协调发展纳入统一框架，聚焦学界相对忽视的劳动力流动对贫困影响的内在机理研究，拓展和丰富了劳动力流动与贫困关系的研究。本书将劳动力流动作为内生变量，探究劳动力流动对贫困的内在机理和传导机制，在此基础上从宏观、中观和微观三个层面对中国劳动力流动的减贫效应进行测算，这一研究也可视为对我国劳务输出对减贫贡献的评价，具有较强的系统性，不仅可以为现有研究提供微观和中观的理论基础，而且可以为其他扶贫政策效果评估提供一种可能的新的分析框架和范式。

（二）应用价值

本书的实践应用价值主要体现在以下两个方面。一方面，校正现阶段偏向"区域就地开发"的传统扶贫政策在"对象上的遗漏"和"空间上的偏差"，为识别扶贫对象和区域以及政策纠偏提供决策参考。本书基于劳动力流动对贫困影响的作用机理的剖析与减贫效应的实证研究，识别需要优先干预与聚焦的对象和区域，以期校正现阶段偏向"区域就地开发"的传统扶贫政策在"对象上的遗漏"和"空间上的偏差",应对劳动力流动所带来的贫困"空间转移"问题。另一方面,基于劳动力流动对家庭、区域、城乡以及城市、农村宏观整体的减贫效应的系统测算,为"因人因地分类施策"提供政策依据。劳动力流动对贫困的影响是复杂、多元的,因此本书采用不同标准和多重贫困测量指标,除关注"绝对贫困"外,还聚焦长期存在的"相对贫困"和"多维贫困",科学地测算我国贫困的真实状况,基于劳动力流动对家庭、区域、城乡以及城市、农村宏观整体的减贫效应的考察,回答劳动力流动对什么特征家庭的减贫效应更明显,东部、中部和西部地区的空间差异性,以及劳动力流动对城市和农村整体的减贫效应,进而为不同家庭、不同区域、不同城乡之间的差异化扶贫政策以及宏观视角下扶贫政策的顶层设计和制度安排提供借鉴。

三 研究框架与研究内容

本书遵循"问题提出—文献回顾—内在机理和机制考察—实证研究—主要结论和政策建议"这一研究框架,既聚焦劳动力流动对贫困影响的内在机理和传导机制的理论分析,又从宏观、中观和微观三个层面系统地关注中国劳动力流动对全国范围贫困、不同区域和城乡贫困以及微观家庭贫困的具体效应,最终为劳动力合理流动和缓解贫困提供具体、可操作的政策建议。

具体来说,本书主要包括十三章的内容。

第一章,绪论。首先,提出了本书在精准扶贫背景下聚焦中国劳动力流动的减贫效应与政策这一主题进行研究的缘由。其次,探讨了本书研究的学术价值与应用价值。最后,厘清了本书的研究框架与研究内容。

第二章,文献回顾。本章主要对国内外有关劳动力流动与贫困方面的研究进行了系统梳理和动态述评。主要包括以下五个方面的内容:一是劳动力流动与绝对贫困方面,集中对学界关于"劳动力流动是否缓解了贫困"这一争论进行了梳理;二是劳动力流动与相对贫困方面;三是劳动力流动与多维贫困方面;四是劳动力流动与贫困脆弱性方面;五是劳动力流动对贫困影响机理方面。

　　第三章，改革开放以来中国劳动力流动与贫困的演进特征。一方面，本章基于 1978～2020 年我国农村劳动力流动与贫困发生率两个宏观层面的数据，对劳动力流动与贫困的动态演化脉络和变化趋势进行分析，在此基础上进行了阶段划分；另一方面，本章基于省级层面的数据，从空间维度对我国劳动力流动与城乡贫困的动态特征化事实进行了剖析。

　　第四章，劳动力流动对贫困影响的内在机理。本章围绕劳动力流动对贫困影响的内在机理与传导机制进行分析，为后续的经验研究奠定了理论基础。主要从三个方面展开：一是劳动力流动对家庭贫困影响的内在机理；二是劳动力流动对农村贫困和城市贫困影响的内在机理；三是劳动力流动对家庭多维相对贫困影响的理论逻辑与内在机理。

　　第五章，劳动力流动对家庭贫困影响的效应研究——基于面板 Logit 模型与随机效应模型的实证研究。本章主要从宏观层面围绕劳动力流动对家庭贫困的影响进行计量实证。具体利用 2014 年和 2018 年中国家庭追踪调查（CFPS）数据，不仅采用面板 Logit 模型围绕劳动力流动对全国样本家庭贫困的影响进行量化研究，而且利用面板随机效应模型实证研究劳动力流动对全国样本家庭年人均纯收入的影响，并进行分地区和分家庭的动态比较研究。需要说明的是，这里的分地区采用的是欠发达地区与发达地区的二维划分，相对于后续章节更为宏观。

　　第六章，劳动力流动对贫困影响的时空效应研究——基于 1995～2020 年省级面板数据的实证研究。本章从中观层面围绕劳动力流动对不同地区贫困的影响进行实证研究。与第五章最主要的不同在于，本章利用全国 30 个省份（四川和重庆合并处理）1995～2020 年的省级面板数据，采用固定效应模型和滞后一期的系统 GMM 估计方法从宏观、空间和时间多重维度围绕劳动力流动对不同地区（东部、中部和西部地区）贫困影响的效应进行计量实证，既聚焦空间效应，又从时间维度关注上述不同空间的动态效应与差异化特征，在这一过程中重点实证检验了劳动力流动对不同地区贫困影响的异质性效应。不仅为深入理解劳动力流动对中国不同区域和不同阶段贫困问题的作用效应提供了直接的经验证据，而且为深度推进国家扶贫战略尤其是可能的调整和改革方向提供了重要的决策依据。

　　第七章，劳动力流动对城乡贫困影响的异质性研究。与第六章侧重劳动力流动对不同区域和空间贫困影响的动态效应经验研究相同的是，本章仍然侧重中观层面的考察，利用我国 31 个省份的面板数据，但不同之处在于为了验证劳动力流动导致贫困在城乡间的空间位移效应，利用空间杜宾模型在地理距离空间权重矩阵、经济距离空间权重矩阵、地理与经济距离嵌套空间权重矩阵下围绕劳动力流动对城市贫困和农村贫困的影响进行了计量实证研究。简言之，本章重点聚焦的是劳动力流动对城乡贫困影响的具体效应，同时关注劳动力流动对城市贫困与农村贫困二者之间的异质性。

第八章，农村劳动力流动、务工收入与家庭贫困——基于东部沿海地区欠发达县域 878 户农户的实证研究。本章区别于已有研究偏向全国范围和欠发达地区的贫困，利用笔者对江苏苏北地区贫困县 878 户农户的微观调查数据，运用 Logit 模型和多元线性回归模型重点研究了东部沿海地区欠发达县域劳动力流动的减贫效应以及劳动力外出务工收入的影响因素。本章基于笔者对东部地区代表性省份开展的微观调查所获取的一手数据，最大限度地实现了对东部地区劳动力流动减贫效应的有针对性的深度探讨。

第九章，劳动力流动对农村家庭贫困影响的实证研究——来自中部地区 1876 户农村家庭的微观证据。本章主要利用笔者对中部地区代表性省份开展的微观调查所获取的一手数据进行实证研究，与第八章不同的是，本章基于笔者 2019 年对中部地区代表性省份 1876 户农村家庭的微观调查数据，不仅对样本家庭的贫困和劳动力流动的特征化事实进行统计分析与讨论，而且进一步利用 Logit 模型和多元线性回归模型，通过计量实证检验了贫困地区农村家庭劳动力外流对家庭贫困发生概率和年人均纯收入水平的影响，最终对中部地区提出有针对性的政策建议。

第十章，农村劳动力流动有助于可持续减贫吗？——基于西部地区 1876 户农户调查数据的贫困脆弱性研究。本章围绕西部地区劳动力流动对贫困影响的具体效应进行实证研究。具体来说，本章使用笔者 2019 年对甘肃省天水市和平凉市 1876 户农户的微观调查数据，通过预期贫困脆弱性（VEP）方法预测被调查家庭未来发生贫困的概率，并采用 OLS 和 Logit 模型从相对贫困、多维贫困和主观贫困三个视角考察农村劳动力流动对西部地区当前家庭贫困和未来发生贫困概率的影响。不仅与聚焦全国、地区乃至代表性省份等不同研究对象的研究结论进行对照，而且为西部地区制定劳动力合理流动政策和扶贫政策提出了有针对性的对策建议。值得强调的是，本章还借助倾向得分匹配法纠正了可能存在的内生性偏误，并比较了省外劳动力流动与省内劳动力流动减贫效应的异质性。

第十一章，劳动力流动对欠发达地区农村家庭多维贫困的影响研究。在进行第五章的宏观（全国）、第六章和第七章的中观（地区和城乡）以及第八章、第九章和第十章的相对微观（相对于第五章、第六章和第七章而言，第八章、第九章和第十章更为微观，依据在于：一是以不同地区代表性省份的欠发达县域为研究对象；二是均基于笔者对上述对象开展的微观调查所获取的一手家庭数据）的深入研究之后，本章围绕劳动力流动对农村家庭多维贫困的影响进行专题研究。本章建构了多维贫困指标体系，以 2012 年和 2014 年 CFPS 数据为基础，利用"收入导向型"多维贫困指数方法测度了欠发达地区农村家庭的贫困状况，并采用随机效应 Probit 模型实证分析了劳动力外流对欠发达地区农村家庭多维贫困的内在影响，在此基础上比较了一维、二维、三维和四维等不同维度贫困之间的差异化影响。此外，本章还进一步考察了劳动力流动微观决策的变化（外出务工→外出务工、外出务工→未外出务工、未外出务工→外出务工）对农村家庭贫困状态变动（脱贫、未脱贫、返贫、未返贫）的动态影响。

第十二章，劳动力流动对家庭多维相对贫困影响的动态研究。目前，劳动力流动对贫困影响的研究主要集中在绝对贫困方面，而对多维贫困、相对贫困方面的研究关注较少。第十一章已经研究了劳动力流动对多维贫困的具体效应，本章则侧重探讨相对贫困，为了考察的全面性和系统性，与多维贫困相结合，即考察劳动力流动对家庭多维相对贫困的内在影响。具体来说，本章基于 2010～2018 年 CFPS 数据，运用 A－F 法测度样本家庭多维相对贫困状况，并从静态和动态两个维度实证研究了劳动力流动对中国家庭多维相对贫困影响的具体效应。本章可能的创新和边际贡献在于：基于"贫"和"困"双重视角构建多维相对贫困的识别框架，从多维视角测度相对贫困；从时间维度研究劳动力流动对多维相对贫困影响的动态变化特征，考察劳动力流动微观决策的改变对家庭贫困的动态影响，作为相关研究的有益补充。

第十三章，主要结论与政策建议。基于上述劳动力流动对贫困影响内在机理的考察以及从宏观（全国）、中观（地区和城乡）、微观（家庭）三个层面和多维贫困、多维相对贫困两个维度对劳动力流动的减贫效应进行的系统实证研究，得出了本书的主要结论，并从中央政府、流入地和流出地地方政府、发达地区和欠发达地区、城市和农村、劳动力流动微观主体与家庭等不同角度，为推进劳动力的合理流动、扶贫政策的优化与改善特别是传统扶贫政策的校正（如扶贫对象的遗漏、扶贫区域和空间的偏差与错位等）提出了具体、可操作的政策建议。

四 对本书所开展的微观调查的说明

需要强调的是，笔者在我国东部、中部和西部地区的代表性省份组织调研团队进行了有针对性的微观调查，在全国范围内发放问卷7000份，采取面对面访谈形式，有效问卷共计6370份，问卷有效率达91%，其中东部地区2618份（具体包括江苏省宿迁市泗阳县878份、江苏省淮安市涟水县573份、江苏省苏州市1167份）、中部地区1876份（具体包括河南省南阳市桐柏县412份、安徽省六安市金寨县654份、安徽省池州市石台县810份）、西部地区1876份（具体包括甘肃省天水市甘谷县1051份、甘肃省平凉市庄浪县825份）。河南省南阳市桐柏县、安徽省六安市金寨县、安徽省池州市石台县、甘肃省天水市甘谷县、甘肃省平凉市庄浪县5个县曾为国家级贫困县。笔者共调查了54个镇252个村，对近200位具有代表性的农户和村级干部进行了深度访谈，共整理了近200份访谈记录，走访了5336户农户，访问了1136名农民工。不仅弥补了现有中观、宏观数据缺失的不足，而且围绕劳动力流动对不同地区和具体省份贫困影响的差异化效应进行全面、深入、系统、细致的计量实证和纵横比较，既对已有零散、单一研究的可靠性与合理性进行了校正，又彰显了本书的全面性、系统性、客观性、实践性和有效性。

第二章　文献回顾

关于劳动力流动与贫困的研究，主要集中在劳动力流动对收入贫困方面，其他方面的研究相对不足。本书为了在该方面有所拓展并进行差异化聚焦，尽可能全面、系统地梳理国内外已有的动态研究，进而为后续的理论分析和实证研究奠定文献基础。本章主要从以下五个方面展开：一是劳动力流动与绝对贫困方面，围绕学界关于"劳动力流动是否缓解了贫困"这一争论展开；二是劳动力流动与相对贫困方面；三是劳动力流动与多维贫困方面；四是劳动力流动与贫困脆弱性方面；五是劳动力流动对贫困影响机理方面。

一　劳动力流动与绝对贫困方面

综观国内外已有研究，关于劳动力流动是否有助于减贫，因假设前提、约束条件、市场化程度等方面的差异，目前学界关于劳动力流动究竟给贫困带来了什么样的影响或效应这一问题还存在较大的争议和分歧，主要有"贫困缓解论""贫困加剧论""减贫效应不确定论"三种论点。这方面的文献梳理主要聚焦劳动力流动对收入维度绝对贫困的影响研究。

（一）贫困缓解论

一种相对占主导的观点认为，劳动力流动有助于缓解贫困。基于国与国之间的移民，有学者发现劳动力外流通过汇款有助于缓解流出国家庭的贫困（Adams and Page，2005；Adams，2006；Acosta et al.，2008；Black and Castaldo，2009；Gupta et al.，2009；Nguyen et al.，2011）。也有学者发现一国内劳动力的城乡流动有利于农业转型和农村经济发展，并促进城乡一体化，进而对农村减贫产生正向效应（Koppel and Hawkins，1991；Black，1993；Brown and Jimenez，2008；Lokshin et al.，2010；Heizmann and Böhnke，2016；Kimura and Chang，2017）。也就是说，劳动力无论是选择国际迁移，还是选择在国内流动，通过在经济较发达的国家或地区务工并汇款到流出地，可以有效增加留守家庭的收入，进而缓解贫困。在一般贫困与极端贫困的影响方面，Wheeler 等（2008）认为劳动力迁移不仅可以缓解一般贫困，而且能够显著缓解极端贫困。Bertolia 和 Marchetta（2014）研究发现，厄瓜多尔移民所汇回的款项使得家庭贫困率下降了 17.4～20.8 个百分点。Ward 和 Shackleton（2016）以南非两个规模适度的城镇为例，研究发现劳动力流动推进了城镇一体化，进而降低了贫困。世界银行 2018 年发布的《向往富裕生活：全球移民与劳动力市场》指出，移民从低收入国家迁移到高收入国家，其工资往往会增加两倍，进而帮助移民自身及其亲属摆脱贫困，也就是劳动力流动构成了消除贫困的有力工具。国外有学者聚焦中国的研究，如 Johnson（1998）指出，农村劳动力外流规模过小构成了中国农村贫困的重要原因，其政策含义是劳动力流动有助于减贫。在迁移目的地层面，有学者研究发现，农村劳动力迁移到中等城市比迁移到百万人口聚集的大城市减贫效应更为明显（Christiaensen and Todo，2014），进而为劳动力流动的目的地选择提供了方向。

在国内，孙立平（2001）也认同 Johnson（1998）的观点，认为农村大量剩余劳动力的存在造成了中国农村的普遍贫困化。樊纲（1995）、吴国宝（2001）、王德文和蔡昉（2006）指出，农村劳动力流动对农民收入增长、农村消除贫困和经济增长都产生了重大影响。家庭青壮年劳动力外出务工并寄钱回家是一种积极的反贫困行为（都阳、朴之水，2003a），因为这样能够显著改善贫困家庭的生活状况，所以也得到了"留守"家人的支持（杜鹏等，2007；王湘红等，2012）。也有学者研究发现，劳动力流动不仅缓解了家庭贫困，而且降低了农村不平等，并改善了家庭福利（李实，1999；李强等，2008；蒲艳萍、李霞，2011；王金营、李竞博，2013；贾朋等，2016；张永丽、王博，2017；甄小鹏、凌晨，2017；樊士德、朱克朋，2019）。胡苏云和王振（2004）、樊士德和江克忠（2016）研究指出，劳动力流动对不同地区贫困家庭收入的影响存在差异。还有观点认为，从短期来看，农村贫困家庭外出务工会增加家庭收入，但是外出务工并非家庭彻底改变贫困状态的根本途径（王金营、魏慧静，2015）。另有研究指出，劳动力流动除缓解绝对贫困外，还降低了农村贫困发生的概率（Zhu and Luo，2010；方迎风、张芬，2016）。

进一步从劳动力流动与贫困的空间范围和区域解构视角来看，现有文献的研究对象主要聚焦两个层面。

一方面，聚焦全国范围或诸多省份宏观视角的抽样调查研究。Du 等（2005）利用 1997～2001 年全国农村贫困监测数据，实证发现尽管劳动力流动能够提高农村家庭收入，但是由于贫困人口外出比例低，其减贫效应并不明显。Zhong 等（2006）通过对 1985～2005 年全国农村贫困的统计分析提出农村非农就业可以使农村剩余劳动力转移出去，拓宽小农户的就业渠道和收入来源并增加其收入，从而缓解农村地区的贫困。王德文和蔡昉（2006）通过分析《中国农村贫困监测报告》发现劳动力流动对缓解农村贫困的贡献显著。岳希明和罗楚亮（2010）、王建国（2013）基于国家统计局 2008 年对全国 9 个省份进行的常规住户调查数据，发现劳动力外出务工较为显著地降低了农村贫困程度。在此基础上，罗楚亮（2010）通过进一步比较 2007 年和 2008 年全国 9 个省份的住户追踪调查数据发现，劳动力外流显著降低了家庭陷入贫困的概率，贫困标准的高低成为外出务工减贫效应的重要影响因素。方迎风和张芬（2016）利用 1991～2011 年 8 次"中国健康与营养调查"的面板数据研究发现，劳动力流动降低了家庭贫困程度。何春和崔万田（2018）选取中国 25 个省份 2000～2014 年的数据进行实证分析，结果表明农村劳动力转移有利于减少贫困。张桂文等（2018）在分析农业劳动力转移的减贫作用机理的基础上，利用 1998～2015 年的宏观数据对中国农业劳动力转移的减贫效应进行了计量检验，得出中国农业劳动力非农转移显著降低了贫困发生率这一结论。彭建交（2020）以我国 1991～2017 年的数据为基础，通过构建以农村劳动力转移程度和恩格尔系数为主要解释变量的 VAR 模型，实证分析得出劳动力转移对缓解贫困有逐渐增强的正向影响的结论。

另一方面，从区域解构的视角来看，现有研究大多聚焦欠发达地区。学界和社会各界通常将"贫困"与"集中连片特困地区""革命老区""民族地区""边疆地区""中西部地区""欠发达地区"等画等号。都阳和朴之水（2003b）利用 1997 年和 2000 年对西部地区 4 个贫困县所进

行的农户调查数据，研究表明劳动力流动成为缓解贫困的重要方式。Zhu
和 Luo（2010）基于 2003 年湖北省贫困山区的微观调查发现，劳动力外
流降低了农村贫困发生率。孙志军和杜育红（2004）通过对内蒙古赤峰
市贫困农村的调查发现，相较于非外流劳动力，外流劳动力对家庭收入
的贡献更大。柳建平和张永丽（2009）通过 2006～2007 年对甘肃贫困农
村的实地调查发现，农村劳动力流动有助于缓解农村贫困。蒲艳萍
（2011）以 2010 年对西部地区的问卷调查为样本，实证发现劳动力流动
对缓解农村家庭贫困具有积极影响。张永丽和王博（2017）以甘肃省的
调查数据为样本进行实证研究发现，劳动力流动对降低农村贫困发生率、
促进农业生产要素合理配置、缓解农村生态贫困等都有积极作用。

　　除上述直接研究外，还有一些间接研究认为劳动力流动提高了外流
劳动力的收入，并缩小了地区或城乡收入差距，进而有利于缓解贫困。
UNDP（1998）的报告指出，中国人员的自由流动促进了社会公正和经
济效率的提升，不仅提高了贫困地区和劳动力过剩地区的农业收入，改
善了外出打工者及其家庭的生活，而且缩小了城乡收入差距。Blau 和
Kahn（2012）在充分考虑移民对收入分配影响的基础上，研究发现本地
居民和移民在劳动力市场上存在一定的替代性和互补性，不仅有利于输
入国的收入提升，而且有助于移民和输出国的收入分配，进而缓解贫困。
Giovanni 等（2014）通过对全球 147 个国家的数据分析发现，移民人口
占总人口的比重每提高 1 个百分点，收入将增长 6%。在国内，李实
（1999）研究发现，农村劳动力流动不仅可以直接或间接地提高外出打
工者的家庭收入，而且由于闲置劳动力的消失，其他非外出人员的农业
经营效率也会提高，进而缩小了城乡收入差距。有学者认为迁移对低收
入者尤为重要，他们可以通过迁移以增加就业机会等方式来摆脱这一陷
阱（孙三百等，2012）。孙三百（2015）进一步研究发现，除市内未获
取户籍迁移者外，包括市外获取户籍迁移者、市外未获取户籍迁移者等
在内的其他类型迁移者的收入都高于未迁移者的收入。还有学者认为劳
动力流动缩小了地区和城乡差距，且其作用还在不断增强（Taylor and
Martin，2001；林毅夫等，1998；姚枝仲、周素芳，2003；张车伟、蔡翼
飞，2013；毛新雅、翟振武，2013）。

（二）贫困加剧论

也有学者持相反观点，认为劳动力流动不但没有缓解贫困，反而导致贫困加剧。例如，Maddox（1960）指出，劳动力流动会给农村带来巨大的社会成本，进而不利于贫困问题的解决。Chinn（1979）基于中国台湾地区农村的人口迁移过程研究发现，人口流动破坏了农村社会秩序，使得农村陷入贫困。Nord（1998）研究发现，县域间的就业机会差异导致贫困人口的流动性提高，贫困人口的流入与非贫困人口的外流则提高了流入地的贫困率，形成贫困的集聚。在国内，杨靳（2006）认为如果外出务工者的人均汇款小于农村的边际产出，那么劳动力外出务工不但不会增加家庭收入，反而会加剧农村贫困。蔡昉等（2006）认为没有居民身份的农民工在城市形成了特殊的阶层，并经常陷入收入贫困和人文贫困。朱晓和段成荣（2016）指出，伴随城市化进程的推进，农民工特别是离土又离乡的农民工逐渐成为城市贫困人口的新主体。赵曼和程翔宇（2016）基于2014年和2015年对中部省份湖北的4个连片特困地区的微观调查发现，劳动力外流导致农业劳动力严重流失，在限制农村家庭发展的同时，也造成了家庭经济规模共享不足，降低了农业生产率，从而加剧了农村家庭贫困，使所在家庭陷入贫困的概率更高、程度更深。

此外，有学者认为劳动力流动扩大了地区和城乡收入差距，进而间接隐含对贫困的缓解，尤其是对相对贫困的影响并不显著，反而加剧了相对贫困。Barro和Sala-I-Martin（1995）基于欧洲的跨国研究以及日本、美国两个国家内部的地区经济增长研究发现，劳动力的国际和区域迁移并未显著促进不同国家和地区间人均收入水平的趋同。钟笑寒（2008）认为城乡劳动力流动并非总是能够降低收入不平等程度，特别是在初期，反而很可能提高收入不平等程度。还有学者认为劳动力流动，尤其是技能型劳动力的外流拉大了地区差距（Cai et al.，2002；樊士德、姜德波，2011；李晓阳、黄毅祥，2014；樊士德等，2015；彭国华，2015）。

（三）减贫效应不确定论

与"贫困缓解论"和"贫困加剧论"不同的是，还有研究认为劳动力流动对贫困的影响具有不确定性。一些学者直接指出劳动力迁移行为能否改善贫困家庭的福利并实现减贫，取决于迁移动机的类型（Lucas and Stark，1985），迁移的类型、特点、时间和地点（De Haan，1999）以及迁移人口的人力资本和社会资本水平（Kothari，2003），因而结果并不确定。Marré（2009）认为美国劳动力在城乡间的迁移与贫困的关系是混合型的，在短期内未能识别劳动力迁移对收入的具体影响。Campbell和Kandala（2011）基于博茨瓦纳移民家庭的数据实证研究发现，没有证据表明汇款对移民家庭的贫困具有明显影响。Guriev和Vakulenko（2015）利用俄罗斯1996～2010年劳动力地区间流动的面板数据，发现劳动力流动与贫困之间并非单调关系。还有学者发现劳动力外流网络的扩大使得流入地和来源地的不平等与贫困呈倒U形关系（McKenzie and Rapoport，2010；Shen et al.，2010）。在国内，杨靳（2006）认为人口迁移能够消除农村贫困，但在某种情况下也会加剧农村贫困。李翠锦（2014）基于省域的实证研究发现劳动力流动对不同收入层次农户贫困的缓解效应不同，尽管劳动力流动提高了中等收入农户的收入水平，但对贫困户的贫困无缓解效应，也不影响富裕户的收入水平。贺雪峰（2016）通过调研发现，在农民可以在全国劳动力市场搜寻务工机会的条件下，不同地区不同农户间的收入状况存在巨大差异。需要说明的是，也有个别学者认为劳动力流动与贫困之间并无内在联系（Ul Haq et al.，2015）。

二　劳动力流动与相对贫困方面

学界关于劳动力流动能否缓解贫困的争论，基本上聚焦劳动力流动对绝对贫困的动态梳理。回顾我国改革开放以来的减贫历程，早期以解决收入层面的绝对贫困为重点，分别在1978年、2008年、2010年设定了每人每年100元、1196元、2300元的收入贫困标准。近年来，部分研究开始关注劳动力流动对相对贫困的理论与实证研究。需要强调的是，党的十九届四中全会首次在中央全会公报中提及"相对贫困"，将坚决打赢脱贫攻坚战、建立解决相对贫困的长效机制作为之后扶贫工作的重心。

关于劳动力流动对相对贫困的影响，国内大多数文献研究的经验证据支持劳动力流动能够缩小城乡收入差距、降低相对贫困发生概率的观点。蔡昉和都阳（2002）基于 2000 年对西部地区甘肃通渭县、四川渠县、贵州威宁县和陕西商州区 4 个贫困县（区）的微观调查，提出相对贫困是造成劳动力流动的内在动因，而劳动力流动使得中国农村小范围内的收入不平等现象得到一定程度的改善。陈芳妹和龙志和（2006）基于江西的微观调查数据研究发现，相对贫困能够显著影响劳动力的迁移决策。樊士德和朱克朋（2019）以东部沿海欠发达地区村县 878 户农户的微观调查为样本进一步验证了这个观点，认为劳动力流动不仅能够通过增加家庭收入降低绝对贫困发生的概率，而且对主观感受下的相对贫困发挥了显著的缓解作用。蓝红星（2021）基于定性研究，认为流动人口的贫困主要为相对贫困，而且呈现"流动贫困""缺口贫困""结构贫困"等特点。张子璇（2021）基于省级面板数据进行实证研究发现，人力资本通过劳动力流动间接影响相对贫困，且呈现正向效应，同时劳动力流动本身也可以缓解相对贫困。王璇和王卓（2021）通过 CFPS 数据的经验研究发现，农地流转加快了劳动力流动进程，而劳动力流动则缓解了农户的多维相对贫困，其中劳动力流动的中介效应较为显著。黄乾和晋晓飞（2022）同样基于 CFPS 数据实证研究发现，子女流动可以有效缓解农村老龄群体的相对贫困，而且跨省流动、省内跨市流动相比市内流动更为显著。宋嘉豪等（2022）研究发现，劳动力规模越大，越有助于缓解农村相对贫困，而劳动力的非农就业在劳动力禀赋与相对贫困之间起到了显著的中介作用。

三　劳动力流动与多维贫困方面

《中国农村扶贫开发纲要（2011—2020 年）》提出"两不愁三保障"的多维贫困标准，进一步深化贫困内涵，突出多维度特征。通过梳理已有文献发现，与相对贫困一样，劳动力流动与多维贫困方面的研究也相对较少。

关于劳动力流动对多维贫困影响的研究可归纳为以下三种观点。首先，劳动力流动通过知识溢出、非农就业、农业资源重组以及资金技术回流等方式对农户多维贫困起到积极作用（车四方等，2019）。耿肖肖（2020）在建构多维贫困测评体系的基础上，利用 CFPS 数据实证研究发现，劳动力流动不仅有利于降低收入维度的贫困，而且有利于缓解多维贫困，但随着维度的增加，边际贡献有所降低。李聪等（2020）从农村居民身体状况、受教育程度、生活条件等维度证实了外出务工对减轻多维贫困存在显著的正向影响。王恒（2020）实证研究发现劳动力流动有助于收入、健康、教育、生活条件等多维贫困的缓解，且其在社会资本与多维贫困之间存在中介效应。田红宇等（2021）认为高铁开通促进了劳动力由边际效率低的传统部门向边际效率高的现代部门流动，进而改善了家庭在收入、教育、医疗和交通等多个维度的贫困。杨芳元（2021）实证研究发现劳动力流动有助于降低农村家庭在收入、教育、健康、生活、就业、保险六个维度的贫困发生率。

其次，劳动力流动也对农村地区的人口结构和社会秩序造成冲击（韩佳丽等，2017），留守儿童和留守老人带来的健康、医疗、教育问题日益突出。劳动力流动对多维贫困的改善主要体现在经济和物质维度，在教育、养老以及主观满意度方面仍存在很多问题，甚至出现负向效应（卢海阳、钱文荣，2014；阳义南、连玉君，2015）。贺坤和周云波（2018）利用流动人口动态监测社会融合专题调查数据分析指出，尽管劳动力流动基本能够实现现行标准下收入维度的脱贫，但并未摆脱较为突出的多维贫困。

最后，劳动力流动对多维贫困中不同维度的效应不一，不同的劳动力流动情形也对多维贫困存在差异化影响。高翔和王三秀（2018）利用中国老年健康影响因素跟踪调查数据，围绕劳动力流动对农村老年多维贫困的影响进行了较为系统的考察，研究发现劳动力流动有利于农村老年经济贫困、健康贫困与权利贫困的缓解，但并未显著缓解精神贫困。向运华和刘欢（2016）利用中国健康与营养调查数据库，将劳动力流动分为是否外出务工、外出务工人数及外出务工次数三个方面考察对收入、健康、医保、教育及生活质量五个维度贫困的影响，研究发现外出务工、外出务工次数增加均不利于家庭多维贫困发生率的降低，而外出务工人数增加不利于家庭收入维度贫困发生率的降低。严丽娜（2019）借助CFPS数据库，同样将劳动力流动进行上述三个方面的划分并考察其对收入、教育、健康、生活水平、主观福利五个维度贫困的影响，研究发现外出务工有利于主观福利维度贫困发生率的降低，但提高了其他维度贫困及多维贫困发生率；外出务工人数增加提高了主观福利维度贫困发生率，但降低了其他维度贫困及多维贫困发生率；外出务工次数增加提高了主观福利维度贫困发生率，而显著降低了其他维度贫困及多维贫困发生率。李聪等（2020）研究发现，不同类型农户家庭对家庭多维贫困的影响不同，"搬迁户－打工户"家庭对家庭多维贫困的影响最为有效，"非搬迁户－非打工户"家庭效果最差，而且劳动力外流和外流务工强度能够有效降低多维贫困。因此，劳动力流动的多维贫困效应最终取决于加剧作用和减缓效应二者间的强弱比较。

四　劳动力流动与贫困脆弱性方面

已有文献对劳动力流动如何影响家庭当前贫困状态做了多维度、多标准、较为细致的研究，但未见劳动力流动对可持续减贫影响的研究。脱贫摘帽代表我国在现行标准下消除绝对贫困的全面胜利，同时也代表我国站在了巩固稳定脱贫成就、探索下一阶段贫困治理道路和实现可持续减贫的新起点上。可持续减贫意味着我们不仅要考虑当下，而且应着眼未来。学界常用"贫困脆弱性"来代表家庭"未来贫困的状态"（Chaudhuri et al.，2002），并利用这一贫困的事前分析工具对非农就业影响家庭未来贫困做了一些研究，多数学者认为非农就业可以降低家庭的贫困脆弱性（Nguyen et al.，2015；Imai et al.，2015；Yacob et al.，2017）。也有国内学者利用我国的微观数据做了类似研究，发现劳动力外出务工可以显著降低家庭贫困脆弱性（孙伯驰、段志民，2019），且在不同收入标准下，这一作用均十分显著（高若晨、李实，2018）。然而，已有研究对如何解释劳动力流动实现可持续减贫存在两个方面的局限：一是仅对未来贫困的影响做了研究，而未定义和考察如何实现可持续减贫；二是贫困脆弱性的维度单一。已有文献往往是以单一的收入或者消费维度作为测算贫困脆弱性的标准，而在我国绝对贫困全面消除后，贫困治理的观念需要从消除绝对贫困转向减缓相对贫困、多维贫困和主观贫困，针对贫困脆弱性的研究也应相应地拓宽贫困的维度和标准。

五　劳动力流动对贫困影响机理方面

在笔者的研究视野中，学界在理论研究层面主要从劳动力流动的产业结构升级效应、人力资本累积效应和收入转移效应等方面围绕劳动力流动对贫困影响的内在机理展开研究。

一是从产业结构升级效应来看，无论是发达的东部地区还是欠发达的中西部地区，劳动力流动都通过本地市场效应和人力资本积累机制促进产业结构升级（陈磊等，2021；赵楠，2016）以及非农产业资源配置效率提升（曹芳芳等，2020；许清清等，2019），从而对经济发展起到积极作用，极大地缓解我国的贫困状况（徐充，2009）。

二是从人力资本累积效应来看，劳动力流动不仅有利于促进人力资本的形成与优化配置，而且有利于提高各地区对人力资本的重视程度（侯力，2003）。劳动力流动所形成的人力资本在很大程度上促进了经济增长（谭永生，2007），有助于解决贫困问题。

三是从收入转移效应来看，劳动力的迁移可以提高收入（蔡昉、都阳，2002；王德文、蔡昉，2006），其收入以汇款"回流"的形式实现转移，在短期内有助于提高留守家庭的收入和生活水平（Taylor et al.，2001），使其摆脱经济贫困。

六　简要述评

总的来看，国内外相关研究为本书奠定了坚实的基础，但关于中国劳动力流动与贫困间演变的特征化事实尤其是二者的特殊性，现有研究还存在以下不足。①现有研究大多基于新古典要素自由流动的外生假定，认为劳动力流动有助于缓解贫困，并未将中国劳动力流动面临的多重约束和差异化特征纳入对贫困影响的统一框架，缺乏对劳动力流动减贫所需内外在条件的考量。因此，其减贫效应的中国适用性有待进一步校验。具体而言，结合中国劳动力流动外生于城镇化的"钟摆式"和"浮萍式"特征，劳动力流动是否一定有利于减贫，以及绝对贫困和相对贫困的减贫效应如何，均有待进一步校验。对这一问题的探讨不仅具有理论意义，而且具有现实价值，但这并未引起学界足够的重视。②在内在机理和机制的理论层面，劳动力流动对贫困内在影响研究的理论性和系统性均相对较弱，国内有关这一领域的研究更为欠缺，有待进一步深化和拓展。③现有研究往往偏向劳动力流动与贫困宏观层面的研究或停留在为扶贫"支招"和"出点子"的范畴，关于劳动力流动对微观家庭和中观区域减贫效应测算的文章鲜见于篇，不同区域的比较研究更为鲜见，进而缺乏微观和中观基础，理论性和系统性相对不足。④大多研究偏定性研究，定量研究较少，且在少量的实证研究中存在一些突出问题，如实证研究中未处理二者间的内生性等问题，对贫困的界定基本偏向绝对收入贫困，贫困标准和测量指标的设计与选取较为单一，也未考虑现阶段劳动力流动对贫困影响的复杂多元性，进而对相对贫困及其他维度的贫困缺乏足够的学术关注，因而未能全面真实地测算劳动力流动的减贫效应。⑤从劳动力流动视角考察扶贫政策的偏差和有效性方面的研究相对不足。本书认为劳动力流动造成了贫困在城乡间、部门间和地区间的空间位移，因此需要从劳动力流动对贫困影响的内在机理与具体效应方面展开理论和实证研究，进而为校正和完善现有的劳动力流动政策、扶贫政策与区域协调发展政策提供参考。此外，已有研究并未充分关注农村家庭流出地即农村与欠发达地区的特征变量，导致扶贫政策制定的针对性和有效性受到影响。中国的农村扶贫长期以贫困地区的区域开发为主要手段，自 20 世纪 80 年代中期开始，主要扶贫对象是国家或各省份确定的贫困县，自 2001 年开始将扶持的重点转向 15 万个贫困村，2011年国家又确定了 14 个连片特困地区。但现实中，瞄准贫困县、贫困村等的减贫政策因劳动力流动而导致贫困发生空间位移，存在较为严重的偏差。

因此，本书将劳动力流动内生化，重点围绕劳动力流动对贫困影响的内在作用机理与传导机制进行了理论分析，采用相对贫困、多维贫困指数等较为前沿的方法对贫困进行测算，并在此基础上利用全国和省级面板数据、CFPS 数据以及笔者在全国范围内组织开展的微观调查数据（有效问卷共计 6370 份，其中东部地区 2618 份、中部地区 1876 份、西部地区 1876 份），从宏观、中观和微观三个层面系统地围绕劳动力流动对全国范围贫困、不同区域和城乡贫困、不同区域代表性省份微观家庭贫困以及多维贫困、多维相对贫困等方面的具体效应进行了理论和实证研究，在这一过程中对不同区域和空间、城乡、劳动力流出地的差异化地貌特征，以及不同家庭的减贫效应进行比较研究，不仅为全国扶贫政策的顶层设计以及分家庭、分区域、分城乡等差异化的扶贫政策安排提供了决策依据，而且为相对贫困和多维贫困的缓解提供了有针对性的政策建议。

第三章　改革开放以来中国劳动力流动
与贫困的演进特征

一　改革开放以来中国劳动力流动与贫困的
演进与阶段划分

改革开放前，重工轻农的发展战略、城乡人口二元分割的户籍制度以及人民公社集中经营的劳动制度从根本上限制了农村劳动力和农业劳动力的流动。在这三重制度的限制下，劳动力要素的合理配置受到严重阻碍，经济运行效率低下。改革开放后，家庭联产承包责任制不仅提高了农业生产效率，而且使得进城务工的农村劳动力规模不断扩大，随之而来的是农村贫困逐步得到缓解，这构成了我国经济社会发展过程中的典型事实。

图 3 - 1 为 1978～2020 年我国农村劳动力流动与贫困发生率的演进趋势。可以看出，根据可获得的数据统计，我国农村外出务工劳动力从 1985 年的 800 万人增加至 2020 年的 16959 万人，与 1985 年相比增长超过 20 倍，年均增长率为 9.1%。在 1978 年标准下，我国贫困发生率从 1978 年的 30.7% 下降至 2007 年的 1.6%。在 2010 年标准下，我国贫困发生率从 1978 年的 97.5% 下降至 2019 年的 0.6%，并在 2020 年消除绝对贫困。

根据 1978～2020 年我国农村劳动力流动与贫困发生率的演进趋势，可以将我国劳动力流动与贫困的演进过程划分成以下五个阶段。第一阶段（1978～1984 年）：农村劳动力流动严格受限，经济体制改革推动减贫。第二阶段（1985～1991 年）：农村劳动力"有限流动"，实施区域开发式扶贫战略。第三阶段（1992～2000 年）：农村劳动力大规模流动，阶段性扶贫效果较为明显。第四阶段（2001～2007 年）：劳动力流动持续扩大但增速放缓，农村贫困发生率稳步下降。第五阶段（2008～2020

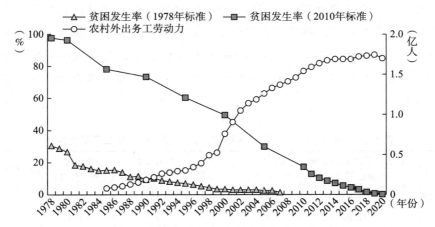

图 3 – 1　1978 ~ 2020 年我国农村劳动力流动与贫困发生率的演进趋势

注：①农村外出务工劳动力数据中，1985 ~ 2005 年数据来源于盛来运《流动还是迁移——中国农村劳动力流动过程的经济学分析》，上海远东出版社，2008，第 72 ~ 73 页；2006 年数据来源于国家统计局农村社会经济调查司编《中国农村住户调查年鉴 2007》，中国统计出版社，2007；由于 2007 年数据缺失，2007 年数据取 2006 年和 2008 年的平均值；2008 ~ 2020 年数据来源于国家统计局发布的历年《农民工监测调查报告》。②贫困发生率数据来源于国家统计局住户调查办公室编《中国住户调查年鉴 2020》，中国统计出版社，2020。由于 2020 年我国彻底消除绝对贫困，所以 2020 年贫困发生率（2010 年标准）为 0。

年）：农村劳动力流动增速持续放缓，绝对贫困彻底消除。

（一）第一阶段（1978 ~ 1984 年）：农村劳动力流动严格受限，经济体制改革推动减贫

1978 年，我国部分地区开始实施家庭联产承包责任制，合理的土地分配和农业生产效率的提升不仅提高了农业经济运行效率，而且使得我国农村地区开始出现剩余劳动力，并出现小规模的劳动力流动，这在一定程度上减缓了贫困。然而在这一阶段，政府严格控制农村劳动力流入城镇，1981 年《国务院关于严格控制农村劳动力进城做工和农业人口转为非农业人口的通知》更是明确指出要对农村劳动力进城做工进行控制。这一阶段农村劳动力流动主要表现为农村本地农业向非农转移，并未形成有规模的、跨区域的流动。根据《全国百村劳动力情况调查资料集（1978 ~ 1986 年）》数据，上海、江苏、浙江、福建等 11 个省份的 222 个村中存在农村劳动力在本地区向非农转移的现象。1978 年农村劳动力向非农转移比例为 8.02%，呈逐年上升趋势，1984 年上升至 25.91%。

与此同时，由于改革开放的实行，以及家庭联产承包责任制的推广，农村生产力得到提升，促进了农村经济的超常规增长，从而带动了贫困人口的减少和贫困发生率的下降。在 1978 年标准下，我国贫困发生率从 1978 年的 30.7% 下降至 1984 年的 15.1%，下降了 15.6 个百分点（见表 3-1）。

表 3-1　1978-1984 年我国农村劳动力流动与贫困发生率变化情况

年份	农村劳动力向非农转移比例（%）	变动量（个百分点）	变动趋势	贫困发生率（%）	变动量（个百分点）	变动趋势
1978	8.02	—		30.7		
1979	11.68	3.66	↑	28.8	-1.9	↓
1980	13.55	1.87	↑	26.8	-2.0	↓
1981	15.40	1.85	↑	18.5	-8.3	↓
1982	17.19	1.79	↑	17.5	-1.0	↓
1983	20.27	3.08	↑	16.2	-1.3	↓
1984	25.91	5.64	↑	15.1	-1.1	↓

　　注：①农村劳动力向非农转移数据来源于庾德昌主编《全国百村劳动力情况调查资料集（1978~1986 年）》，中国统计出版社，1989。需要注意的是，该数据为 11 个省份的调查数据，是我国第一次对农村劳动力流动情况所做的比较系统和详细的典型调查。调查对象为上海、江苏、浙江、福建、河北、山西、内蒙古、黑龙江、广西、宁夏、青海 11 个省份的 59 个县、84 个乡、222 个村。农村劳动力向非农转移比例 = 被调查农村非农劳动力/被调查农村劳动力总量×100%。②贫困发生率数据来源于国家统计局住户调查办公室编《中国住户调查年鉴 2020》，中国统计出版社，2020。贫困发生率为 1978 年标准。由于 1979 年数据缺失，1979 年数据取 1978 年和 1980 年的平均值。

（二）第二阶段（1985~1991 年）：农村劳动力"有限流动"，实施区域开发式扶贫战略

　　1984 年，中央一号文件《关于一九八四年农村工作的通知》提出，允许农民和集体的资金自由地或有组织地流动，不受地区限制。自从这一政策明确放松对农村劳动力外流的限制，农民开始自发地流入发达地区和当地乡镇企业。农村外出务工劳动力由 1985 年的 800 万人增加至 1991 年的 2140 万人，年均增幅为 17.8%。然而，政府并未向农民工的流动提供相关的法律与政策保障，而是通过"离土不离乡""严格控制农民工外出"等一系列政策限制劳动力的远距离流动。1984 年 9 月，中

共中央和国务院联合发布《关于帮助贫困地区尽快改变面貌的通知》，我国开始开展有计划的扶贫。这一时期我国贫困人口具有区域性和集中性的特征，为此我国成立了扶贫的专门机构，由原来的经济体制改革推动减贫过渡到区域开发式扶贫阶段。这一阶段我国的贫困发生率按1978年标准从1985年的14.8%下降至1991年的10.4%，下降了4.4个百分点。尽管这一时期贫困发生率整体呈减缓趋势，但由于同期农村经济增速放缓，个别年份出现了返贫现象，如1986年、1989年和1991年（见表3-2）。

表3-2　1985~1991年我国农村劳动力流动与贫困发生率变化情况

年份	农村外出务工劳动力（万人）	同比增长率（%）	增长趋势	贫困发生率（%）	变动量（个百分点）	变动趋势
1985	800	—	—	14.8	-0.3	↓
1986	900	12.5	↑	15.5	0.7	↑
1987	1050	16.7	↑	14.3	-1.2	↓
1988	1250	19.0	↑	11.1	-3.2	↓
1989	1500	20.0	↑	11.6	0.5	↑
1990	1800	20.0	↑	9.4	-2.2	↓
1991	2140	18.9	↑	10.4	1.0	↑

注：①农村外出务工劳动力数据来源于盛来运《流动还是迁移——中国农村劳动力流动过程的经济学分析》，上海远东出版社，2008，第72~73页。②贫困发生率数据来源于国家统计局住户调查办公室编《中国住户调查年鉴2020》，中国统计出版社，2020。贫困发生率为1978年标准。

（三）第三阶段（1992~2000年）：农村劳动力大规模流动，阶段性扶贫效果较为明显

自1992年邓小平同志南方谈话后，珠三角和长三角等东南沿海地区实现跨越式发展，出口外向型经济蓬勃发展，非国有部分迅速崛起，沿海地区劳动力需求大幅增长，农民工外出就业出现新的高峰。1993年出台的《劳动部关于印发〈再就业工程〉和〈农村劳动力跨地区流动有序化——"城乡协调就业计划"第一期工程〉的通知》首次提出鼓励劳动力跨地区流动，我国农村外出务工劳动力由1992年的2592万人快速增加至2000年的7600万人，年均增幅为14.4%。1998年国家提出发展小

城镇的新思路，推进小城镇户籍制度改革，2020 年农村外出务工劳动力规模大幅增长，与 1999 年相比增长 45.0%。而 1994 年国务院颁布《国家八七扶贫攻坚计划（1994—2000 年）》，明确要求集中人力、物力、财力基本解决 8000 万贫困人口的温饱问题。这一阶段农村的贫困发生率由 1993 年的 8.3% 下降至 2000 年的 3.5%，下降 4.8 个百分点（见表 3 - 3）。2000 年政府宣布"八七扶贫攻坚计划"确定的战略目标基本实现，全国农村贫困人口的温饱问题基本解决。

表 3 - 3　1992～2000 年我国农村劳动力流动与贫困发生率变化情况

年份	农村外出务工劳动力（万人）	同比增长率（%）	增长趋势	贫困发生率（%）	变动量（个百分点）	变动趋势
1992	2592	21.1	↑	8.8	− 1.6	↓
1993	2752	6.2	↑	8.3	− 0.5	↓
1994	2888	4.9	↑	7.7	− 0.6	↓
1995	3000	3.9	↑	7.1	− 0.6	↓
1996	3400	13.3	↑	6.3	− 0.8	↓
1997	3890	14.4	↑	5.4	− 0.9	↓
1998	4936	26.9	↑	4.6	− 0.8	↓
1999	5240	6.2	↑	3.7	− 0.9	↓
2000	7600	45.0	↑	3.5	− 0.2	↓

注：①农村外出务工劳动力数据来源于盛来运《流动还是迁移——中国农村劳动力流动过程的经济学分析》，上海远东出版社，2008，第 72～73 页。②贫困发生率数据来源于国家统计局住户调查办公室编《中国住户调查年鉴 2000》，中国统计出版社，2020。贫困发生率为 1978 年标准。

（四）第四阶段（2001～2007 年）：劳动力流动持续扩大但增速放缓，农村贫困发生率稳步下降

这一阶段农村劳动力流动仍呈现逐年增长的趋势，农村外出务工劳动力从 2001 年的 9050 万人增加至 2007 年的 13626 万人，年均增长率为 7.1%。与前两个阶段相比，这一阶段农村外出务工劳动力增速明显放缓，且增速总体呈逐年下降趋势。这一现象与农民工在发达地区的权益保护问题不无联系，这一阶段政府开始认识并重视农民工福利问题，尤其是 2006 年出台的《国务院关于解决农民工问题的若干意见》提出了解

决拖欠农民工工资、对农民工乱收费、农民工子女入学教育、工伤保险和养老保险等社会保障问题的措施，以保障农民工权益。与此同时，我国扶贫战略进入开发式扶贫和最低生活保障制度相衔接的阶段，贫困发生率呈稳步下降趋势，由 2001 年的 3.2% 下降至 2007 年的 1.6%，下降了 1.6 个百分点（见表 3-4）。

表 3-4　2001~2007 年我国农村劳动力流动与贫困发生率变化情况

年份	农村外出务工劳动力（万人）	同比增长率（%）	增长趋势	贫困发生率（%）	变动量（个百分点）	变动趋势
2001	9050	19.1	↑	3.2	-0.3	↓
2002	10470	15.7	↑	3.0	-0.2	↓
2003	11390	8.8	↑	3.1	0.1	↑
2004	11823	3.8	↑	2.8	-0.3	↓
2005	12578	6.4	↑	2.5	-0.3	↓
2006	13212	5.0	↑	2.3	-0.2	↓
2007	13626	3.1	↑	1.6	-0.7	↓

注：①农村外出务工劳动力数据中，2001~2005 年数据来源于盛来运《流动还是迁移——中国农村劳动力流动过程的经济学分析》，上海远东出版社，2008，第 72~73 页。2006 年数据来源于国家统计局农村社会经济调查司编《中国农村住户调查年鉴 2007》，中国统计出版社，2007。由于 2007 年数据缺失，2007 年数据取 2006 年和 2008 年的平均值。②贫困发生率数据来源于国家统计局住户调查办公室编《中国住户调查年鉴 2020》，中国统计出版社，2020。贫困发生率为 1978 年标准。

（五）第五阶段（2008~2020 年）：农村劳动力流动增速持续放缓，绝对贫困彻底消除

自 2008 年开始，农村外出务工劳动力从 14041 万人持续增长，2019 年达到顶峰 17425 万人，2020 年下降至 16959 万人，下降了 466 万人。这一阶段农村外出务工劳动力总体呈现增长态势，年均增幅为 1.6%。自 2006 年开始，政府逐渐在政策上从农民工就业服务、农民工权益保护和农民工社会保险等方面着手，有针对性、有重点地解决农民工的权益问题。但是，从宏观数据来看，农村劳动力外出务工的动力下降，增速放缓，甚至有下降的趋势。与此同时，2013~2020 年我国实行精准扶贫方略。2015 年召开的党的十八届五中全会做出了"打赢脱贫攻坚战"的决定，这说明我国扶贫工作进入了新的阶段，新时代的脱贫目标是，到

2020 年我国现行标准下农村贫困人口实现脱贫，贫困县全部摘帽，解决区域性整体贫困。在这一目标下，我国贫困发生率（2010 年标准）从 2010 年的 17.2% 下降至 2019 年的 0.6%，并于 2020 年脱贫攻坚决胜年成功实现全面脱贫，这一阶段贫困发生率下降了 17.2 个百分点（见表 3-5）。

表 3-5　2008~2020 年我国农村劳动力流动与贫困发生率变化情况

年份	农村外出务工劳动力（万人）	同比增长率（%）	增长趋势	贫困发生率（%）	变动量（个百分点）	变动趋势
2008	14041	3.0	↑	—	—	—
2009	14533	3.5	↑	—	—	—
2010	15335	5.5	↑	17.2	—	—
2011	15863	3.4	↑	12.7	-4.5	↓
2012	16336	3.0	↑	10.2	-2.5	↓
2013	16610	1.7	↑	8.5	-1.7	↓
2014	16821	1.3	↑	7.2	-1.3	↓
2015	16884	0.4	↑	5.7	-1.5	↓
2016	16934	0.3	↑	4.5	-1.2	↓
2017	17185	1.5	↑	3.1	-1.4	↓
2018	17266	0.5	↑	1.7	-1.4	↓
2019	17425	0.9	↑	0.6	-1.1	↓
2020	16959	-2.7	↓	0	-0.6	↓

注：①农村外出务工劳动力数据来源于国家统计局发布的 2008~2020 年《农民工监测调查报告》。②贫困发生率数据来源于国家统计局住户调查办公室编《中国住户调查年鉴 2020》，中国统计出版社，2020。贫困发生率为 2010 年标准。2008 年和 2009 年贫困发生率数据缺失。

二　中国劳动力流动与城乡贫困的时空动态特征化事实

本部分基于省级层面数据进一步考察劳动力流动与城乡贫困的动态演化特征。如前文所述，劳动力流动带来了贫困在城乡间的空间位移，因此本部分既考察城市贫困，又考察农村贫困。城市贫困和农村贫困描述的是城市居民和农村居民的生活水平与消费能力，是一个地区社会公平程度和整体居民生活状况的相对概念。已有研究使用贫困发生率、贫困指数（Foster et al., 1984）、贫困人口收入水平等作为衡量各省份贫困状况的指标。贫困发生率数据可以从历年《中国农村贫困监测报告》中获得，但这一指标不包含经济较为发达的省份，因此用于比较研究我国不同时期不同省份的贫困状况存在明显的局限性。通过构建贫困识别体系测算贫困指数和计算贫困人口平均生活水平这两种衡量地区贫困程度变化的方法需要统一的收入维度贫困识别标准，而本章所选取的时间跨度较长，部分地区尚没有统一的长序列数据。此外，2020 年消除绝对贫困后，关注点逐渐从小部分处于生存困境的绝对贫困群体转向生活处于中下游水平的相对贫困群体。对此，本章借鉴师荣蓉等（2013）的方法，将恩格尔系数作为地区贫困程度的识别标准，恩格尔系数越大表示贫困程度越深。由于数据获取问题，将食品消费占总消费的比例作为恩格尔系数的代理变量。其中，城市贫困程度的计算公式为：城市贫困程度 = 城镇人均食品消费/城镇人均总消费。农村贫困程度的计算公式为：农村贫困程度 = 农村人均食品消费/农村人均总消费。

我国流动人口大部分表现为就业转移，以农村劳动力流动为例，2009 ~ 2020 年外出农民工占流动人口的比例均值高达 67.3%[①]，仅农村劳动力流动规模就已经占据了流动人口的大部分。李晓阳和黄毅祥（2014）将某一地区的人口净流入率作为对劳动力流动比例的替代变量。然而，部分省份的流入人口和流出人口规模相近，采用人口净流入率存在一定偏误。因此，本章采用流动人口比例作为对劳动力流动比例的替代变量。流动人口主要通过将全国人户分离人口扣除市辖区内人户分离人口得到，鉴于部分省份市辖区内人户分离人口数据缺失，故使用全国人户分离人口近似替代，则劳动力流动比例 = 全国人户分离人口/总人口 × 100%。需要注意的是，流动人口中可能包含非劳动力流动，故该数据较真实值偏大，但不构成实质性影响。

[①] 我国外出农民工数据来源于国家统计局发布的 2009 ~ 2020 年《农民工监测调查报告》，我国流动人口规模数据来源于国家统计局发布的历年《中华人民共和国国民经济和社会发展统计公报》。外出农民工指的是年内在本乡、镇以外从业 6 个月及以上的农民工，流动人口指的是全国人户分离人口扣除市辖区内人户分离人口的那部分人口，其中人户分离人口是指居住地与户口登记地所在的乡、镇、街道不一致且离开户口登记地半年以上的人口。

（一）时间维度：我国劳动力流动与城乡贫困的动态变化特征化事实

　　图 3 - 2、图 3 - 3 分别呈现了 1999 ~ 2019 年我国省级劳动力流动比例以及城乡总体贫困程度①、城市贫困程度和农村贫困程度的变化趋势。总的来看，我国劳动力流动与城乡贫困在不同时期呈现不同的波动特征。

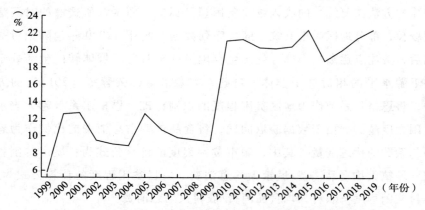

图 3 - 2　1999 ~ 2019 年我国省级劳动力流动比例的变化趋势

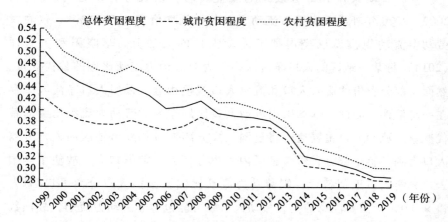

图 3 - 3　1999 ~ 2019 年我国城乡总体贫困程度、城市贫困程度和
农村贫困程度的变化趋势

---

　①　总体贫困程度指的是根据城市人口和农村人口占全国总人口比重加权计算的总体贫困程度，计算公式为：总体贫困程度 = 城市贫困程度 × 城市人口比重 + 农村贫困程度 × 农村人口比重。城市人口和农村人口数据来源于相关年份《中国统计年鉴》《中国人口和就业统计年鉴》《中国人口年鉴》《新中国六十年统计资料汇编》，以及各省份历年统计年鉴。

从图 3 - 2 可以看出，1999～2019 年我国省级劳动力流动比例整体呈现不断上升的趋势，且具有变化波动大和变动幅度大的特点。需要注意的是，劳动力流动比例由 2009 年的 9.3% 上升至 2010 年的 21.1%，提高了 11.8 个百分点。这一年的大幅变动将我国劳动力流动比例的情况分割并在 2010 年前后出现了明显变化，形成了特点鲜明和差异化明显的两个阶段。①第一阶段：1999～2009 年。这一阶段的特点表现为劳动力流动比例偏低，最低比例约为 6%，最高比例约为 13%，平均在 10% 左右的水平。②第二阶段：2010～2019 年。这一阶段的特点表现为劳动力流动比例偏高，最低比例约为 19%，最高比例约为 22%，平均在 21% 左右的水平。

由图 3 - 3 可知，整体来看，我国贫困情况呈现缓慢且稳定的下降趋势，总体贫困程度从 1999 年的 0.50 收敛至 2019 年的 0.29。这种平稳的下降趋势中隐含了以 2010 年为时间分界点的两个阶段性特征，分别是贫困减缓幅度和城乡贫困程度差距收紧幅度的阶段性差异。首先，从贫困减缓幅度来看，2010 年以前贫困减缓幅度较小，2010 年以后贫困减缓幅度较大。以城市为例，城市贫困程度在第一阶段从 1999 年的 0.42 下降至 2009 年的 0.39，净减少 0.03；在第二阶段从 2010 年的 0.37 下降至 2019 年的 0.28，净减少 0.09。第二阶段的减缓幅度是第一阶段的 3 倍。其次，从城乡贫困程度差距来看，2010 年以前城乡贫困程度差距较大，2010 年以后城乡贫困程度差距较小，且这种差距随着时间的推移呈现不断缩小的趋势。

通过上述的特征化事实分析可以发现，随着时间的推移，我国各省份劳动力流动比例逐渐提高，城市和农村的贫困程度逐渐下降并呈现差距不断收敛和缩小的趋势。此外，第一阶段的劳动力流动比例较低，贫困程度虽然在下降，但下降的幅度较小；第二阶段的劳动力流动比例较高，贫困程度下降的幅度较第一阶段更大。劳动力流动与城乡贫困在 2010 年前后呈现不同的变化趋势，对二者之间联系的讨论也不能一概而论。

（二）空间维度：我国劳动力流动与城乡贫困的动态变化特征化事实

本部分采用 Moran 指数和 Moran 散点图的方式对我国劳动力流动与

城乡贫困程度的全局和局部空间相关性进行检验。

1. 全局空间相关性检验

这里采用 Moran（1950）提出的 Moran 指数（Moran's I）进行全局空间相关系数的显著性检验。Moran 指数的计算公式为：

$$Moran's\ I_t = \frac{\sum_{i=1}^{n} \sum_{j=1,i\neq j}^{n} w_{i,j}(y_{i,t} - \bar{y}_t)(y_{j,t} - \bar{y}_t)}{S_t^2 \sum_{t=1}^{n} \sum_{j=1,i\neq j}^{n} w_{i,j}} \tag{3-1}$$

式（3-1）中，$S_t^2 = \frac{1}{n} \sum_{i=1}^{n} (y_{i,t} - \bar{y}_t)^2$，$\bar{y}_t = \frac{1}{n} \sum_{i=1}^{n} y_{i,t}$。$y_{i,t}$ 为第 i 个省份第 t 年的贫困程度，$i = 1, 2, \cdots, n$，n 为我国省份总数（不含港澳台，下同），即 $n = 31$。$w_{i,j}$ 为邻接空间的权重，当两地相邻时 $w_{i,j} = 1$，反之则 $w_{i,j} = 0$。Moran 指数取值范围在 -1 和 1 之间：当 $Moran's\ I > 0$ 时，说明观测变量 y 存在正向的空间相关性，即 y 趋向于空间集聚；当 $Moran's\ I < 0$ 时，说明观测变量 y 存在负向的空间相关性，即 y 趋向于空间离散；当 $Moran's\ I = 0$ 时，说明观测变量 y 无空间相关性，即 y 呈独立离散分布。此外，计算 Moran 指数之后还需要对 Moran 指数的统计显著性水平进行检验，可以通过构建标准化 z 统计量检验 Moran 指数的显著性。z 统计量的计算公式为：

$$z(I_i) = I_i - \mathrm{E}(I_i)/\sqrt{\mathrm{Var}(I_i)} \tag{3-2}$$

$$\mathrm{E}(I) = -1/(n-1),\ \mathrm{Var}(I) = [(n^2 w_1 + n w_2 + 3 w_0^2)/w_0^2(n^2-1)] - \mathrm{E}^2(I) \tag{3-3}$$

式（3-3）中，$w_0 = \sum_{i=1}^{n} \sum_{j=1}^{n} w_{i,j}$，$w_1 = \frac{1}{2} \sum_{i=1}^{n} \sum_{j=1}^{n} (w_{i,j} + w_{j,i})^2$，$w_2 = \sum_{i=1}^{n} \sum_{j=1}^{n} (w_i + w_j)^2$。$w_{i,j}$ 为邻接空间的权重，w_i 为空间权重矩阵中 i 行的和，w_j 为空间权重矩阵中 j 列的和。1999~2019 年我国省级劳动力流动与贫困程度的空间相关性检验结果见表 3-6。

表 3-6　1999~2019 年我国省级劳动力流动与贫困程度的空间相关性检验结果

年份	劳动力流动		贫困程度	
	Moran 指数	z（I）	Moran 指数	z（I）
1999	0.102 ***	4.051	0.109 ***	4.301
2000	0.082 ***	3.526	0.111 ***	4.602

续表

年份	劳动力流动		贫困程度	
	Moran 指数	z（I）	Moran 指数	z（I）
2001	0.118 ***	4.636	0.131 ***	4.949
2002	0.117 ***	4.547	0.164 ***	5.898
2003	0.118 ***	4.599	0.170 ***	6.094
2004	0.113 ***	4.430	0.178 ***	6.275
2005	0.096 ***	3.832	0.150 ***	5.734
2006	0.117 ***	4.511	0.235 ***	7.879
2007	0.124 ***	4.693	0.230 ***	7.727
2008	0.124 ***	4.702	0.227 ***	7.636
2009	0.121 ***	4.573	0.207 ***	7.113
2010	0.118 ***	4.533	0.212 ***	7.236
2011	0.121 ***	4.588	0.190 ***	6.664
2012	0.129 ***	4.858	0.163 ***	5.977
2013	0.127 ***	4.770	0.142 ***	5.272
2014	0.101 ***	3.995	0.120 ***	4.869
2015	0.138 ***	5.098	0.111 ***	4.636
2016	0.088 ***	3.610	0.097 ***	4.219
2017	0.099 ***	3.926	0.089 ***	3.928
2018	0.135 ***	4.991	0.094 ***	3.872
2019	0.128 ***	4.770	0.107 ***	4.270

注：结果由 Stata 15.1 计算所得。文中 z 检验均为双侧，*、**、*** 分别表示在 10%、5%、1% 的水平下显著。

Moran 指数检验的原假设为被检验变量不存在空间自相关，而我国劳动力流动与贫困程度的 Moran 指数均在 1% 的水平下显著为正，说明可以明确拒绝原假设，认为这两个变量呈现空间集聚性。

我国省级劳动力流动与贫困程度的空间集聚性在不同阶段呈现差异化特征。1999～2009 年，劳动力流动的空间集聚性相对稳定，而贫困程度的空间集聚性伴随贫困村、乡村和贫困县的贫困退出则呈现不断增强的趋势；2010～2019 年，劳动力流动的空间集聚性逐渐从相对稳定变为波动，而贫困程度的空间集聚性则呈现相对稳定的下降趋势。

2. 局部空间相关性检验

在确定了变量的全局空间相关性之后，接下来进一步检验被观测对

象是否存在局部空间集聚。这里采用 Moran 散点图分析我国各省份贫困
程度的局部空间相关性，Moran 散点图中的横坐标为 z，即观测值的标准
化向量；纵坐标为 W_z，可用于呈现局部空间的稳定性。其中，$\mathbf{W}$ 为空间

权重矩阵，$z_i = \dfrac{(y_i - \overline{y})}{\sqrt{\mathrm{Var}\,(y)}}$。

　　局部 Moran 散点图的四个象限代表不同类型的空间关系。其中，第
一象限表示一个高值被其他高值所包围；第二象限表示被高值区域包围
的低值区域；第三象限表示被低值区域包围的低值区域；第四象限表示
被低值区域包围的高值区域。通过对变量的局部空间相关性分析发现，
我国劳动力流动与贫困程度在 1999 年和 2019 年呈现不同的特点，两个
时点的四个 Moran 散点图分别见图 3－4、图 3－5、图 3－6 和图 3－7。

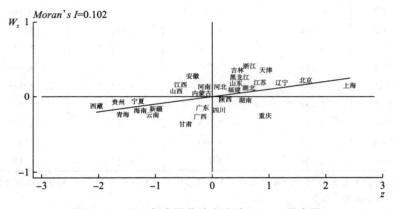

图 3－4　1999 年我国劳动力流动 Moran 散点图

　　从图 3－4 和图 3－5 可以看出，我国劳动力流动的局部空间相关性
具有空间集聚化和区域差异化两个特征。从空间集聚化来说，我国劳动
力流动的空间集聚性明显且具有一定的规律性。1999～2019 年，劳动力
流动的 Moran 指数从 0.102 提高至 0.128，说明空间集聚性明显增强。同
时，随着时间的推移，劳动力流动的空间集聚性在四个象限的分布经历
了从向原点集中到逐渐向第一、第三象限离散的动态过程。这说明邻近
区域的集聚性呈现逐渐增强的动态特征，高值愈高，低值愈低。从区域
差异化来说，我国东部沿海和东北部省份集中在第一象限，西南沿海和
西部省份则集中在第三象限。这说明相对于中西部地区而言，东部地区
劳动力流动的空间相关性更强。

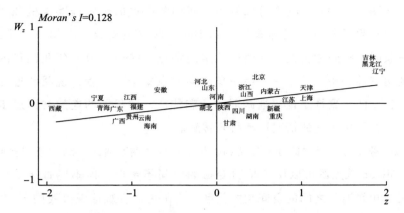

图 3 - 5　2019 年我国劳动力流动 Moran 散点图

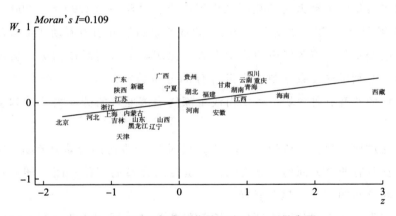

图 3 - 6　1999 年我国贫困程度 Moran 散点图

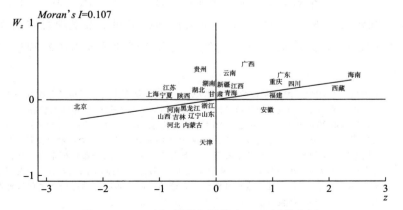

图 3 - 7　2019 年我国贫困程度 Moran 散点图

　　从图 3 - 6 和图 3 - 7 可以看出，我国各省份的贫困程度也呈现明显的空间集聚性特征。具体来说，其 Moran 散点主要分布在第一、第二、第三象限，空间相关性具有整体稳定的特点。1999 ~ 2019 年我国贫困程度的集聚性经历了从第一、第三象限向原点集中的过程，说明邻近区域贫困程度的集聚性呈现逐渐减弱的动态特征，即我国的连片贫困逐步被打散，贫困集中化的情况逐渐得到缓解。

　　3. 劳动力流动空间分布的结构性转变：从"胡焕庸线"到"菱形空间"

　　Moran 散点图可以用于检验变量的空间集聚性，但不能直接呈现本地区与相邻地区之间的空间相关关系。为了更加直观地观察我国 31 个省份的劳动力流动程度在时间和空间上的协同变化，本部分使用 GeoDa 软件对各省份的劳动力流动数据制作了四个关键年份（1999 年、2006 年、2013 年和 2019 年）的分位数图。① 此处考察的是劳动力流动在地区间分布的时间变化，将各省份的劳动力流动比例取绝对值后作为劳动力流动程度，并利用这一数据制作了五等分的分位数空间统计图。② 分位数空间统计图共有五种色块，色块由浅至深代表该地区的劳动力流动程度由低到高。

　　通过比较发现，1999 ~ 2019 年，我国 31 个省份的劳动力流动空间分布特征具有两个方面的明显变化：一是空间分布的"线—面"转换；二是空间分布的"纵—横"转换。

　　首先，从空间分布的"线—面"转换视角来看，劳动力流动的空间分布经历了从"胡焕庸线"式"线分布"向"菱形空间"式"面分布"的结构性转变。1999 ~ 2006 年，劳动力流动的空间集聚呈现为"胡焕庸线"式的东西分布格局，"胡焕庸线"以东地区的劳动力流动程度相对

①　笔者制作了 1999 ~ 2019 年的劳动力流动分位数图，从图中可以看出随着时间的推移我国各省份劳动力流动空间分布特征的变化趋势。除了始状态 1999 年和末状态 2019 年以外，还选取 2006 年和 2013 年这两个时间节点进行比较。选取这两个时间节点有两个方面的原因：一方面，经过比较分析，发现 2006 年和 2013 年劳动力流动分位数图的变化较以前年份有明显差异，这两个时间节点是劳动力流动空间分布特征动态变化的关键时点；另一方面，2006 年和 2013 年可将被考察年份进行时间上的三等分，作为过渡年份呈现便于读者更好地理解这一时期劳动力流动空间分布特征动态变化的阶段性特征化事实。由于图的数量过多，此处不便一一呈现，留存备索。

②　限于篇幅，分位数空间统计图未展示，留存备索。

较高，而"胡焕庸线"以西地区的劳动力流动程度相对较低。这一时期劳动力流动程度较高的地区集中在我国东北三省，京津冀、长三角、珠三角地区以及陕西、湖南、湖北等省份。相对而言，宁夏、青海、甘肃、四川、青藏、贵州、广西和云南等省份的劳动力流动程度较低，且这种较低的劳动力流动程度在地理格局上形成了空间集聚性。2007~2013年，东北三省以及陕西、湖南等省份的劳动力流动程度在下降，而青海和四川等省份的劳动力流动程度在提高。"胡焕庸线"式"线分布"的东西分布格局被打破，以京津冀、长三角、珠三角和成渝地区为极点的"菱形空间"式"面分布"格局逐渐形成。从2019年的分位数图中可以看出，"菱形空间"已经形成，我国的劳动力流动集中在"菱形空间"的四个极点——经济发达地区和长江中游城市群，这一结果与张伟丽等（2021）对中国城市人口流动格局演变的研究结论一致。

其次，从空间分布的"纵—横"转换视角来看，劳动力流动的空间集聚经历了从"南—北"分布的"纵集聚"向"东—西"分布的"横集聚"的结构性转变。1999年，劳动力流动分别在"北京—陕西、山西—湖南—湖北—广东"和"北京—山东—江苏—浙江—福建—广东"这两条集中线呈现明显的"南—北"线性集中的空间分布特征。2006~2013年，陕西和湖南的劳动力流动程度下降，而四川和重庆的劳动力流动程度上升，"北京—陕西、山西—湖南—湖北—广东"这条集中线逐渐被打破，形成了"四川—重庆—湖北—安徽—长三角"由西向东的线性集中分布特征。2019年，湖北、安徽、四川和重庆的劳动力流动程度进一步加深，"东—西"分布的"横集聚"结构特征明显。

对劳动力流动与贫困在时间与空间双重维度动态变化的特征化事实分析发现，1999~2019年，我国各省份的贫困程度不断降低，且呈现空间集聚性。此外，劳动力流动程度在不同时期呈现差异化的波动特征，甚至还出现了"由线至面"和"由纵至横"空间分布格局的结构性转换。劳动力流动与贫困在时间和空间维度的双重特征化事实表明，单独研究时间动态变化或者单独研究地区差异化的传统思路对关于劳动力流动对贫困影响的研究均缺乏时空立体性。基于此，本章分别从时间和空间两个维度对此展开计量实证研究，旨在厘清这一阶段劳动力流动减贫效应的时空双维度异质性特征。

第四章 劳动力流动对贫困影响的内在机理

　　为了弥补已有研究在劳动力流动对贫困影响内在机理考察方面的不足，同时也为中国劳动力流动减贫效应的实证研究奠定理论基础，本章围绕劳动力流动对贫困影响的内在机理展开理论探讨。总的来说，劳动力流动既会给微观家庭贫困带来影响，也会对作为流出地的农村贫困与作为流入地的城市贫困产生影响，即劳动力流动带来了贫困在农村与城市间的空间位移。与此同时，劳动力流动除了对单维的以家庭绝对人均收入为标准的家庭绝对贫困产生影响外，还对家庭多维相对贫困发生作用。

　　因此，本章主要从以下三个方面进行理论逻辑与机制分析：一是劳动力流动对家庭贫困影响的内在机理；二是劳动力流动对农村贫困和城市贫困影响的内在机理；三是劳动力流动对家庭多维相对贫困影响的理论逻辑与内在机理。其中，第一个方面主要基于"家庭贫困"这一微观层面展开，第二个方面主要基于"农村贫困"和"城市贫困"这一中观层面展开，而且前两个方面主要侧重劳动力流动对收入单一维度的绝对贫困的机理分析，而第三个方面则侧重劳动力流动对收入、教育、健康、养老保障、主观评价等多个维度的相对贫困的研究。需要强调的是，在理论层面，劳动力流动对贫困的内在影响具有一定的广泛性、复杂性和不确定性。

一　劳动力流动对家庭贫困影响的内在机理

　　实际上，目前学界对劳动力流动能否缓解家庭贫困尚未得到一致性的结论。劳动力流动通过非农就业获得工资性收入，进而直接增加家庭的人均收入，但考虑到劳动力流动前期必须付出的交通、食膳、住宿、通信费用等流动成本、沉没成本以及放弃包括原有工作收入在内的机会成本，劳动力流动对微观家庭贫困的影响在理论上既有加剧作用也有减缓作用。劳动力流动不仅会对家庭短期贫困产生影响，而且会对未来可持续减贫产生影响。因此，本部分主要从以下三个方面进行分析：一是劳动力流动加剧家庭贫困；二是劳动力流动缓解家庭贫困；三是劳动力流动对家庭可持续减贫的影响机制。

（一）劳动力流动加剧家庭贫困

从劳动力流动加剧家庭贫困层面来看，劳动力流动会对家庭所承担风险、家庭内部劳动力数量以及留守儿童和留守老人福利三个方面产生负向冲击，进而造成贫困的进一步恶化，其内在机理见图 4 - 1。

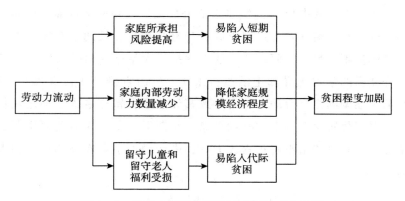

图 4 - 1　劳动力流动加剧家庭贫困的内在机理

首先，劳动力流动使家庭所承担风险提高，易陷入短期贫困。外流劳动力从流出地流出必然会放弃流出地的原有收入，事实上这也构成了其外流的机会成本，而且其选择放弃流出地原有的劳动岗位进入流入地进行就业岗位的再搜寻和再选择，这一过程面临大量的不确定因素，失业的时间成本和风险极大。若未能顺利在流入地找到合适的工作，将使得本身并不富裕的家庭陷入两难的境地，反而加重自身的贫困。

其次，劳动力流动导致家庭内部劳动力数量减少，将直接降低家庭规模经济程度。从宏观角度来看，二元经济结构下的劳动力过剩是劳动力外流的重要原因。然而在实践过程中，总体上外流劳动力无论是从年轻化程度，还是从受教育程度、身体素质、劳动职业技能、工作熟练程度和社会网络关系等方面来看，通常均为家庭中最为突出的成员，与留守劳动力相比具有显著的比较优势。这部分优质劳动力的外流，一方面会导致家庭内部劳动力生活和工作等方面的规模经济程度下降，尤其会导致外流劳动力对家庭其他成员以及整个家庭的潜在外溢效应丧失；另一方面会使得流出地劳动力数量减少，劳动力质量（如人力资本）下降，进而对流出地的经济发展造成直接的漏出效应（Wouterse，2010）。

最后，劳动力流动导致留守儿童和留守老人两大脆弱群体的福利受损，易陷入代际贫困。劳动力在流动过程中，为了降低成本，一般不会选择"举家外迁"模式，进而形成庞大的留守儿童和留守老人群体。根据 2018 年《中国农村留守老人研究报告》，我国拥有 1600 万农村留守老人。根据《中国儿童福利与保护政策报告 2019》，我国农村留守儿童规模达 697 万人，其中 96% 的留守儿童由祖父母或外祖父母隔代照料。一方面，这不利于留守儿童的健康成长和直接教育，长期来看还易发生犯罪和代际贫困；另一方面，留守老人承担了大量本应由外流劳动力承担的留守儿童的学习辅导和生活照料工作，进而直接导致自身福利受损。尤其需要强调的是，劳动力外流导致其无法照顾留守老人，加之农村老人通常对现代医学有一定的抵触情绪，长期形成了生病后随便服药的路径依赖，极有可能由小病积累成大病，进而增加了家庭因病致贫的潜在风险。

（二）劳动力流动缓解家庭贫困

从劳动力流动缓解家庭贫困层面来看，劳动力流动会对工资性收入、家庭农业生产的边际产出、家庭健康投入和家庭人力资本四个方面产生正向作用，进而缓解家庭贫困，其内在机理见图 4-2。

首先，劳动力流动通过非农就业获得工资性收入，拓展家庭收入来源。对于农村家庭而言，从事单一农业生产不可避免地面临自然气候变化和土壤肥沃程度对农作物产量影响的不确定性以及农产品价格市场化所带来的波动性的双重风险。新迁移经济学理论认为，劳动力流动不是个人的独立决策，而是家庭出于分散风险和自我保险的经济行为。外流劳动力的汇款构成了劳动力转移的利他性动因，可以直接提高人均收入（李翠锦，2014），从经济层面有效规避和熨平这类风险，进而减缓家庭贫困的情况。

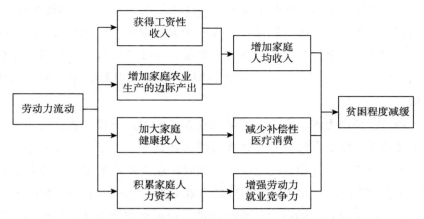

图 4 - 2　劳动力流动缓解家庭贫困的内在机理

其次，劳动力流动能够在一定程度上增加家庭农业生产的边际产出。农村家庭劳动力外出务工可以获得工资性收入，并通过汇款的方式实现资本回流，留守成员除用于基本生活和消费支出之外，很大一部分用于农业生产固定资本投资，通过购买或租借可替代劳动力的现代化生产机器设备以提升家庭农业生产率。向家庭留守成员汇款引致的正向产出效应在一定程度上减缓甚至补偿了劳动力外流所带来的农业劳动力缺失和规模经济程度下降的负面影响。从另一角度看，农产品播种和收割的季节性特征在时间上为劳动力外出务工提供了现实可能，让混合劳动形式创造多元化的收入来源得以实现。农村家庭劳动力选择在农闲时外出务工，不但不会影响其时节性的农务耕作，反而可以提升家庭劳动力配置效率，增加家庭农业生产的边际产出。此外，劳动力迁移收入的获取能够缓解家庭农业生产经营的资金约束，可以视为一种金融中介（Taylor et al.，2003），实现家庭自我融资功能。基于这种融资功能的实现，可以通过购买毗邻闲置土地的经营权来扩大家庭农业生产规模，提升农业生产单位劳动边际产出和规模经济程度，增加农业收入，从而缓解家庭的经济贫困状况（张桂文等，2018）。

再次，劳动力外流通过其城市生活经历，能够提高生活标准，优化消费结构，加大家庭健康投入。实证表明，农村和欠发达地区的劳动力向城市和发达地区转移，不仅实现了工资性收入的提高，而且会受到现代生活方式的影响，降低储蓄，增加人均消费（谢勇，2011）。外流劳动力也会将这一理念传递给家庭留守成员乃至整个家庭，获取持久收入、优化消费结构、提升健康理念等，有助于家庭增加对养老保险、农业保险和其他各类健康医疗保险的投入，降低和分散家庭成员患病所带来的长期经济风险，平滑长期消费支出（易行健等，2014），避免陷入健康贫困。

最后，劳动力流动有利于积累家庭人力资本。为提升农村外流劳动力整体素质并实现农村劳动力转移后的快速就业，国家倡导在农业主产区、劳动力流出地区和贫困地区组织非农产业就业前的免费职业技能培训。早在2003年，《国务院办公厅转发农业部等部门〈2003—2010年全国农民工培训规划〉的通知》就强调进一步扩大劳动力转移前就业培训的规模，为外出打工者提供了稳定就业所必需的劳动技能免费学习机会，充分调动了农村剩余劳动力向城市流动的积极性，发挥了农村劳动力外流的城市"内拉力"作用。此外，劳动力流动通过非农就业，不仅带来了自身生活、工作环境的变化以及社会经历、网络关系的丰富，而且对留守成员尤其是子女学习和就业的认知与偏向产生了深远影响，最终对自身和家庭成员乃至整个家庭人力资本投资产生了正的外部性，提高了家庭人力资本预期回报率，这也会让家庭有更强的意识增加子代的教育投入（阮荣平等，2011；张安驰、樊士德，2018）。除了职业培训外，部分大城市还针对外来人口子女教育问题提供了一定的政策支持。当外来劳动力持续外流符合一定条件时，可在流入地获得相比流出地更为优越的随迁子女义务教育机会，享受城市的公共教学资源，从而实现整个家庭人力资本的积累和提升，从长期来看，有利于从根本上激发家庭增收的内在动力，缓解家庭贫困，尤其是可以避免陷入代际贫困。

（三）劳动力流动对家庭可持续减贫的影响机制

理论上，劳动力流动既可能通过提高家庭农业收入、优化家庭收入结构和改善家庭生活条件三个方面降低家庭未来贫困发生的概率，即降低农村家庭贫困脆弱性，又可能导致家庭农业劳动力相对短缺、农业生产的内生动力不足以及亲情传达与感情陪伴缺位三个方面导致家庭未来贫困程度加深，即加深农村家庭贫困脆弱性，其作用机理见图4-3。

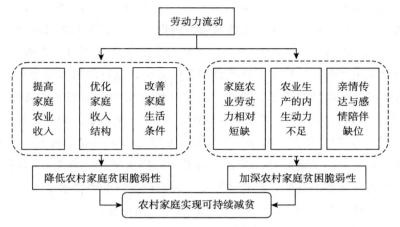

图 4 - 3 劳动力流动对家庭可持续减贫影响的作用机理

1. 劳动力流动降低农村家庭贫困脆弱性的作用机理

第一，提高家庭农业收入。Lewis（1954）的经典二元经济模型指出，劳动力会不断从边际生产率较低的传统部门向边际生产率较高的现代部门转移。在转移过程中，通过两个方面的作用促进传统部门的边际生产率不断提高。一方面，劳动力供给下降，可以在短期内提升农业劳动力边际产出。另一方面，土地数量固定不变且土地流转存在黏性，农村劳动力减少会导致农村人均可用土地增加（钟甫宁、纪月清，2009），并提升农业劳动力边际产出和工资水平。在此基础上，"守二"农民的收入水平将随着农业劳动力供给的下降而不断提升，进而从农业收入提升的角度降低未来贫困发生的概率，实现可持续减贫。

第二，优化家庭收入结构。农村家庭收入主要由工资性收入、家庭经营性收入、财产性收入、转移性收入构成。其中，工资性收入主要为劳务收入，家庭经营性收入主要为从事农业生产和非农经营的收入，财产性收入主要为通过对外投资和财产租赁等获得的报酬，转移性收入主要为财政支农补贴收入。在上述构成中，工资性收入和家庭经营性收入比重较大。外出务工收入往往构成了工资性收入的重要内容，外出务工劳动力通常将获得的非农收入汇回农村留守家庭。在本章所调查的样本家庭中，工资性收入约占家庭总收入的80%。可见，劳动力流动是家庭获得工资性收入的直接原因，也是优化家庭收入结构和降低家庭贫困脆弱性的重要保障。劳动力流动不仅可以解决农闲时农村劳动力过剩的问题，实现农民的兼业化，丰富和改善农村家庭收入结构，而且可以熨平农业生产和农业收入的不确定性风险，降低家庭未来发生贫困的概率。

第三，改善家庭生活条件。留守家庭往往会将收到的非农收入用于改善日常生活条件、增加子女教育和健康支出、进行房屋修缮等。此外，部分家庭还会增加对种子、化肥、农耕机械等生产性物料及设备的投资（李强，2001；郭剑雄、李志俊，2009；明娟、曾湘泉，2014；张安驰、樊士德，2018）。因此，劳动力流动给农村家庭带来了健康水平、人力资本和农业生产的三重提升，综合改善了家庭经济情况，降低了家庭未来发生贫困的概率。此外，汇款还可以提高农村家庭的消费水平（李强等，2008；胡枫、史宇鹏，2013），提升家庭主观幸福感。

2. 劳动力流动加深农村家庭贫困脆弱性的作用机理

首先，家庭农业劳动力相对短缺。外出务工的劳动力往往是家庭能力较强的成年男性，对于留守家庭而言，一方面，劳动力外流可能导致家庭农业生产劳动力缺位，进而导致农业收入下降；另一方面，劳动力外流会缩小家庭经济共享规模，加深家庭贫困程度（赵曼、程翔宇，2016）。

其次，农业生产的内生动力不足。家庭劳动力流出后，留守妇女和留守老人负责填补家庭农业生产的劳动力需求，部分家庭甚至放弃农业生产，导致土地撂荒。据统计，2017 年我国 55 岁以上的农业劳动力比例为 33.6%[1]，这一数据在 1996 年仅为 12.27%（朱庆生等，2020）。在本章所调查的样本数据中，13.8% 的家庭不参与任何农业生产活动。在参与农业生产的家庭中，60 岁以上的老年人参与农耕的家庭比例为 35.6%，中年妇女参与农耕的家庭比例为 72.5%，青壮年男性参与农耕的家庭比例为 69.6%。[2] 留守妇女替代男性劳动力成为家庭农业生产的中坚力量。无论是宏观层面的全国数据还是微观层面的调查数据均显示

---

[1] 数据来源于国家统计局 2017 年公布的《第三次全国农业普查主要数据公报（第五号）》。

[2] 数据来源于笔者所开展的入户问卷调查，问题设置为"家庭中农耕活动主要由谁承担？A. 老年人；B. 中年妇女；C. 青壮年男性；D. 其他"。经整理后，共有 1876 份有效问卷。在有农业生产的 1617 户家庭中，575 户家庭的老年人参与农耕，1173 户家庭的中年妇女参与农耕，1125 户家庭的青壮年男性参与农耕。此外，还有 5 户家庭的问卷回答是"兄弟家帮助农耕"。

农业生产逐渐呈现"女性化"和"老龄化"特征（文华成，2014），家庭农业生产的劳动力配置发生了结构性的转变。与青壮年男性相比，中年妇女和老年人往往在体力和耐力方面相对更弱，劳动生产率显然相对较低，这一特征化事实改变了家庭农业生产的内生发展潜力和经营动力（林本喜、邓衡山，2012），可能会提高家庭未来发生贫困的概率。

最后，亲情传达与感情陪伴缺位。长期以来，男性劳动力外流给留守儿童的教育培养、留守妇女的生活陪伴以及留守老人的健康陪护带来了一定程度的负面影响。据统计，2012年我国约有6100万留守儿童[1]、4700万留守妇女[2]和5000万留守老人[3]。从留守儿童来看，父母教育缺位不利于孩子的学习进步和身心健康。相关研究发现，父母监护不力和监护缺席导致留守儿童的辍学比例明显高于同期全国水平（叶敬忠，2019；李强等，2020），甚至高龄儿童退学还会对低龄儿童造成同伴效应（李强，2019）。从留守妇女来看，留守妇女往往需要承担起生产劳动、赡养父母和抚养子女的家庭责任，导致其生活负担加重，身心健康受损。从留守老人来看，由于家庭劳动力缺位，这部分老人不仅无法享受高质量的晚年生活，而且要投入时间和精力承担家庭农业生产、照看孙辈等任务。从以上三个角度来看，家庭成员的缺位可能会损耗留守成员的精神、心理和身体健康，进而造成家庭福利受损。长期来看，健康贫困、教育贫困等带来的多维贫困脆弱程度加深，极有可能造成家庭未来陷入多维贫困。

二　劳动力流动对农村贫困和城市贫困影响的内在机理

劳动力流动带来了贫困在城市和农村两个维度的空间位移，既影响了作为流出地的农村贫困，又影响了作为流入地的城市贫困。从内在的理论机理来看，劳动力流动对农村贫困的影响，既存在位置效应（即贫困人口的空间位移）、收入效应（即外流劳动力非农收入的提升）以及收入转移效应（即务工收入以汇款等形式向留守家庭的回流）等，从而

---

[1]　全国妇联课题组：《我国农村留守儿童、城乡流动儿童状况研究报告》，2013年5月。
[2]　《调查称超六成农村留守妇女经常感到孤独、烦躁》，中国发展门户网，2012年3月6日。
[3]　吴玉韶主编《中国老龄事业发展报告（2013）》，社会科学文献出版社，2013。

发挥积极作用；又能够导致农业劳动力数量减少、农业生产青壮年劳动力参与率降低、农业人力资本流失、农村土地撂荒以及留守儿童和留守老人福利受损等，从而形成消极影响。劳动力流动对城市贫困的影响，既存在劳动力流入形成的要素规模上的集聚效应及其所带来的本地市场效应、人力资本效应、经济增长效应等，从而形成正向效应；又存在劳动力流入导致的贫困人口增加、城市收入不平等以及户籍歧视与社会分化等，从而形成负向效应。

因此，劳动力流动对农村贫困和城市贫困的影响可以从劳动力流动影响农村贫困、劳动力流动影响城市贫困以及劳动力流动减贫的空间外溢效应三个方面进行作用机理分析。

（一）劳动力流动影响农村贫困的作用机理

一方面，劳动力在城乡、部门和产业间的大规模转移通过位置效应、收入效应和收入转移效应对农村贫困减缓和农业农村发展发挥了积极作用；另一方面，劳动力"离土""离乡"式流动给农村家庭和农业农村的长期发展带来了人力资本缺失的消极影响。由此，劳动力流动对农村贫困的影响仍旧是一个亟待研究的问题。

1. 劳动力流动减缓农村贫困的作用机理

劳动力流动通过位置效应、收入效应和收入转移效应三个渠道作用于农村贫困减缓和农业农村发展，具体作用机理见图4-4。

一是位置效应。劳动力在从农村向城市转移的过程中可能包含了贫困人口的空间位移（Cali and Menon，2013）。Ravallion等（2007）指出大量农村劳动力通过职业流动进入城市，其中包含了贫困人口从农村向城市的转移。这一贫困空间转移的位置效应，直接缩小了农村贫困人口的规模，短期内有效降低了农村的绝对贫困发生率（樊士德，2017）。

二是收入效应。劳动力外流获得的收入提高是减缓农村贫困的直接影响因素。在理论层面，城乡、地区和部门之间的收入差距构成了劳动力流动的重要诱因。进一步来看，劳动力流动的收入效应主要体现在四个方面：首先，对于宏观的农业部门而言，劳动力流动有助于农业部门优化内部资源配置，提高自身的边际生产率，进而提升农业生产的收入水平；其次，对于农村家庭和留守劳动力而言，劳动力外流改善了留守

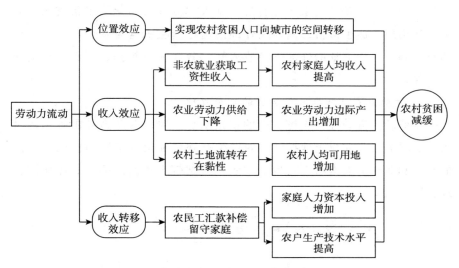

图4-4　劳动力流动减缓农村贫困的作用机理

劳动力的边际产出和工资水平；再次，外流劳动力获得的务工收入直接提升了家庭收入水平；最后，外流劳动力通过流动使得自身的理念、受教育程度、素养、技术水平和能力（如就业能力、创业能力）等发生了较为显著的改进，有助于未来家庭收入水平的持续提升。

　　三是收入转移效应。汇款是减缓农村贫困的间接影响因素。劳动力流动可以通过收入转移效应作用于农村减贫，外出务工劳动力将获得的非农收入通过汇款形式寄回留守家庭，实现非农收入的转移效应，让农村家庭的收入水平和收入结构获得质的提升。李强等（2008）对北京市八个地区外来务工人员的汇款情况进行抽样调查发现，近75%的外来务工人员定期给家庭汇款，月平均汇款额为5314元。《中国住户调查年鉴2020》显示，在2014年农村居民可支配收入及其构成中，非农就业获得的工资性收入首次超过经营性收入，并成为农村家庭收入的最大来源。因此，非农收入和汇款是影响农村家庭和农村经济的重要因素，也是外出务工人员与留守家庭的重要经济联系。收入转移效应的大小取决于两种情形：一种情形是回流的务工收入是否被全部用于流出地家庭的日常生活、农业生产或其他方面，如果全部转化为上述支出，就有助于流出地的经济增长和经济发展，进而提升流出地人均收入水平，使得流出地经济发展步入良性循环；另一种情形是回流的务工收入由于疾病等不确定事件的发生以及子女未来教育等，绝大部分并未转化为日常支出，而是在流出地变成了储蓄，储蓄又伴随流出地金融机构对发达地区和城市的贷款倾向，回流款的外流导致收入转移效应大打折扣，甚至在流出地并未显现。

2. 劳动力流动加剧农村贫困的作用机理

从劳动力流动加剧农村贫困的视角来看，农村劳动力外出务工通过人力资本流失、农村土地撂荒、农业生产缺位和留守家庭增加四个方面的经济和非经济因素给农村发展和农户减贫带来负面影响，具体作用机理见图 4 - 5。

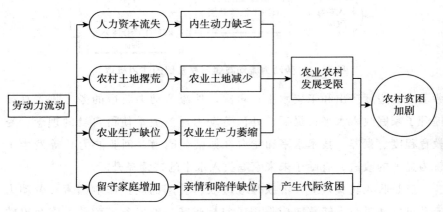

图 4 - 5　劳动力流动加剧农村贫困的作用机理

一是人力资本流失。劳动力外出务工是农村人力资本存量下降的直接原因。对于首次发生劳动力流动的农村家庭而言，外出的劳动力往往是家庭中生产力较高的成年男性，而生产力相对低下和年龄较大的劳动力会选择留守农村，从事家庭农业生产，降低家庭收入风险。随着年轻劳动力的不断外流，农村劳动力的老龄化程度逐渐加深。根据中国社会科学院农村发展研究所与中国社会科学出版社 2022 年 5 月联合发布的《中国乡村振兴综合调查研究报告 2021》，中国农村人口老龄化严峻，全体人口中 60 岁及以上人口占比超过 20%，65 岁及以上人口占比达到 13.82%，完全达到 "老龄化社会" 的标准。这一特征化事实不仅改变了劳动力在地区间的空间分布和产业间的要素分配，而且带来了农业劳动力逐渐老龄化的结构性转变。老龄化构成了农村人力资本的 "漏出效应"，从根本上改变了农村的内生发展动力，长期来看无益于农村的现代化发展。

二是农村土地撂荒。农村劳动力"离土"是农村土地撂荒的重要原因。土地资源禀赋和家庭规模是农户土地经营的核心要素，土地自由流转可以优化土地资源配置，提高农业生产效率。然而，由于农地产权不清以及对未来的不确定预期等，劳动力从农业向非农转移的过程中往往会出现"人地分离""人口城镇化与土地城镇化不同步""土地是最后的社会保障"等情况，导致土地流转失灵、耕地撂荒、农业"空心化"与失地农民并存的农业资源错配等突出问题（盖庆恩等，2020）。

三是农业生产缺位。非农就业降低了农村地区年轻劳动力对农业生产的参与率。改革开放以来，农村劳动力持续向城镇和非农部分转移，导致参与农业生产的劳动力的年龄结构和性别比例出现了结构性转变。根据国家统计局 2021 年 4 月发布的《2020 年农民工监测调查报告》，外出务工农村劳动力的平均年龄为 41.4 岁，40 岁及以下的农民工比例为 49.4%；外出农民工中男性比例为 65.2%，女性比例为 34.8%。这表明大部分存在外出务工情况的家庭会选择让女性留守农村。农业劳动力的年龄和性别结构也因青壮年的外流而发生改变，逐渐从传统的"男耕女织"分工模式转变为"男工女耕"和"少工老耕"的分工模式，呈现农业劳动力逐渐"女性化"和"老龄化"的特征（文华成，2014）。相对于男性劳动力而言，女性和老年人往往在体力和耐力方面更弱，青壮年农业劳动力的"缺位"可能导致土地利用效率低下，进而导致农业生产力萎缩和农村经济发展持续低迷（林本喜、邓衡山，2012；樊士德、朱克朋，2016）。

四是留守家庭增加。劳动力外流导致农村家庭亲情和陪伴双重缺位。一方面，大规模青壮年劳动力的外流导致农村人口结构"畸形化"。根据笔者 2013 年的微观调查发现，劳动力外流导致农村留守人口呈现"386199"（即妇女、儿童和老人）的结构特征；而 2023 年的微观调查发现，这一特征开始转向"6199"甚至"99"的单一结构。在这一背景下，农村和农业劳动力无论是在规模上还是在质量上均呈现双重下降趋势。越来越多的新生代农民农业生产技能欠缺、主观上不想当农民、不愿从事农业生产，这对农业生产和乡村振兴形成了负向冲击。这一特征引起学界和政界的广泛关注。另一方面，大规模青壮年劳动力的外流不仅给留守老人、留守妇女和留守儿童带来了较为沉重的农业生产负担，而且给留守者带来了生活压力感和孤独寂寞感，具体体现在降低了留守老人安度晚年理应享有的物质生活和精神生活质量，给留守儿童的学习和心理以及亲子关系的构建带来了消极影响，对于留守妇女而言，也会影响夫妻间的情感交流、夫妻关系的稳定，进而影响社会稳定。

以上四个方面说明劳动力外出务工可能导致农业"空心化"、农村"空洞化"以及农村家庭福利漏出，进而使农村发展日渐凋敝，农村家庭陷入贫困。

（二）劳动力流动影响城市贫困的作用机理

外来人口在城市的生活水平和生存状态逐渐成为城市贫困与福利分配等问题的研究视角。一方面，劳动力流动通过提高收入改善其生活条件；另一方面，就业歧视、生活成本高、公共服务不均等和户籍偏向等不利因素成为外来人口融入城市并成为城市"新市民"的主要阻碍。理论上，劳动力流动既可能减缓城市贫困，又可能加剧城市贫困。

1. 劳动力流动减缓城市贫困的作用机理

劳动力流动主要通过集聚效应和收入效应两个方面减缓城市贫困，具体作用机理见图4-6。

从集聚效应来看，劳动力流动往往伴随城市的人口集聚，人口增加导致的城市消费需求扩张将扩大产品的市场需求，进而吸引敏感的厂商向人口数量多的城市转移，从而增加产品市场供给。进一步地，产品市场供给增加导致要素市场需求扩大，并由此创造出大量就业机会和就业岗位，吸引外围劳动力进一步向产品市场集中，形成劳动力流动的良性循环。这种要素集聚的良性循环使农村劳动力更容易在城市获取就业机会，降低了外来劳动力在城市的失业率，提高了外来劳动力的平均收入，有助于减缓城市贫困。

从收入效应来看，劳动力流动通过形成本地市场效应、人力资本效应和经济增长效应缩小城市内部收入差距，提高外来劳动力收入水平。

一是本地市场效应。劳动力流动通过发挥本地市场效应促进城市经济发展。根据新经济地理理论，劳动力从农村向城市转移，一方面可以

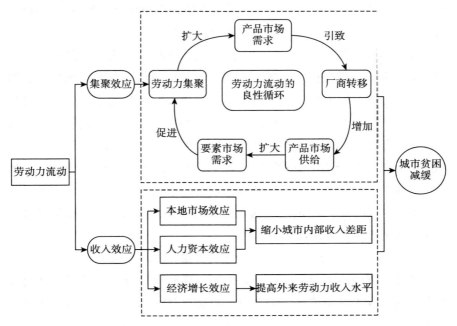

图 4 - 6　劳动力流动减缓城市贫困的作用机理

通过"前向关联"扩大城市的市场需求，进而引致大量厂商句该目标城市转移，补充和完善该城市的产业价值链，并吸引上下游企业向该城市集聚，进一步扩大市场规模；另一方面可以通过"后向关联"激发市场的规模经济效应，促进城市经济增长（朱江丽、李子联，2016），进而提升城市居民收入水平，减缓城市贫困。

　　二是人力资本效应。职业培训和学习效应能够实现劳动力的人力资本积累，并通过提高个人竞争力和收入水平缓解经济贫困。农村劳动力在实现由农业向制造业和服务业的职业转换前往往要进行职业技能培训，职业技能培训和"干中学"的学习效应是提高流动劳动力人力资本水平的重要途径（王永培、晏维龙，2013）。根据国家统计局 2018 年 4 月发布的《2017 年农民工监测调查报告》，接受过农业或非农职业技能培训的农民工比例为 32.9%。[①] 此外，外流劳动力在城市劳动力市场与更多

---

① 自 2018 年开始，国家统计局发布的《农民工监测调查报告》不再提供农民工职业技能培训比例的相关信息，因此农民工职业技能培训比例的最新数据截至 2018 年 4 月发布的《2017 年农民工监测调查报告》。

优秀人才交流和互动的过程中，可以激发提升自身技能的潜在学习效应，通过"干中学"提升人力资本水平和边际报酬。

三是经济增长效应。劳动力在产业间的转移和优化配置是我国经济增长的源泉，是居民整体生活水平提升的重要原因。劳动力向第二、第三产业转移的过程能够促进产业分布集群化和产业结构变迁，从而发挥产业结构优化升级的自我强化作用，进一步拉动地区经济增长。有学者对我国产业间劳动力转移进行测算，指出我国的农业劳动力比例从1978年的70.5%下降至2018年的26.1%（蔡昉，2017；郝大明，2020）。通过进一步计算，1986~2012年农业劳动力转移对经济增长的贡献率平均为4.6%（伍山林，2016）。这表明劳动力在产业间的转移对经济发展和居民收入的普遍提高至关重要。

2. 劳动力流动加剧城市贫困的作用机理

劳动力流动也可能通过贫困人口的空间转移、身份不认同与社会分化以及城市收入差距扩大三个方面导致城市贫困加剧，具体作用机理见图4-7。

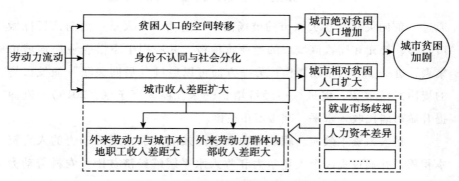

图4-7　劳动力流动加剧城市贫困的作用机理

一是贫困人口的空间转移。贫困人口的空间转移是城乡贫困结构变化的重要影响因素。伴随我国户籍政策的演变和扶贫工作的推进，城乡二元结构的藩篱不断被打破，农村贫困家庭劳动力从农村向城市的大规模流动，不仅改变了劳动力要素的配置，而且改变了贫困人口的空间分布，一部分贫困人口由农村和欠发达地区向城市和发达地区转移，可能会导致短期内城市和发达地区的绝对贫困人口规模扩大、比例提高，形成贫困人口的空间转移，贫困人口的城市化演变为"新城市贫困"（樊士德，2017）。

二是身份不认同与社会分化。户籍壁垒等影响城市身份不认同与社会分化的因素会导致外来劳动力在城市工作和生活产生明显的相对剥夺感（孙文凯、王格非，2020）。2020 年，仅有 41.4% 的进城农民工认为自己是所居住城市的"本地人"，大部分外来劳动力对城市的归属感较弱。[①] 即便农村劳动力离开乡土成为城市名义上的"新市民"，较弱的城市身份认同感和城市生活的隔离感也仅仅是让传统的"城乡二元结构"转化为"城市内部的二元结构"（陆铭，2011）。根据区隔融合理论（Portes and Min，1993），随着外来人口在本地工作和生活时间的推移，部分劳动力依靠较强的经济实力和工作能力逐渐融入当地收入较高且享受更优质公共资源的社会群体，而资产实力较弱和中低收入的劳动力则逐渐转变为收入较低且福利资源较差的社会群体，成为城市相对贫困的来源（杨洋、马骁，2012）。

三是城市收入差距扩大。外来劳动力与城市本地职工之间以及外来劳动力群体内部收入差距大会让外来劳动力产生相对剥夺感，这也是形成城市贫困群体的重要来源。有学者研究表明，除外来劳动力固有的经济实力和人力资本水平以外，户籍壁垒和城市劳动力市场的就业歧视让外来劳动力群体内部及其与城市本地职工之间逐渐形成明显的收入差距（李永友、沈坤荣，2007；陈钊、陆铭，2008），而且其在城市就业的初始工资水平普遍低于城市本地职工。根据测算，城镇居民与外来劳动力的收入差距从 2005 年的 1.24 倍扩大至 2015 年的 1.43 倍。[②] 为了实现与本地居民"同工同酬"，外来劳动力往往需要花费更长的工资同化时间，即要想获得与城市职工一样的收入，必须增加每日劳动时间（陈珣、徐舒，2014；郭凤鸣、张世伟，2018；吕炜等，2019）。有学者研究发现，2014 年城市本地劳动力与外来农民工的年工资比值为 1.01，但平均每周工作时间比值则为 0.87（李实、吴彬彬，2020），这表明外来劳动力的工资水平明显低于城市本地劳动力。缩减空闲时间以获得高薪的替代效应不仅会降低外来劳动力在城市生活的幸福感，而且将产生相对于城市

---

① 数据来源于国家统计局 2021 年 4 月发布的《2020 年农民工监测调查报告》。

② 数据来源于 2005～2015 年中国综合社会调查数据。

本地职工一般生活水平的剥夺感，使外来劳动力成为城市贫困中的相对贫困群体。此外，近年来不仅本地劳动力与外来劳动力的工资水平存在差距，而且外来劳动力内部收入不平等程度和收入极化程度也呈现上升的趋势（胡枫，2010）。具体而言，全国流动人口收入基尼系数从 2011 年的 0.25 上升至 2017 年的 0.35①，其中城镇户籍流动人口内部收入不平等程度高于农村户籍流动人口。

"社会融入难""生活成本高""收入差距大"是外来劳动力在城市生存的普遍感受，就业机会受限、城市的社会排斥和过度劳动成为外来劳动力心理和身体健康受损的直接来源。除贫困人口向城市直接转移和社会隔离导致城市贫困规模扩大以外，缺乏城市的身份认同感、收入水平较低和拥有公共资源的机会较少也让外来劳动力产生了相对于城市本地居民的剥夺感，使他们成为城市内部的相对贫困群体，进一步加深了城市的贫困程度。

（三）劳动力流动减贫空间外溢效应的作用机理

劳动力流动减贫的空间外溢效应可以从贫困人口的空间转移、城市化的空间外部性、城市知识的空间溢出和城市收入的空间分享四个方面展开分析，具体作用机理见图 4 - 8。

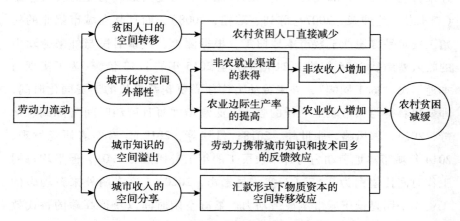

图 4 - 8　劳动力流动减贫空间外溢效应的作用机理

---

① 数据来源于 2011 ~ 2017 年全国流动人口动态监测调查数据。

一是从贫困人口的空间转移看，劳动力从农村、农业和欠发达地区迁出，向城镇、非农产业和发达地区转移，这一过程包含了贫困人口的流动和空间转移。人口迁移不仅仅降低了城乡市场、产业和部门之间的资源错配程度，还激发了要素流动的能动性，从绝对数量上实现了农村和欠发达地区贫困人口的减少，在空间维度降低了贫困发生率。

二是从城市化的空间外部性看，城市规模发展和地域扩张在空间上产生了有利于农村发展的辐射效应。市场、资本、技术等多方面要素的外溢，激发城市经济增长对农村和欠发达地区的"扩散效应"[①]，形成就业和收入效应，进而提升生活水平。有学者研究发现，相较于边远山区的农户，城市边缘的农户可以获取更多的非农就业渠道（陆铭等，2012）。就近在城镇非农就业，一方面可以解决农闲时农村劳动力过剩的问题，实现农民的兼业化，丰富和改善农村家庭收入结构；另一方面通过农业劳动力供给缩紧提高农业边际生产率，防止农业"空心化"给农村发展带来的负面影响。

三是从城市知识的空间溢出看，劳动力是城市现代化信息、创新思维、先进知识向农村传导和外溢的主要载体。非农职前培训可以提高农村劳动力人力资本水平，当外流劳动力回乡创业或者在农村非农就业时，劳动力本身天然成为城市现代化技术与理念的传播中介和传递载体。对于部分经济和社会联系并不紧密的城乡关系来说，劳动力流动构成了打破城乡知识传播壁垒的最佳载体，这些劳动力更了解流出地的资源禀赋与比较优势，更善于将城市发展理念与农村发展进行有机结合，促进农村地区人力资本积累和农业生产技术提升。

四是从城市收入的空间分享看，外出劳动力往往会通过汇款形式实现收入从城市向农村回流的空间溢出。农村劳动力向城市转移并获取高于农业收入的非农收入，当他们将部分收入汇回农村留守家庭时，从空间维度推动了城市和发达地区的收入分享机制，实现了城市收入的空间外溢。

---

① "扩散效应"一词源于缪尔达尔针对发达地区经济增长对欠发达地区影响的"循环累积因果理论"。

三　劳动力流动对家庭多维相对贫困影响的
理论逻辑与内在机理

在 2020 年全面脱贫的背景下，对贫困的识别更加多元化，对劳动力流动与贫困关系的认识也更加全面和综合。目前学界关于劳动力流动对家庭多维相对贫困的影响同样尚未得到一致的结论。劳动力流动对微观家庭多维相对贫困既有缓解作用也有加剧作用。基于此，本部分从收入、教育、健康、养老保障、主观评价等维度尝试探讨劳动力流动对家庭多维相对贫困影响的理论逻辑与内在机理。

（一）劳动力流动缓解相对贫困家庭多维剥夺状态

劳动力流动会通过改善家庭收入状况、受教育情况、健康状况、养老保障情况以及主观评价情况降低家庭陷入多维相对贫困的概率，其内在机理见图 4-9。

在收入维度，劳动力流动通过非农收入、农业收入、财产性收入三个维度改善家庭的收入状况。外出务工人员通过非农就业获得工资性收入，并通过资金汇回等方式促进家庭的资本积累。流动劳动力在"再社会化"过程中实现知识溢出效应，通过技术回流的方式促进农业生产效率的提高，增加农业生产的边际产出，提高农业收入。另外，大规模的劳动力外流使得农村家庭可以选择土地流转，进一步实现农业资产和资源的优化配置与重组，增加财产性收入，最终缓解贫困。

在教育维度，流动劳动力不仅能够通过非农就业提高自身的素质，而且能够让家庭改变自身的教育观念，让家庭有意识地增加子代的教育投入。除此之外，随迁子女也能够在流入地得到相较于流出地更为优质的教育资源，这种教育资源的改善将促进整个家庭人力资本的积累和提升，给家庭脱离贫困带来长久的内生动力。

在健康维度，劳动力流动通过增强健康意识、提高生活标准、优化消费结构降低健康维度贫困的发生。外出务工人员在进入城市经历"再社会化"的过程中，能够获得必要的卫生、健康、日常生活等方面的知识，增强自身和整个家庭的健康意识，改善家庭原有的食物结构，提高

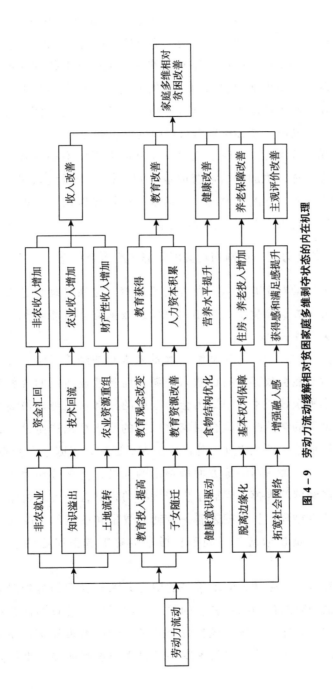

图 4-9 劳动力流动缓解相对贫困家庭多维剥夺状态的内在机理

家庭的营养水平。收入和生活标准的提高也有助于优化家庭消费结构，增加家庭健康医疗保险的投入，避免陷入健康维度的贫困。

在养老保障维度，劳动力外流能够在一定程度上拓宽外流劳动力的社会关系网络，帮助他们脱离边缘化的处境，获得更加公平的医疗资源和住房保障。收入的改善也会增加家庭在住房、养老方面的投入，在提高生活标准的同时，增强家庭抵御风险的意识和能力。

在主观评价维度，信任、互惠、互助的人际网络关系有助于外出劳动力增强融入感，更加便捷地获取信息和支持，降低信息成本。外出务工带来的家庭收入状况的改善、生活水平的提高以及社会地位的上升都有助于外出劳动力提升获得感和满足感。

（二）劳动力流动加剧相对贫困家庭多维剥夺状态

劳动力流动对家庭收入、留守儿童教育、健康管理、老人养老以及主观评价五个方面产生负向冲击，进而造成家庭多维相对贫困恶化，其内在机理见图4－10。

在收入维度，劳动力流动给家庭带来未知的经济风险。外出务工人员在流出时必然会放弃原有的收入来源，而新就业岗位的寻找和筛选需要时间成本和金钱成本，短期内会给家庭的经济状况带来极高的不确定性，收入来源的突然改变也会对家庭原有的收入结构产生冲击，增大陷入贫困的可能性。除此之外，外出务工人员通常是家庭中在受教育程度、身体素质、社会关系网络等方面最突出的人员，优质劳动力的流失限制了农业生产经营的规模，阻碍了生产效率的提升，使得农村家庭更易陷入贫困的恶性循环。从长期来看，劳动力数量和质量的下降对流出地的经济发展具有漏出效应，不利于从根本上解决贫困家庭的收入和发展问题。

在教育维度，劳动力流动带来的留守儿童教育问题愈加严峻。一方面，父母的教育缺位和隔代教育的缺陷影响了留守儿童的健康成长。另一方面，农村人才的外流造成教育资源进一步向城市集聚，加剧了教育资源分布的不均衡，使得农村家庭的教育劣势愈加明显，更易陷入代际教育贫困。

在健康维度，父母陪伴和监管的缺失使得留守儿童更易染上吸烟、

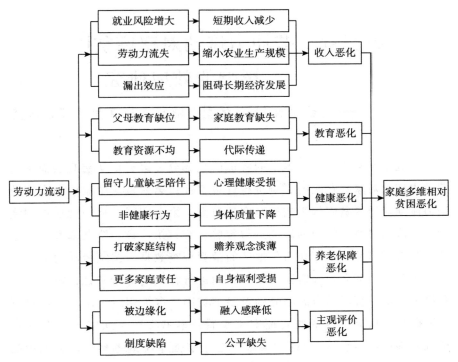

图4-10　劳动力流动加剧相对贫困家庭多维剥夺状态的内在机理

饮酒、沉迷网络等恶习，在身体素质和心理健康方面存在明显不足。另外，生活环境的改变以及工作强度的增加都会危害外出务工人员的身体健康，异地就医的不便以及治疗费用的高昂也使得外出务工人员的健康缺少保障。

在养老保障维度，劳动力流动造成了留守老人的福利受损。劳动力流动打破了传统家庭结构，家庭观念、赡养理念的弱化使得留守老人在经济供养、生活照料以及精神慰藉等方面出现困难。除此之外，留守老人承担了大部分本应由外流劳动力承担的留守儿童生活照料工作，进而导致自身福利受损，更易陷入养老保障维度的贫困。

在主观评价维度，外来人口与原住人口的融合状况直接影响其在城市中的主观相对贫困感受。由于"制度壁垒"和"舆论壁垒"的存在，外流劳动力长期以来在城市中仍旧处于边缘化的状态，对城市的融入感不强，无法享受平等的权利和基本的保障，因此从这个层面看劳动力流动提高了微观家庭陷入多维相对贫困的概率。

第五章 劳动力流动对家庭贫困
影响的效应研究

—— 基于面板 Logit 模型与随机效应模型的实证研究

  第五章至第十二章为本书的实证研究部分。第五章从宏观层面围绕劳动力流动对家庭贫困的影响进行计量实证；第六章从中观层面围绕劳动力流动对地区贫困的影响进行实证研究；第七章同样从中观层面围绕劳动力流动对城乡贫困的影响进行经验研究；第八章、第九章和第十章基于笔者对东部、中部和西部地区的微观调查数据，围绕劳动力流动分别对东部、中部和西部地区贫困的影响进行相应的计量实证；第十一章和第十二章围绕劳动力流动分别对多维贫困、多维相对贫困的影响进行专题研究。从上述各章的实证安排来看，本书实现了从宏观（全国）、中观（地区和城乡）、微观（家庭）三个层面系统地考察劳动力流动的减贫效应，并实现了相互间的有机结合，彰显了本书内在逻辑的严谨性、研究层次的清晰性和研究内容的系统性。

  具体来说，本章主要围绕劳动力流动对全国的减贫效应进行计量实证研究。此外，本章还基于发达地区与欠发达地区的空间划分，分别对不同地区和不同空间劳动力流动的家庭减贫效应进行比较研究，以期为制度和政策在空间上的差异化安排提供支撑。长期以来，我国一直存在区域和空间发展不平衡的问题，不仅劳动力流动呈现区域性和地域性的差异化特征，贫困人口的分布也因地理、气候、人口等客观因素而呈现整体分散性和区域集中性的双重特征。这就决定了分区域探讨微观家庭劳动力流动所带来的减贫效应具有重要的理论价值和直接的现实意义。本章根据经济发展水平对不同省份做了分类，将经济发展水平较高的省份定义为发达地区，其余省份定义为欠发达地区，进而对不同地区劳动力流动的减贫效果进行比较研究，并阐释了区域间差异化的内在诱因。在这一过程中，重点关注经济新常态下劳动力流动的新形势和新特征，同时进行时间维度的动态比较。需要说明的是，本章的分地区考察相对更为宏观，主要是进行发达地区和欠发达地区的二维划分。

一　研究假设

基于第四章劳动力流动对贫困影响内在机理的理论考察，可以得出劳动力流动对贫困的影响既具有正向效应，又具有负向效应。因此，劳动力流动的减贫效应取决于加剧作用和缓解作用二者间的强弱比较，这显然具有一定的不确定性。然而，本书偏向于认为劳动力流动具有一定的减贫效应，其内在依据主要体现在两个层面：①在微观层面，外流劳动力微观主体的理性考量，即外流劳动力往往基于自利和理性人的考虑选择外出务工，并持续保持外流，进而形成劳动力外流刚性（樊士德等，2015）；②在宏观层面，全国劳动力流动规模持续扩大的典型事实，即改革开放以来我国区域间和城乡间的劳动力流动规模总体呈现不断扩大的特征化事实。基于此，本章提出假设1。

假设1：劳动力流动对家庭贫困发生率存在负向影响。也就是说，当家庭存在劳动力流动情形时，该家庭陷入贫困的概率显著降低。

一般而言，"自利"和"利他"是农村贫困家庭劳动力外出务工的重要原因（都阳、朴之水，2003a）。以摆脱贫困为外出务工目的的劳动力往往会定期将其部分收入汇回留守家庭，从而增加家庭人均收入，并提高家庭生活质量。现代经济学认为，人力资本积累程度和收入水平是决定一个家庭是否陷入经济贫困的直接影响因素。与此同时，劳动参与率越高的家庭，人均收入也越高。然而，劳动力流动尤其是沉动比例较高的家庭不仅付出了流动过程中的沉没成本和流动前在流出地就业的机会成本，而且很可能会打破原有家庭成员间的分工协作，降低家庭农业生产和生活的规模经济程度，并增加相应的边际成本。那么，劳动力流动尤其是外出务工规模越大，其家庭人均收入是否越高呢？为了解决这一问题，基于上述理论分析，本章提出假设2。

假设2：家庭人均收入与家庭劳动力流动规模呈现显著的正向影响，即家庭劳动力流动比例越高，家庭人均收入越高。

二　模型设计与变量选取

（一）数据来源

本章所使用的数据来自北京大学中国社会科学调查中心组织实施的中国家庭追踪调查（CFPS）的微观数据。自 2010 年以来，该组织每两年通过问卷调查的方式对追踪个体、家庭和社区三个层次进行数据的监测与调查，以反映我国社会、经济、人口、教育和健康的变迁。CFPS 的调查对象为中国 25 个省份①的家庭户和被调查家庭中的所有家庭成员，主要调查内容包括家庭的基本信息、家庭成员的就业和婚姻信息、家庭儿童的就学和教育信息以及家庭的经济和生活情况等。本章使用 2014 年和 2018 年的调查数据，每年有 14241 户家庭样本，包含 32669 位家庭成员信息，将追踪调查的家庭数据和个人数据合并，经过数据清洗和匹配，去除不适用和无效的信息，最终保留的有效样本为 8966 户家庭。我国区域经济发展不协调，东南沿海省份所处的长三角和珠三角地区经济发展明显优于其他省份，若以全国范围整体样本研究劳动力流动的减贫效应将无法呈现地区之间的差异性，为了体现不同空间上的差异性，本章将研究样本分成发达地区②和欠发达地区③两类，其中发达地区主要包括经济发达省份和东部沿海省份。

（二）变量说明

1. 被解释变量

对于假设 1，本章的核心被解释变量为家庭贫困发生率（$pov2300_i$、$pov3000_i$④）。关于家庭是否为贫困家庭的确定标准，一方面，参照中国

---

① 中国家庭追踪调查（CFPS）所调查的地区不包含香港、澳门、台湾以及新疆、西藏、青海、内蒙古、宁夏、海南。
② 发达地区包括北京、上海、天津、重庆、江苏、浙江、广东、福建、山东、河北、辽宁。
③ 欠发达地区包括安徽、甘肃、广西、贵州、河南、湖北、湖南、山西、陕西、江西、黑龙江、吉林、四川、云南。
④ $pov2300_i$、$pov3000_i$ 分别表示第 i 个被调查的样本家庭按 2300 元和 3000 元的贫困标准确定的家庭贫困发生率。

国际扶贫中心 2010 年确定的 2300 元不变价基准线①，即将家庭年人均纯收入低于 2300 元的家庭定义为贫困家庭，用 $pov2300_i = 1$ 表示；将家庭年人均纯收入高于 2300 元的家庭定义为非贫困家庭，用 $pov2300_i = 0$ 表示。另一方面，由于发达地区和欠发达地区之间的发展具有极大的差异性，在具体实证中本章还设置了 3000 元作为贫困标准，从而考察不同标准、不同地区劳动力流动对贫困影响的差异性。将家庭年人均纯收入低于 3000 元的家庭定义为贫困家庭，用 $pov3000_i = 1$ 表示；将家庭年人均纯收入高于 3000 元的家庭定义为非贫困家庭，用 $pov3000_i = 0$ 表示。对于假设 2，本章设置的被解释变量为家庭年人均纯收入的对数形式，用 $lninc_i$ 表示，以考察家庭特征变量和户主特征变量对家庭年人均纯收入的定性及定量影响。

2. 核心解释变量

对于假设 1，本章的核心解释变量为家庭是否存在劳动力流动情形②，用 mig_i 表示。当家庭存在劳动力流动情形时 $mig_i = 1$，反之 $mig_i = 0$。已有文献大多采用实地调查数据，调查问卷设置的问题直接涉及家庭劳动力流动情况，本章中家庭是否存在劳动力流动情形的数据基于 CFPS 家庭问卷数据库中"是否外出打工或者务农"与"外出人员编码"匹配获得。对于假设 2，本章的核心解释变量为家庭劳动力流动规模，即家庭外出打工人数，用 mig_size_i 表示。

3. 控制变量

控制变量主要包括两个部分：一是家庭特征变量；二是户主特征变量。其中，家庭特征变量包括家庭人口规模（f_mem_i）以及家庭是否有非农经营③（f_unfarm_i）。当家庭有非农经营时 $f\_unfarm_i = 1$，反之 $f\_unfarm_i = 0$。户主特征变量主要包括户主性别（p_gender_i）、户主年龄（p_age_i）、户主年龄平方（p_age2_i）、户主受教育年限（p_edu_i）、户主是否务农（p_farm_i）等。由于 CFPS 问卷中并未涉及户主的定义，其提供的数据库中也未指明户主编码，考虑到微观家庭中核心决策人通常为

① 我国确定 2010 年贫困标准为家庭年人均纯收入 2300 元，2015 年为 2800 元，2016 年为 3000 元。目前我国贫困线以 2010 年确定的 2300 元作为不变价基准。
② 此处关于家庭是否存在劳动力流动情形的定义参考樊士德和江克忠（2016）的相关研究。
③ 非农经营是指从事除种植业、林业、畜牧业、水产养殖业等之外的产业。

家庭收入最高者，因此本章将每户家庭收入最高者定义为户主，即家庭活动中最具影响力的成员。

（三）计量模型建构

本章所研究的核心问题为劳动力流动对家庭的减贫效应。对于微观家庭而言，其贫困状态只有"是"或"否"两种。通常当被解释变量为 0 和 1 的虚拟变量时，可采用面板 Logit 二值选择模型，故本章利用这一模型探究家庭劳动力流动对贫困发生率的具体影响。对于假设 1，本章所构建的 Logit 计量模型为：

$$\ln\frac{\text{prob}(pov_i=1)}{\text{prob}(pov_i=0)} = \alpha_0 + \alpha_1 mig_i + \alpha_2 f\_mem_i + \alpha_3 f\_unfarm_i +$$

$$\alpha_4 p\_gender_i + \alpha_5 p\_age_i + \alpha_6 p\_age2_i + \alpha_7 p\_edu_i + \alpha_8 p\_farm_i \qquad (5-1)$$

其中，pov_i 表示家庭是否处于贫困状态。按照不同的收入标准将 pov_i 扩展为两个变量，分别为 $pov2300_i$ 和 $pov3000_i$；mig_i、f_mem_i、f_unfarm_i、p_gender_i、p_age_i、p_age2_i、p_edu_i、p_farm_i 为解释变量；α_0 表示常数项，α_1、α_2、α_3、α_4、α_5、α_6、α_7、α_8 分别表示对应解释变量的待估参数。

为了进一步反映劳动力流动对家庭年人均纯收入的影响，本章将家庭年人均纯收入作为被解释变量，用 inc_i 表示，在此基础上进行量化实证研究。与此同时，考察家庭特征变量和户主特征变量对家庭年人均纯收入的具体影响。对于假设 2，本章所构建的面板随机效应模型为：

$$\ln inc_i = \beta_0 + \beta_1 f\_mig\_size_i + \beta_2 f\_mem_i + \beta_3 f\_unfarm_i +$$

$$\beta_4 p\_gender_i + \beta_5 p\_age_i + \beta_6 p\_age2_i + \beta_7 p\_edu_i + \beta_8 p\_farm_i + \varepsilon_i \qquad (5-2)$$

其中，被解释变量 $\ln inc_i$ 为家庭年人均纯收入的对数形式；β_0 表示常数项，β_1、β_2、β_3、β_4、β_5、β_6、β_7、β_8 分别表示对应解释变量的待估参数；ε_i 表示随机误差项。

（四）描述性统计分析

本部分从 2014 年和 2018 年全国及分地区样本家庭劳动力流动与贫

困发生率比较、家庭年人均纯收入比较以及家庭特征变量和户主特征变量比较三个方面对我国微观家庭实际情况进行描述性统计，以便从宏观、中观和微观视角了解家庭贫困情况。

1. 全国及分地区样本家庭劳动力流动与贫困发生率比较

CFPS 问卷中关于家庭是否存在劳动力流动情形，设置了"做农活或外出打工"这一问题，即过去 12 个月被访者家中是否有人帮其他农户做农活（如帮人种田、养牲口）或外出打工（如去城市打工）挣钱。从表 5-1 可以看出，2014 年全国样本中存在劳动力流动情形的家庭比例为 40.17%，发达地区为 38.68%，欠发达地区为 41.26%。欠发达地区劳动力流动比例较发达地区高，符合一般预期。相比 2014 年，2018 年无论是发达地区还是欠发达地区，劳动力流动比例均大幅提升，全国样本劳动力流动比例高达 91.67%，但发达地区的劳动力流动比例反超欠发达地区。其原因可能是发达地区内部的城乡收入差距大于欠发达地区，发达地区城市薪资水平相对较高，外流劳动力的医疗、随迁子女的义务教育和公共服务等方面持续改善，对农村家庭劳动力流动所形成的"内拉力"进一步增强，进而出现发达地区的劳动力流动比例较欠发达地区高的现象。然而，从劳动力流出占比和劳动力流动规模来看，2018 年数据均比 2014 年有所下降。

表 5-1　2014 年和 2018 年全国及分地区样本家庭劳动力流动情况

变量	年份	全国	发达地区	欠发达地区
劳动力流动 （mig）	2014	0.4017399	0.3868497	0.4126279
	2018	0.9166853	0.9414907	0.8973188
劳动力流出占比 （f_mig_ratio）	2014	0.1918025	0.1815987	0.1992638
	2018	0.1831069	0.1727815	0.1911682
劳动力流动规模 （f_mig_size）	2014	0.7577515	0.6683391	0.8231319
	2018	0.7284727	0.6392822	0.7981069

资料来源：2014 年、2018 年 CFPS 数据。

表 5-2 为贫困发生率的描述性统计。基于 2014 年的客观数据，当贫困标准为 2300 元时，全国样本中 18.37% 的家庭处于贫困状态；分地区来看，发达地区和欠发达地区的家庭贫困发生率分别为 15.82% 和

20.24%，后者相对于前者较高。2018 年，全国样本中家庭贫困发生率为
4.02%，发达地区为 3.56%，而欠发达地区为 4.37%，欠发达地区的家
庭贫困发生率同样高于发达地区。从纵向来看，我国微观家庭的贫困发
生率明显下降。国家统计局公布的 2018 年我国贫困发生率为 1.7%，尽
管这里的描述性统计结果与官方统计有一定的出入，但贫困发生率的总
体下降趋势基本一致，并符合我国实际。当贫困标准为 3000 元时，2018
年分地区样本处于贫困状态的家庭数量均明显上升，其中欠发达地区比
发达地区高出近 12%。可以明显看出，发达地区与欠发达地区之间的家
庭贫困发生率差异不但没有缩小，反而呈现扩大态势。这说明劳动力外
出务工对微观家庭的影响存在明显的地区差异。因此，为了进一步挖掘
家庭主体经济行为对贫困的内在影响，应考虑区域发展不平衡不协调的
问题，并根据经济发展水平划分区域，探究不同区域特有贫困状况下的
劳动力流动减贫效应。

**表 5 - 2　2014 年和 2018 年全国及分地区样本不同贫困
标准下的家庭贫困发生率情况**

贫困标准（元）	年份	全国	发达地区	欠发达地区
2300	2014	0.183694	0.1581727	0.2023557
	2018	0.0401517	0.0356143	0.0436941
3000	2014	0.213027	0.1800898	0.2371114
	2018	0.061789	0.0549479	0.0671301

资料来源：2014 年、2018 年 CFPS 数据。

2. 全国及分地区样本家庭年人均纯收入比较

表 5 - 3 为 2014 年和 2018 年家庭年人均纯收入情况，具体包括全国
样本家庭和分地区样本家庭年人均纯收入变化。无论是全国样本还是分
地区样本，2018 年家庭年人均纯收入均值相比 2014 年均有明显增长。与
此同时，发达地区与欠发达地区之间的家庭年人均纯收入差距呈现不断
扩大的趋势。

在统计分析中，一般而言，均值的考量容易忽略极端值对整体的关
键影响，由于这里所探究的是劳动力流动对贫困家庭年人均纯收入的影
响，为了更好地把握收入水平较低家庭的经济变化情况，将家庭年人均

纯收入分组并重点关注家庭年人均纯收入低于 1 万元的家庭数量分布。图 5 - 1 和图 5 - 2 分别为 2014 年和 2018 年发达地区与欠发达地区家庭年人均纯收入低于 1 万元的家庭数量分布情况。

表 5 - 3　2014 年和 2018 年全国及分地区样本家庭年人均纯收入情况

单位：元

样本范围	年份	均值	最小值	最大值
全国	2014	13911.59	0	880552
	2018	26701.19	0	5660000
发达地区	2014	17282.26	0	843000
	2018	32770.77	0	3300000
欠发达地区	2014	11446.88	0	880552
	2018	21962.45	0	5660000

资料来源：2014 年、2018 年 CFPS 数据。

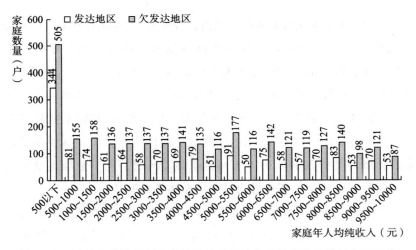

图 5 - 1　2014 年发达地区与欠发达地区家庭年人均纯收入低于 1 万元的家庭数量分布情况

资料来源：2014 年 CFPS 数据。

在图 5 - 1 和图 5 - 2 中，从 2014 年和 2018 年发达地区与欠发达地区家庭年人均纯收入对比来看，不同地区的家庭年人均纯收入具有显著差异。2014 年家庭年人均纯收入低于 500 元的家庭数量处于峰值，此收入区间的家庭数量是其他收入区间的 3 ~ 4 倍。2018 年家庭年人均纯收入

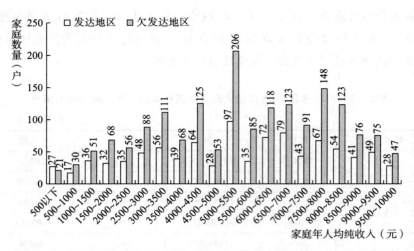

图 5 - 2　2018 年发达地区与欠发达地区家庭年人均纯收入低于 1 万元的家庭数量分布情况

资料来源：2018 年 CFPS 数据。

低于 1 万元的家庭数量分布有两处峰值，分别处于 5000 ~ 5500 元和 7500 ~ 8000 元两个区间。相比 2014 年，2018 年这两个收入区间的家庭数量总体明显增加，收入低于 500 元的家庭数量却处于最低水平。不难看出，我国家庭年人均纯收入低于 1 万元的家庭数量分布在 2014 ~ 2018 年发生了质的变化。2014 年家庭年人均纯收入区间为 1000 ~ 8000 元的家庭数量分布较为均匀，而 2018 年同一区间的家庭数量总体明显减少。这说明低收入家庭的经济情况在 2014 ~ 2018 年得到了显著改善，除少数极端贫困的家庭外，各收入区间的家庭数量均得到了整体性的减少。

总体看，无论是 2014 年还是 2018 年，欠发达地区家庭年人均纯收入低于 1 万元的家庭数量相对于发达地区明显更多。尽管我国微观家庭年人均纯收入有了普遍提升，但从家庭数量和分布层面来看，家庭年人均纯收入低于 1 万元的家庭数量和分布结构仍存在区域不平衡现象。欠发达地区的低收入者明显多于发达地区，说明欠发达地区的扶贫压力明显大于发达地区，这也凸显了学术研究和政策支持需要具有一定的指向性。此外，我国劳动力流动的目标选择地主要为东部沿海地区，结合上述劳动力流动和贫困发生率在不同空间层面所存在的明显差异，分地区研究劳动力流动对贫困的影响具有现实必要性。

3. 全国及分地区样本家庭特征变量和户主特征变量比较

从表 5 - 4 的家庭特征变量来看，与 2014 年相比，2018 年全国与分地区样本家庭人口规模均有所下降，而且降幅基本一致。从家庭是否有非农经营来看，全国与分地区样本家庭就业于第二、第三产业的比例呈现明显提升的态势。发达地区家庭非农经营比例明显高于欠发达地区，这可能取决于区域间经济发展方式的差异。从地区层面看，东部沿海地区转变发展方式的效率和效益更高，产业发展过程中要素密集度逐步实现由劳动和资本密集向技术和知识密集转变，产出效率逐步由低附加值向高附加值攀升，第二产业与第三产业比重和产业高级化程度均显著高于欠发达地区。这就决定了发达地区城市工作岗位更多，非农产业对劳动力需求更大，进而体现出发达地区家庭从事非农经营比例更高、家庭经营模式多样化的特征。然而，尽管发达地区家庭从事非农经营比例更高，但在各地区家庭从事非农经营比例均有提升的基础上，欠发达地区的提升幅度较发达地区高约 2 个百分点。

表 5 - 4　2014 年和 2018 年全国及分地区样本家庭特征变量和户主特征变量比较

变量	年份	最小值	最大值	全国	发达地区	欠发达地区
家庭人口规模 (f_mem)	2014	1	17	4.000892	3.716134	4.209114
	2018	1	21	3.899398	3.654286	4.090765
家庭是否有非农经营 (f_unfarm)	2014	0	1	0.4047513	0.5069976	0.3299865
	2018	0	1	0.4720054	0.559654	0.403575
户主性别 (p_gender)	2014	0	1	0.6180013	0.5867441	0.6408573
	2018	0	1	0.6654026	0.6537777	0.6744786
户主年龄 (p_age)	2014	16	102	42.98929	43.49511	42.61942
	2018	15	90	46.48405	46.51895	46.4568
户主年龄平方 (p_age2)	2014	256	10404	2101.629	2144.139	2070.545
	2018	225	8100	2372.123	2379.748	2366.17
户主受教育年限 (p_edu)	2014	0	22	6.672541	7.248482	6.2514
	2018	0	22	7.895271	8.470109	7.446475
户主是否务农 (p_farm)	2014	0	1	0.2646665	0.2249802	0.293686
	2018	0	1	0.3574615	0.2973798	0.4043694
观测值		17932	17932	17932	7718	10214

资料来源：2014 年、2018 年 CFPS 数据。

从户主特征变量来看，2014 年和 2018 年全国样本中户主的年龄分别为 42. 99 岁和 46. 48 岁，且大多数户主为男性，而户主的受教育年限则由 2014 年的 6. 67 年提高至 2018 年的 7. 90 年。发达地区样本中户主的受教育年限比欠发达地区高约 1 年，2014 年和 2018 年分别为 7. 25 年和 8. 47 年，而欠发达地区则分别为 6. 25 年和 7. 45 年，均不到 9 年。这说明无论是欠发达地区还是发达地区，户主的受教育程度均较低，而且地区间的差距也较为明显。从户主务农的比例来看，2018 年户主务农的比例与 2014 年相比有所提升，且欠发达地区的提升幅度较发达地区更大，2018 年户主务农的比例达到 40. 44%，而发达地区则不到 30%。

三　实证分析

基于上述两个假设，本部分对劳动力流动的减贫效应进行计量实证研究，主要从劳动力流动对家庭贫困的影响以及劳动力流动规模对家庭年人均纯收入的影响两个方面展开。

（一）劳动力流动对家庭贫困的影响

本部分运用 Logit 模型估计全国及分地区样本家庭劳动力流动的减贫效应。此模型的核心解释变量为家庭是否存在劳动力流动情形，其他解释变量包含两个维度：家庭特征变量和户主特征变量。其中，家庭特征变量包括家庭人口规模、家庭是否有非农经营；户主特征变量包括户主性别、户主年龄、户主年龄平方（考虑到通常情况下年龄与收入之间为非线性关系，此处将该变量做平方处理）、户主是否务农和户主受教育年限。本章选取我国 2010 年 2300 元不变价贫困标准核算家庭贫困发生率。为了测算劳动力流动对家庭贫困发生率的具体影响，本章对 Logit 模型进行了非线性转换，进而得到劳动力流动对贫困发生率的边际效应，表 5 - 5 为计量实证估计结果。

以 2010 年 2300 元为不变价贫困标准，从全国样本来看，劳动力流动与贫困发生率为负相关关系，即劳动力流动可以显著降低家庭贫困发生率，具体表现为存在劳动力流动情形的家庭有 7. 1% 的概率避免陷入贫困。分地区来看，发达地区样本家庭的劳动力流动有 6. 2% 的概率避免

表 5 - 5　全国及分地区样本家庭面板 Logit 模型估计结果

变量	全国	发达地区	欠发达地区
劳动力流动 （mig）	- 0.07117 *** （ - 0.0045）	- 0.0617 *** （ - 0.0064）	- 0.0786 *** （ - 0.0062）
家庭人口规模 （f_mem）	0.0028 ** （0.0012）	0.0036 ** （0.0018）	0 0028 * （0.0017）
家庭是否有非农经营 （f_unfarm）	- 0.0099 * （ - 0.0054）	- 0.0207 *** （ - 0.0073）	0.0041 （ - 0.0077）
户主性别 （p_gender）	0.00701 （ - 0.0047）	0.0062 （ - 0.0065）	0.0073 （ - 0.0066）
户主年龄 （p_age）	- 0.0085 *** （ - 0.00078）	- 0.0071 *** （ - 0.0011）	- 0 0094 *** （ - 0.001）
户主年龄平方 （p_age2）	0.0001 *** （ - 7.86E - 06）	0.0001 *** （ - 0.00001）	0.0001 *** （ - 0.00001）
户主是否务农 （p_farm）	0.0723 *** （ - 0.0059）	0.0679 *** （ - 0.0088）	0.0734 *** （ - 0.0079）
户主受教育年限 （p_edu）	- 0.0051 *** （ - 0.0005）	- 0.0035 *** （ - 0.00075）	- 0.0062 *** （ - 0.0007）
观测值	17932	7718	10214

注：本表所参考的贫困标准为 2300 元，本结果由 Stata 15.1 估计所得。括号内为 t 统计量，* 、** 、*** 分别表示在 10% 、5% 、1% 的水平下显著。

陷入贫困，而欠发达地区的概率相对较高，为 7.9% 。因此，不同地区家庭劳动力流动对降低贫困发生率的边际贡献具有较为明显的差别，欠发达地区家庭外出务工的减贫效应要大于发达地区。从区域间收入差距来看，劳动力流动减贫效应的地区差异性可能是由于欠发达地区的工资性收入普遍低于发达地区。根据上述的描述性统计，发达地区家庭年人均纯收入比欠发达地区高近 7000 元。较多"老少边穷"地带属于欠发达地区，欠发达地区的收入差距相较于发达地区更大，因其部分家庭的收入起点更低，劳动力流动引致的收入净增加值往往高于发达地区，即欠发达地区劳动力流动的边际效益更高。

从家庭特征变量来看，家庭人口规模越大，贫困发生率越高，这与实际相符。一般而言，青壮年是劳动的主要提供者和财富的创造者，而家庭中除夫妻外的人口尤其是老人和孩子等越多，该家庭承担的食宿、教育和医疗支出也越高，即家庭负担越重，越容易陷入贫困。相比传统的以单一农业生产为收入来源的家庭，有非农收入的家庭陷入贫困的概率显著降低，这一特征在发达地区更为显著。这可能是因为发达地区的城市化和工业化程度较其他地区更高，第二、第三产业的收入水平整体高于欠发达地区。从户主特征变量来看，无论是发达地区还是欠发达地区，样本家庭户主年龄与贫困发生率均显著负相关，其中户主年龄的估计系数为负，户主年龄平方的估计系数为正，这说明户主年龄对家庭是否陷入贫困的边际影响呈现先增后减的倒 U 形关系。户主受教育年限较长的家庭，陷入贫困的概率显著降低，这符合预期，受限于劳动力的知识和技能水平与岗位的匹配程度，受教育年限越长的劳动力在就业市场上拥有越强的竞争力，相比受教育年限较短和低技能的劳动力更有机会获得相对体面和高薪的工作。进一步分地区看，欠发达地区外流劳动力受教育年限长的减贫效应较全国和发达地区更为显著。具体地，发达地区家庭户主受教育年限每增加 1 年，该家庭陷入贫困的概率将降低 0.35 个百分点，欠发达地区将降低 0.62 个百分点。为何发达地区家庭户主受教育年限越长降低贫困发生率的程度比欠发达地区越高呢？一般而言，个体受教育年限增加所带来的边际收入存在递减现象。而根据表 5 - 4 的描述性统计，2018 年发达地区家庭户主受教育年限为 8.47 年，欠发达地区为 7.45 年。欠发达地区家庭户主受教育程度相对于发达地区更低，加之相比发达地区，欠发达地区家庭收入相对较低，进而增加受教育年限所带来的边际收入高于发达地区。此外，模型估计结果显示，户主务农的家庭陷入贫困的概率较高。

（二）劳动力流动规模对家庭年人均纯收入的影响

表 5 - 6 的面板随机效应模型回归结果显示，对于全国样本家庭而言，劳动力流动规模对家庭年人均纯收入的正向影响十分显著，劳动力流动规模越大的家庭，其年人均纯收入越高。从分地区的样本家庭来看，欠发达地区家庭劳动力流动规模对提高家庭年人均纯收入的影响相较于发达地区更为显著。具体而言，每增加 1 个外出务工者，欠发达地区家庭年人均纯收入将提高 19.5%，发达地区家庭年人均纯收入将提高 9.9%。尽管在理论上，劳动力流动会导致农业边际产出和家庭生活规模经济程度下降，但实证结果表明，劳动力外出务工获得的工资性收入不

仅可以直接提高家庭年人均纯收入，而且能够有效弥补劳动力流动所带来的负面经济效应。简言之，劳动力流动可以显著增加家庭年人均纯收入，这一效应在欠发达地区更为明显。

表5-6 全国及分地区样本家庭面板随机效应模型回归结果

变量	全国	发达地区	欠发达地区
劳动力流动规模 (f_mig_size)	0.153 ***	0.0993 ***	0.195 ***
	(-0.00789)	(-0.0124)	(-0.0102)
家庭人口规模 (f_mem)	-0.118 ***	-0.0995 ***	-0.125 ***
	(-0.00488)	(-0.00747)	(-0.00634)
家庭是否有非农经营 (f_unfarm)	0.424 ***	0.480 ***	0.328 ***
	(-0.019)	(-0.0274)	(-0.0261)
户主性别 (p_gender)	0.0086	-0.00323	0.0235
	(-0.0158)	(-0.0231)	(-0.0215)
户主年龄 (p_age)	0.0427 ***	0.0402 ***	0.0439 ***
	(-0.00312)	(-0.00487)	(-0.00401)
户主年龄平方 (p_age2)	-0.000498 ***	-0.000452 ***	-0.000522 ***
	(-0.0000343)	(-0.0000544)	(-0.0000437)
户主是否务农 (p_farm)	-0.411 ***	-0.465 ***	-0.362 ***
	(-0.022)	(-0.0363)	(-0.0276)
户主受教育年限 (p_edu)	0.0517 ***	0.0535 ***	0.0492 ***
	(-0.00178)	(-0.00267)	(-0.00236)
常数项	8.470 ***	8.559 ***	8.399 ***
	(-0.0717)	(-0.108)	(-0.0945)
观测值	17283	7415	9868

注：本结果由 Stata 15.1 估计所得。括号内为 t 统计量，*、**、*** 分别表示在 10%、5%、1% 的水平下显著。

从家庭特征变量来看，家庭人口规模越大，相应的年人均纯收入越低，家庭每增加 1 位成员，其年人均纯收入将显著降低 11.8%。其中，家庭人口规模扩大导致年人均纯收入的分母扩大，进而摊薄或降低家庭年人均纯收入的影响在欠发达地区更为明显。此外，非农经营对增加家庭年人均纯收入具有正向影响，这一影响在发达地区更为显著，这是因为发达地区的产业工资往往高于欠发达地区。

从户主特征变量来看，户主年龄越大，家庭年人均纯收入越高，且家庭年人均纯收入随户主年龄的增长而增加。经计算，拐点年龄约为 44

岁，44 岁之后随着户主年龄的变化，家庭年人均纯收入递减。户主年龄与家庭年人均纯收入的倒 U 形特征在发达地区和欠发达地区均较为显著。从户主工作性质来看，户主务农的家庭年人均纯收入显著较低，分地区检验结果几乎没有差异。此外，户主受教育年限越长，家庭年人均纯收入越高，相比欠发达地区，发达地区的作用尤为显著，这可能是不同地区经济发展水平和工资水平不一致导致的。

四　稳健性检验

为了验证上述研究结论的有效性和稳健性，本部分添加了家庭年人均纯收入 3000 元和 4000 元作为贫困标准。表 5 - 7 为两种贫困标准下家庭贫困发生率的描述性统计。当以 3000 元作为贫困标准时，全国样本家庭贫困发生率为 13.74%，欠发达地区比发达地区高 3.69 个百分点。当以 4000 元作为贫困标准时，全国样本家庭贫困发生率为 17.93%，欠发达地区比发达地区高 5.37 个百分点。其他变量已在前文做了详细的描述性统计，这里不再赘述。从贫困发生率来看，贫困标准提高后，欠发达地区贫困发生率的提升幅度大于发达地区。

表 5 - 7　不同贫困标准下全国及分地区样本家庭贫困发生率的描述性统计

贫困标准（元）	观测值	全国	发达地区	欠发达地区
3000	17932	0.1374	0.1164	0.1533
4000	17932	0.1793	0.1487	0.2024

资料来源：2014 年、2018 年 CFPS 数据。

根据表 5 - 8 的实证结果可以看出，无论是全国样本还是发达地区和欠发达地区样本，在 3000 元和 4000 元两种贫困标准下，存在劳动力流动情形的家庭相比无劳动力流动情形的家庭更不易陷入贫困，即劳动力流动能够有效降低贫困发生率，且均在 1% 的水平下显著。以 3000 元作为贫困标准时，存在劳动力流动情形的家庭以 7.67% 的概率降低家庭贫困。当贫困标准提高至 4000 元时，劳动力流动的边际减贫效应提高至 8.63%。这一结果和模型（1）的假设完全一致，提高贫困标准后劳动力流动的减贫效应更加显著。在不同贫困标准下，分地区样本家庭劳动力流动的减贫效应均有小幅提升，发达地区由 6.44% 提高至 7.58%，欠发达地区由 8.62% 提高至 9.34%。此外，户主年龄和户主受教育年限对减贫的影响在两种贫困标准下均十分显著。通过检验，上述研究结论较为稳健，劳动力流动可以显著降低家庭贫困发生率。

表 5 - 8　不同贫困标准下全国及分地区样本家庭劳动力流动的减贫效应

变量	全国		发达地区		欠发达地区	
	3000 元	4000 元	3000 元	4000 元	3000 元	4000 元
劳动力流动	- 0.0767 ***	- 0.0863 ***	- 0.0644 ***	- 0.0768 ***	- 0.0862 ***	- 0.0934 ***
（mig）	(0.0049)	(0.0054)	(0.0068)	(0.0074)	(0.0068)	(0.0077)
户主性别	0.0071	0.0099	0.0034	0.0084	0.0098	0.0101
（p_gender）	(0.0051)	(0.0058)	(0.0070)	(0.0078)	(0.0073)	(0.0082)
户主年龄	- 0.0108 ***	- 0.0127 ***	- 0.0092 ***	- 0.0111 ***	- 0.0118 ***	- 0.0137 ***
（p_age）	(0.0009)	(0.0001)	(0.0012)	(0.0013)	(0.0012)	(0.0014)
户主年龄平方	0.0001 ***	0.0001 ***	0.0001 ***	0.0001 ***	0.0001 ***	0.0002 ***
（p_age2）	(0.0000)	(0.0000)	(0.0000)	(0 0000)	(0.0000)	(0.0000)
户主是否务农	0.0990 ***	0.1226 ***	0.0864 ***	0.1048 ***	0.1047 ***	0.1308 ***
（p_farm）	(0.0063)	(0.0069)	(0.0093)	(0.0099)	(0.0086)	(0.0094)
户主受教育年限	- 0.0063 ***	- 0.0081 ***	- 0.0043 ***	- 0.0052 ***	- 0.0077 ***	- 0.0098 ***
（p_edu）	(0.0006)	(0.0006)	(0.0008)	(0.0009)	(0.0008)	(0.0009)
家庭人口规模	- 0.0025 *	0.0009	- 0.0038 *	- 0.0014	- 0.0021	0.0018
（f_mem）	(0.0013)	(0.0015)	(0.0019)	(0.0021)	(0.0019)	(0.0021)
家庭是否有非农经营 （f_unfarm）	- 0.0151 **	- 0.0331 ***	- 0.0314 ***	- 0.0522 ***	0.0058	- 0.0063
	(0.0059)	(0.0066)	(0.0079)	(0.0087)	(0.0086)	(0.0096)
观测值	17932	17932	7718	7718	10214	10214

注：本结果由 Stata 15.1 估计所得。括号内为 t 统计量，*、**、*** 分别表示在 10%、5%、1% 的水平下显著。

五　本章简要小结

改革开放 40 余年来，地区间和城乡间的劳动力流动规模持续扩大，贫困人口规模和贫困发生率逐步降低，构成了我国经济社会发展过程中的典型特征化事实。本章通过实证研究，主要得出以下结论。①从全国样本来看，劳动力流动可以显著降低家庭贫困发生率，相比不存在劳动力流动情形的家庭，存在劳动力流动情形的家庭有 7.1% 的概率避免陷入贫困。分地区来看，不同地区家庭劳动力流动对降低贫困发生率的边际贡献具有较为明显的差别，欠发达地区家庭外出务工的减贫效应要大于发达地区。发达地区样本家庭的劳动力流动有 6.2% 的概率避免陷入贫困，而欠发达地区的概率相对较高，为 7.9%。②从全国样本来看，劳动力流动显著提升了家庭年人均纯收入水平，而且家庭劳动力流动规模越大，其年人均纯收入越高。分地区来看，欠发达地区家庭劳动力流动规模对提高家庭年人均纯收入的影响相较于发达地区更为显著，即欠发达地区劳动力流动的边际收入高于发达地区。③家庭特征变量（家庭人口规模、家庭是否有非农经营）以及户主特征变量（户主性别、户主年龄、户主年龄平方、户主受教育年限、户主是否务农）等控制变量对家庭年人均纯收入和贫困发生率具有一定影响。

第六章 劳动力流动对贫困影响的
时空效应研究

——基于 1995～2020 年省级面板数据的实证研究

20 世纪 90 年代，随着工业化和城镇化的持续推进以及人口流动政策的逐步放松，我国劳动力的流动规模逐渐扩大。庞大的农村劳动力外流无疑对我国经济社会发展产生了深远影响，在这一过程中，贫困人口尤其是农村贫困人口的逐步下降构成了典型的特征化事实。到 2020 年底，中国现行标准下 9899 万农村贫困人口全部脱贫。脱贫攻坚战于 2021 年圆满收官，全国范围内消除了绝对贫困，创造了世界减贫史上的奇迹。面向 2035 年全体人民共同富裕取得更为明显的实质性进展的目标要求，中国需要将战略重点由扶贫战略向防止贫困发展战略转变（檀学文、谭清香，2021）。近年来，国内已经开展了大量关于防止贫困发展的研究，但是当前在诸多问题上仍未达成共识，所提方案的可操作性也不强，具有进一步探索的空间。

劳动力流动规模持续扩大和贫困人口持续下降构成了中国经济社会发展过程中典型的特征化事实。基于这两大社会特征化事实，劳动力流动对贫困的影响成为学术界关注的焦点。已有研究基于理论分析和实证研究两个层面围绕劳动力流动对贫困的影响进行探究分析。首先，在理论方面，劳动力流动带来的多种正向效应促使劳动力向生产效率更高的工业部门和服务部门转移，在加快工业化和城镇化进程的同时，也促进了人力资源的合理配置，理论上对减贫有促进作用。其次，在实证方面，从微观抽样数据和宏观数据两个视角出发，多数学者论证了贫困减缓论，即认为劳动力流动能够有效缓解贫困问题。那么，从空间维度，基于我国东部、中部以及西部地区等不同区域之间较大的经济发展差异这一特征化事实，劳动力流动会对贫困产生怎样的地域异质性影响？从时间维度，劳动力流动对贫困的作用效应又会因相关政策背景而有着什么样的阶段性差异？本章基于 1995～2020 年省级面板数据着重探究在宏观维度、空间维度和时间维度劳动力流动对贫困的异质性影响。尽管第五章也涉及不同区域劳动力流动对贫困影响的考察，但主要是基于更为宏观的欠发达地区与发达地区二维划分，而本章则基于更为中观的省级层面的面板数据，围绕东部、中部和西部地区劳动力流动对贫困的影响进行比较研究。

　　本章可能的边际贡献主要体现在以下两个方面：一方面，在研究维度，本章从宏观、区域和时间等多个维度衡量了劳动力流动对贫困的异质性影响，围绕不同地区及不同阶段的劳动力流动对贫困的作用效应进行计量分析，实现时空考察上的有机统一；另一方面，在研究方法上，考虑到劳动力流动与贫困间可能存在的内生性问题，采用滞后一期的系统 GMM 估计方法进行内生性检验，使得回归估计结果更具稳健性。

一　模型设定、指标选取与数据说明

（一）模型设定与指标选取

　　已有研究往往使用 Hausman 检验来确定选用固定效应模型还是随机效应模型。本章根据 Hausman 检验得出 p 值小于 0.05，拒绝了原假设，故选用固定效应模型。基于 1995 ~ 2020 年中国 30 个省份（四川和重庆合并处理）的面板数据，利用固定效应模型实证分析劳动力流动对贫困的影响，建构模型如下：

$$\ln pov_{i,t} = \alpha \ln lab_{i,t} + \sum \beta_i Control_{i,t} + \eta_i + \gamma_t + \varepsilon_{i,t} \qquad (6-1)$$

　　其中，pov 为被解释变量，代表贫困程度，做对数处理。lab 为本章所研究的核心解释变量，即劳动力流动，做对数处理。Control 是一系列控制变量，主要包括城镇化率、固定资产投资水平、产业结构水平、贸易开放程度、城乡居民收入差距和经济增长水平，分别用 urban、fix、ter、trade、gap、gdp 表示，以上变量均做对数处理。η_i 表示省份固定效应，γ_t 表示时间固定效应，$\varepsilon_{i,t}$ 是随机扰动项，α、β 为待估参数，i 和 t 分别表示不同省份和年份。

（二）变量设置与数据说明

　　本章数据来源于国家统计局、第五次全国人口普查、第六次全国人口普查、第七次全国人口普查、《中国统计年鉴》、《中国人口和就业统计年鉴》以及各省份统计年鉴。所选变量设置如下。

1. 被解释变量

贫困程度。反映贫困程度的指标有贫困发生率、贫困深度、贫困指数以及恩格尔系数。由于本章研究的时间跨度较长，为了保证数据的完整性，借鉴张兵和翁辰（2015）的做法，选取总体恩格尔系数作为被解释变量来衡量各省份的贫困程度。通常恩格尔系数越大，该省份的家庭食品支出比例越高，用于社会交往和个人价值提升等其他可以提高居民幸福感的消费相对越低，其贫困程度也就越高。因此，总体恩格尔系数的下降代表贫困程度的下降。由于部分省份的统计年鉴中没有直接给出城乡恩格尔系数，本章利用食品支出占总支出的比重进行度量。总体恩格尔系数由城乡恩格尔系数和城乡人口比重计算得出：总体恩格尔系数 = 城市恩格尔系数 × 非农人口比重 + 农村恩格尔系数 × 农村人口比重。

2. 核心解释变量

劳动力流动。由于缺少各省份劳动力流动的数据，本章采用樊士德和金童谣（2021）的做法，将流动人口比例作为劳动力流动的替代变量。流动人口的定义是居住在本乡、镇、街道，户口在外乡、镇、街道，离开户口登记地半年以上的流入人口。① 构建反映劳动力流动的指标：各省份流动人口比例 = 各省份流动人口数/各省份年末总人口数 × 100%。需要注意的是，流动人口中可能包含非劳动力，但该数据较真实值偏大，并不构成实质性影响。

3. 控制变量

本章引入了城镇化率、固定资产投资水平、产业结构水平、贸易开放程度、城乡居民收入差距、经济增长水平等对贫困程度产生协同影响的控制变量。其中，城镇化率 = 非农业人口数/年末总人口数 × 100%；

---

① 1995 年的流动人口是指居住在本乡、镇、街道半年以上，户口在外乡、镇、街道以及其他户口状况的人口（其他户口状况包括居住在本乡、镇、街道不满半年，离开户口登记地半年以上的人口；居住在本乡、镇、街道，户口待定的人口；原籍本乡、镇、街道，现在国外工作、学习或探亲，暂无户口的人口）。1996 ~ 2004 年、2006 年、2007 年、2008 年的流动人口是指居住在本乡、镇、街道半年以上，户口在外乡、镇、街道，以及居住在本乡、镇、街道，户口在外乡、镇、街道，离开户口登记地半年以上的人口。2005 年、2009 ~ 2020 年的流动人口是指居住在本乡、镇、街道，户口在外乡、镇、街道，离开户口登记地半年以上的人口。

固定资产投资水平＝固定资产投资额/GDP×100%；产业结构水平＝第三产业增加值/GDP×100%；贸易开放程度＝进出口总额/GDP×100%；城乡居民收入差距＝城镇居民人均可支配收入/农村居民人均纯收入×100%；经济增长水平＝（本期 GDP－上期 GDP）/上期 GDP×100%。

二　描述性统计

本章所选用的核心变量和一系列控制变量的描述性统计见表 6-1。

表 6-1　各变量的描述性统计

变量	变量名称	变量含义	均值	标准差	最小值	最大值	观测值
pov	贫困程度	总体恩格尔系数	40.94585	9.953358	20.11472	73.05792	780
lab	劳动力流动	流动人口比例	0.1456277	0.1199333	0.0003797	0.6475067	780
urban	城镇化率	非农业人口占年末总人口比重	12.61129	18.27279	0.1622204	63.37	780
fix	固定资产投资水平	固定资产投资额占 GDP 比重	0.5832797	0.2718859	0.0891902	1.507033	780
ter	产业结构水平	第三产业增加值占 GDP 比重	14.35092	19.26871	0.201819	55.6	780
trade	贸易开放程度	进出口总额占 GDP 比重	0.286669	0.3399394	0.0076432	1.875729	780
gap	城乡居民收入差距	城镇居民人均可支配收入与农村居民人均纯收入之比	2.82353	0.6590226	1.599177	5.604775	780
gdp	经济增长水平	GDP 增长率	0.1333149	0.084491	-0.2501568	0.6077076	780

资料来源：根据国家统计局、第五次全国人口普查、第六次全国人口普查、第七次全国人口普查、《中国统计年鉴》、《中国人口和就业统计年鉴》以及各省份统计年鉴计算得到。

从表 6-1 可以看出，各省份贫困程度、城镇化率、产业结构水平的样本数据标准差较大，这表明样本数据的离散程度较高。其中，贫困程度的均值为 40.95，与最值有较大差异，这表明中国各省份的贫困情况在 1995~2020 年发生了巨大变化。由于各省份的流动人口比例为流动人口数占年末总人口数的比例，由表 6-1 可知，各省份的流动人口比例也存在较大差距，这表明各省份的劳动力流动规模在 1995~2020 年同样发生了巨大变化。

三　实证结果分析

基于上述主要变量的描述性统计和演进特征分析，本部分进行三个方面的计量实证研究：一是从宏观维度分析劳动力流动对贫困的影响；二是从空间维度剖析劳动力流动对贫困的影响；三是从时间维度探讨劳动力流动对贫困的影响。

（一）劳动力流动对贫困的影响：宏观维度

从宏观维度出发，本章首先就全国样本采用固定效应模型分析劳动力流动对贫困的影响。计量回归结果见表 6 - 2。

表 6 - 2　全国样本劳动力流动的减贫效应回归结果

变量	lnpov						
ln*lab*	- 0. 228 ***	- 0. 216 ***	- 0. 147 ***	- 0. 146 ***	- 0. 137 ***	- 0. 138 ***	- 0. 124 ***
	(0. 0079)	(0. 0076)	(0. 0078)	(0. 0079)	(0. 0079)	(0. 0079)	(0. 0076)
ln*urban*		- 0. 0867 ***	- 0. 0466 ***	- 0. 0598 ***	- 0. 0806 ***	- 0. 0789 ***	- 0. 106 ***
		(0. 0085)	(0. 0077)	(0. 0179)	(0. 0178)	(0. 0178)	(0. 0173)
ln*fix*			- 0. 211 ***	- 0. 206 ***	- 0. 202 ***	- 0. 205 ***	- 0. 189 ***
			(0. 0131)	(0. 0143)	(0. 0140)	(0. 0141)	(0. 0137)
ln*ter*				- 0. 0157 ***	- 0. 0312 ***	- 0. 0317 ***	- 0. 0599 ***
				(0. 0192)	(0. 0189)	(0. 0278)	(0. 0183)
ln*trade*					0. 0761 ***	0. 0808 ***	0. 0552 ***
					(0. 0123)	(0. 0099)	(0. 0124)
ln*gap*						- 0. 0663 *	- 0. 114 ***
						(0. 0383)	(0. 0369)
ln*gdp*							0. 0066
							(0. 0065)
常数项	3. 168 ***	3. 258 ***	3. 249 ***	3. 252 ***	3. 412 ***	3. 482 ***	3. 645 ***
	(0. 0188)	(0. 0281)	(0. 0170)	(0. 0176)	(0. 0311)	(0. 0483)	(0. 0485)
R^2	0. 522	0. 581	0. 689	0. 689	0. 705	0. 706	0. 732
观测值	780	780	780	780	780	780	768

注：本结果由 Stata 16. 0 估计所得，括号内为各变量系数的标准差，* 、** 、*** 分别表示在 10%、5%、1% 的水平下显著。

资料来源：根据国家统计局、第五次全国人口普查、第六次全国人口普查、第七次全国人口普查、《中国统计年鉴》、《中国人口和就业统计年鉴》以及各省份统计年鉴计算得到。

与预期一致，我国劳动力流动能够起到有效的减贫作用。从表 6 - 2 可以看出，随着控制变量的增加，劳动力流动对贫困的影响逐渐减弱，但总体上仍为反向抑制作用，且在 1% 的水平下显著。控制其他变量后，流动人口比例每提高 1 个单位，贫困程度就会降低 0.124 个单位，这表明劳动力流动对减缓贫困的作用效果较好。

此外，从表 6 - 2 还可以进一步得出以下结论。①各省份的城镇化率、固定资产投资水平、产业结构水平均对贫困程度有着显著的反向驱动作用。就上述控制变量来看，第一，城镇化是推动经济持续健康发展的动力。实施城镇化战略，进而推动贫困地区各项事业的发展，是实现减贫的重要途径。第二，固定资产投资水平越高，对劳动力的需求越大，而劳动力流动规模扩张可以形成人力资本的集聚，进一步推动经济发展，从而起到减缓贫困的作用。第三，以服务业为主的第三产业对劳动力的需求较大，这为大量流动人口提供了就业机会，推动当地经济总量上涨、产业结构升级，为减贫提供了强有力的支撑。②对外贸易并没有如预期一般对贫困起到减缓作用，反而进一步加重了贫困。这可能是因为我国作为发展中国家，在国际市场中面临更多的冲击和不确定性，这些都会阻碍经济的发展，不利于解决贫困问题。③已有研究显示，城乡居民收入差距变大不利于贫困的减少（何春、崔万田，2018），但表 6 - 2 的结果恰恰相反。这可能是因为虽然城乡居民收入差距变大，但构成城乡居民收入差距的城镇居民人均可支配收入和农村居民人均纯收入都在逐年增长，而本章选取总体恩格尔系数作为测量贫困程度的指标，因此收入的增长会导致居民对其他非必要需求的增加，使得食品支出占总支出的比重下降，总体恩格尔系数降低，导致计量结果偏离预期。

（二）劳动力流动对贫困的影响：空间维度

考虑到我国地域辽阔，各地区之间差异较大，劳动力流动情况也各不相同，本章利用固定效应模型估计我国东部、中部和西部地区的劳动力流动对贫困的影响。计量回归结果见表 6 - 3。

表 6 - 3 分地区样本劳动力流动的减贫效应回归结果

变量	lnpov					
	东部地区		中部地区		西部地区	
lnlab	- 0. 275 ***	- 0. 0342 **	- 0. 303 ***	- 0. 0658 ***	- 0. 180 ***	- 0. 0272 ***
	(0. 0132)	(0. 0158)	(0. 0163)	(0. 0140)	(0. 0121)	(0. 0092)
lnurban		- 0. 161 ***		- 0. 228 ***		- 0. 0546 ***
		(0. 0291)		(0. 0348)		(0. 0182)
lnfix		- 0. 0305 **		- 0. 120 ***		- 0. 358 ***
		(0. 0186)		(0. 0237)		(0. 0201)
lnter		- 0. 581 ***		- 0. 322 ***		- 0. 0481 **
		(0. 0603)		(0. 0471)		(0. 0193)
lntrade		0. 0953 ***		0. 0741 ***		0. 0500
		(0. 0196)		(0. 0216)		(0. 0134)
lngap		- 0. 427 ***		- 0. 138 **		0. 07945 *
		(0. 0591)		(0. 0510)		(0. 0456)
lngdp		0. 0133		0. 00968		0. 0228
		(0. 0098)		(0. 0082)		(0. 0090)
常数项	3. 138 ***	3. 437 ***	2. 930 ***	3. 218 ***	3. 276 ***	3. 545 ***
	(0. 0249)	(0. 0848)	(0. 0413)	(0. 0818)	(0. 0326)	(0. 0701)
R^2	0. 613	0. 836	0. 633	0. 903	0. 447	0. 838
观测值	286	281	208	204	286	283

注：本结果由 Stata 16.0 估计所得，括号内为各变量系数的标准差，*、**、*** 分别表示在 10%、5%、1% 的水平下显著。

资料来源：根据国家统计局、第五次全国人口普查、第六次全国人口普查、第七次全国人口普查、《中国统计年鉴》、《中国人口和就业统计年鉴》以及各省份统计年鉴计算得到。

表 6 - 3 体现了东部、中部和西部地区劳动力流动对贫困作用效应的回归结果。从分地区样本的估计结果来看，劳动力流动对三个地区的贫困程度都起到了减缓的作用。其中，中部地区劳动力流动减缓贫困的弹性系数为 0. 0658，领先于全国水平。而东部和西部地区的减贫效应与中部地区和全国水平相比仍有较大差距。

为何中部地区劳动力流动造成的减贫效应优于发达的东部地区和落后的西部地区？因为相较于其他两个地区，中部地区拥有自身独有的优势。中部地区处于内陆，是传统的农业区，本身就拥有基数庞大的农业人口，因此劳动力资源是其一大优势。对于劳动密集型产业而言，这是吸引其在中部地区投资生产的一个重要原因，而产业集聚效应带来的大量就业机会能够吸引更多的劳动力流动到中部地区。此外，前文中提及的劳动力收入转移效应所带来的工资"回流"现象，也有利于劳动力帮助留守家庭减贫脱困。

对于其他控制变量而言，可以得出以下结论。①提高城镇化率、固定资产投资水平和产业结构水平均有助于各个地区贫困程度的减缓。就不同地区各贫困影响因素指标值的大小来看，第一，城镇化率对中部地区的贫困影响最大。这是因为中部地区新型城镇化水平不高，在发展上总体表现出"低水平、快增长"的特征。近年来，随着新型城镇化发展战略的深入推进，国家和各级地方政府加大了对城镇化建设的扶持力度。同时，中部崛起战略的实施为中部地区经济社会发展增添了强劲动力。在承接部分东部地区转移产业之后，中部地区各省份非农产业占比大大提高，产业结构不断优化，使得城镇经济得以快速发展，进而推动了减贫脱贫。第二，固定资产投资水平对西部地区的贫困影响最大。中央和地方政府大力推行的西部大开发战略有力地推动了西部地区基础设施建设和固定资产投资水平的提高。这些基础设施建设项目在促进地方 GDP 增长的同时，也缓解了贫困。第三，产业结构水平对东部地区贫困的影响达到了最佳效果。第三产业是衡量社会经济发展的重要指标，其蓬勃发展是社会不断进步、生产力不断提高的结果。依托区位优势、政策优势和雄厚的经济基础，东部地区的第三产业发展高于全国平均水平。当社会经济发展达到一定程度，第三产业的发展会快于第一产业和第二产业，从而带动经济的快速发展。②东部和中部地区的对外贸易反而加剧了贫困。东部地区是沿海地区，也是我国对外贸易最发达的地区。该地区的对外贸易会增加不确定性和机会成本，同时也会挤压一些传统行业，导致失业加剧，进一步加深贫困；而中部地区属于内陆地区，地理位置上的劣势会增加对外贸易的运输成本，因而难以在国际竞争中获得利益。③西部地区的城乡居民收入差距较大，不利于贫困的减缓。这是因为西部地区农村居民收入水平较城镇居民低，较低的收入水平不能满足农村居民基本的生活需求，贫困程度严重；东部和中部地区的回归结果恰恰相反，其原因在前文已做详细解释，此处不再赘述。

（三）劳动力流动对贫困的影响：时间维度

为了比较分析不同时期的劳动力流动对贫困影响的异质性，本章按照前文所分析的劳动力流动与贫困的演进特征将样本以 2010 年为分界点划分为 1995 ~ 2009 年和 2010 ~ 2020 年两个阶段，分别通过固定效应模型分析劳动力流动对贫困的影响。计量回归结果见表 6 - 4。

表 6 - 4　分阶段样本劳动力流动的减贫效应回归结果

变量	lnpov			
	1995 ~ 2009 年		2010 ~ 2020 年	
lnlab	- 0.0971 ***	- 0.0285 ***	- 0.0981 *	- 0.0358 *
	(0.0120)	(0.0076)	(0.0160)	(0.0184)
ln$urban$		- 0.0679 **		- 0.146 ***
		(0.0606)		(0.0395)
lnfix		- 0.162 ***		0.119 **
		(0.0153)		(0.0293)
lnter		- 0.129 ***		- 0.373 ***
		(0.0371)		(0.0386)
ln$trade$		- 0.0142		0.0760 ***
		(0.0137)		(0.0122)
lngap		- 0.263 ***		0.463 ***
		(0.0382)		(0.0789)
lngdp		0.0009		0.0597 ***
		(0.0078)		(0.0099)
常数项	3.565 ***	4.159 ***	3.324 ***	3.347 ***
	(0.0330)	(0.0662)	(0.0280)	(0.0894)
R^2	0.135	0.731	0.103	0.621
观测值	450	449	330	319

注：本结果由 Stata 16.0 估计所得，括号内为各变量系数的标准差，*、**、*** 分别表示在 10%、5%、1% 的水平下显著。

资料来源：根据国家统计局、第五次全国人口普查、第六次全国人口普查、第七次全国人口普查、《中国统计年鉴》、《中国人口和就业统计年鉴》以及各省份统计年鉴计算得到。

表 6 - 4 的计量回归结果表明，1995 ~ 2009 年（第一阶段）和 2010 ~ 2020 年（第二阶段）劳动力流动均显著减缓了贫困程度，且第二阶段的作用效果优于第一阶段，效应系数分别为 - 0.0285 和 - 0.0358。具体来说，2010 年后，劳动力流动的减贫效应更为突出。这是因为 2010 年后，尤其是 2012 年党的十八大以来，习近平总书记做出了"精准扶贫"的重要指示。在这一过程中，就业扶贫成为脱贫的一个重要措施，也是精准

扶贫的一个重要手段。各级政府创新思路，制定一系列超常规政策，鼓励劳动力外出务工，推进就业扶贫，2010 年后的整体减贫速度和减贫效果均大大提升。国务院扶贫办表示，截至 2020 年，通过劳动力流动来缓解贫困问题涉及 2/3 的贫困家庭，而这些家庭 2/3 左右的收入来自务工。基于政府的政策支持，劳动力流动为贫困家庭稳定脱贫奠定了坚实的基础。

此外，从表 6 - 4 还可以进一步得出以下结论。①城镇化率和产业结构水平起到了减贫作用，且第二阶段的减贫效应均大于第一阶段。加快转变经济发展方式、持续推动城镇化进程是中国未来发展的战略性选择。与此同时，中国的减贫路径和方式与时俱进，发生了新变化，即贫困人口收入来源、扶贫重点以及就业方式均有所转变，大大提升了减贫的效率（张琦等，2012）。②在第一阶段，城乡居民收入差距越大，越能缓解贫困。在第二阶段，则出现了完全相反的显著效应。这是因为前期中国的发展水平不高，尽管存在城乡居民收入差距，但城镇居民收入和农村居民收入都在逐年增长，收入的增长导致对其他非必需品消费的增加，从而使得食品支出占总支出的比重下降，恩格尔系数降低，贫困得到缓解。但随着整体经济水平的提高，城镇居民收入增长速度远远超过农村居民，从而扩大了城乡居民收入差距，加深了贫困程度。

四　稳健性检验

（一）变换核心解释变量度量指标

为了检验劳动力流动对贫困的影响是否依赖于劳动力流动指标的选取，本章参考何春和崔万田（2018）的做法选择各省份劳动力转移程度（tra）作为劳动力流动的另一度量指标以考察上述模型的稳健性。各省份劳动力转移程度 =（各省份从业人员数 - 各省份第一产业人员数）/各省份从业人员数 ×100% 。计量回归结果见表 6 - 5。

表 6 - 5　劳动力转移程度的减贫效应回归结果

变量	lnpov						
lntra	- 0.985 ***	- 0.930 ***	- 0.655 ***	- 0.696 ***	- 0.649 ***	- 0.721 ***	- 0.670 ***
	(0.0296)	(0.0295)	(0.0389)	(0.0417)	(0.0416)	(0.0427)	(0.0402)

续表

变量	lnpov						
lnurban	−0.0611 *** (0.00819)	−0.0404 *** (0.00796)	−0.00549 *** (0.0194)	−0.0200 (0.0194)	−0.0033 (0.0193)	−0.0382 ** (0.0183)	
lnfix		−0.160 *** (0.0159)	−0.168 *** (0.0162)	−0.167 *** (0.0158)	−0.166 *** (0.0155)	−0.143 *** (0.0149)	
lnter			−0.0544 *** (0.0210)	−0.0338 *** (0.0208)	−0.0446 *** (0.0205)	−0.0857 *** (0.0195)	
lntrade				0.0758 *** (0.0127)	0.0885 *** (0.0127)	0.0554 *** (0.0123)	
lngap					−0.225 *** (0.0500)	−0.272 *** (0.0382)	
lngdp						0.0617 * (0.00634)	
常数项	3.117 *** (0.0177)	3.192 *** (0.0199)	3.232 *** (0.0191)	3.210 *** (0.0208)	3.374 *** (0.0343)	3.580 *** (0.0500)	3.751 *** (0.0499)
R²	0.598	0.626	0.670	0.673	0.688	0.701	0.737
观测值	780	780	780	780	780	780	768

注：本结果由 Stata 16.0 估计所得，括号内为各变量系数的标准差，*、**、*** 分别表示在 10%、5%、1% 的水平下显著。

资料来源：根据国家统计局、第五次全国人口普查、第六次全国人口普查、第七次全国人口普查、《中国统计年鉴》、《中国人口和就业统计年鉴》以及各省份统计年鉴计算得到。

从表 6 - 5 可以看出，检验结果与前文所得结论一致，劳动力流动的另一指标即劳动力转移程度能够起到减贫的作用。具体来看，劳动力转移程度的回归系数为 −0.670，通过了 1% 水平的显著性检验，这表明劳动力转移程度每提高 1 个百分点，贫困程度将下降 0.67 个百分点。因此，本章的结论依旧成立。

（二）内生性问题

内生性问题是经济实证分析中需要考虑的问题。劳动力流动与贫困之间可能存在互为因果的关系。一方面，从以往研究和上述实证研究中可以得出劳动力流动带来了贫困减缓这一结果；另一方面，为了增加收入和缓解家庭贫困，劳动力会选择外出流动。因此，这里采用滞后一期的系统 GMM 估计方法将自变量和相关控制变量的滞后项纳入方程进行分析以缓解内生性问题。为了考察结果的稳健性，同时选取各省份人口流动比例（*lab*）和各省份劳动力转移程度（*tra*）作为解释变量进行检验。其中，模型（1）是各省份人口流动比例对贫困指标的回归，模型（2）是各省份劳动力转移程度对贫困指标的影响。计量回归结果见表6-6。

表6-6　系统 GMM 估计方法关于劳动力流动减贫效应的回归结果

变量	(1)		(2)	
	lnpov			
L. lnpov	0.929 ***	0.838 ***	0.991 ***	0.914 ***
	(0.0270)	(0.0460)	(0.0140)	(0.0510)
ln*lab*	− 0.0339 ***	− 0.0809 ***		
	(0.0123)	(0.0169)		
ln*tra*			− 0.0347 ***	− 0.331 ***
			(0.00983)	(0.111)
ln*urban*		− 0.0593		− 0.0765 *
		(0.0396)		(0.0394)
ln*fix*		0.0508		0.117 ***
		(0.0330)		(0.0292)
ln*ter*		0.0496		0.0538
		(0.0415)		(0.0345)
ln*trade*		0.0147		0.0408 *
		(0.0143)		(0.0226)
ln*gap*		− 0.138 **		− 0.184 ***
		(0.0657)		(0.0594)
ln*gdp*		0.0271 ***		0.0214 ***
		(0.00544)		(0.00692)
常数项	0.159 **	0.652 ***	− 0.0171	0.500 **
	(0.0726)	(0.137)	(0.0478)	(0.202)
AR (1)	0.000	0.001	0.000	0.000
AR (2)	0.115	0.448	0.091	0.101
Sargan 检验	0.647	0.366	0.743	0.780

注：本结果由 Stata 16.0 估计所得，括号内为各变量系数的标准差，*、**、*** 分别表示在10%、5%、1%的水平下显著。

资料来源：根据国家统计局、第五次全国人口普查、第六次全国人口普查、第七次全国人口普查、《中国统计年鉴》、《中国人口和就业统计年鉴》以及各省份统计年鉴计算得到。

由表6-6可知，模型（1）和模型（2）均通过了 AR（2）检验，表明扰动项的差分不存在二阶自相关性。Sargan 检验的结果也表明方程通过了过度识别检验，说明计量模型的设定较为合理。从表 6 - 6 的结果可以看出，劳动力流动的两个度量指标对贫困指标均为负向影响，且通过了 1% 水平的显著性检验，这表明劳动力流动确实能够发挥减贫效用。

五　本章简要小结

基于 1995~2020 年中国 30 个省份（四川和重庆合并处理）的面板数据，本章利用逻辑推演与实证分析相结合的方法分析了劳动力流动与贫困的关系，结论如下。首先，从宏观维度来看，劳动力流动能够有效减缓贫困问题。其次，从空间维度来看，中部地区的减贫效应优于东部和西部地区。最后，从时间维度来看，1995~2009 年（第一阶段）、2010~2020 年（第二阶段）劳动力流动都为减贫做出了积极贡献，且 2010 年后的减贫效果更明显。

第七章　劳动力流动对城乡贫困影响的异质性研究

改革开放以来，我国实现农村地区 7.7 亿贫困人口、832 个贫困县、14 个连片特困区的整体性和全面性脱贫，困扰中华民族数千年的绝对贫困问题在 2020 年得到了历史性消除，脱贫攻坚取得了举世瞩目的成就。在农村地区绝对贫困减缓的同时，我国城乡经济社会发展的不平衡不充分问题逐步凸显。在这一过程中，全国外出农民工总量从 2013 年的 16610 万人增加至 2020 年的 16959 万人[①]，且在地区和城乡之间呈现不平衡的流动特征，东部地区始终是农民工的主要流入地，其次是中部和西部地区（见图 7-1）。劳动力在省际大规模流动构成了人口的地区性集聚，这一特征化事实所引致的劳动力、资本等诸多要素在产业和地区间的重新配置，不仅是推动我国帕累托改进式改革和经济高速增长的动力源泉（蔡晳、王德文，1999；胡鞍钢，2003；李扬、殷剑锋，2005；段平忠、刘传江，2005；蔡昉，2013；伍山林，2016；蔡昉，2017；程名望等，2019），而且是农村分享经济增长收益，实现农民增收、农村减贫（汪三贵，2008；魏后凯、刘长全，2019；高帆，2020），以及在乡村振兴战略背景下实现共同富裕不可忽视的重要力量。

然而，在 2010 年家庭年人均纯收入 2300 元不变价的贫困标准下消除农村地区绝对贫困不等同于我国贫困问题的彻底根除，更不意味着反贫困工作就此终结。"两不愁三保障"的绝对贫困标准回答了"谁是穷人"的问题，随着人民生活水平的整体性提高和绝对贫困的一步步消除，我国的基尼系数从 2003 年的 0.479 下降至 2019 年的 0.465。[②] 但高于 0.4 的基尼系数仍属于收入不均等的水平，地区发展不平衡不充分的问题进一步凸显，以解决生存问题为目标制定的扶贫标准已经不能满足全

[①]　数据来源于国家统计局发布的 2013~2020 年《农民工监测调查报告》。
[②]　国家统计局住户调查办公室编《中国住户调查年鉴 2020》，中国统计出版社，2020。

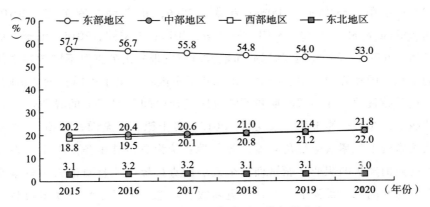

图 7 - 1　2015～2020 年农民工流入地分布

资料来源：2015～2020 年《农民工监测调查报告》。

面建成小康社会实现共同富裕的要求。居民收入不均等化的不平衡不充分发展局面包含了一个地区居民福利分配效果的客观价值判断，同时衍生出我国现存贫困问题和贫困识别的结构性转变："农村绝对贫困"的社会顽疾得到医治，"城市贫困""城市和农村的相对贫困"逐渐被提上日程（成德宁，2007）。对此，《中共中央关于制定国民经济和社会发展第十四个五年规划和二〇三五年远景目标的建议》指出，"十四五"期间在提高人民收入方面的工作重点是"着力提高低收入群体收入，扩大中等收入群体"，在持续推进脱贫地区发展和巩固拓展脱贫攻坚成果的基础上，尽快把已脱贫的人口推向中等收入行列，实现从解决绝对贫困和农村贫困问题逐步向统筹缓解城市贫困、城市和农村相对贫困问题的转变（蔡昉，2020；汪三贵、孙俊娜，2021）。

劳动力在地区间的流动是一种伴随我国贫困减缓的长期性人口结构变动形式，学界对两者之间的联系已有广泛且深刻的研究，现有关于劳动力流动对贫困影响的研究主要形成了三种观点，分别是贫困减缓论、贫困加剧论和贫困不确定论。多数学者利用微观调查数据从劳动力流动的收入转移效应、人力资本积累效应以及农业生产率等方面展开了较为细致的研究。一是从收入转移效应视角来看，多数学者认为农村劳动力通过非农就业获得工资性收入并以汇款形式实现收入转移（Remple and Lobdell，1978；Stark and Lucas，1988；Lucas，2004；Yang，2008），在短期内有助于提高留守家庭生活水平，摆脱经济贫困（蔡昉、都阳，

2002；都阳、朴之水，2003a；杨靳，2006；岳希明、罗楚亮，2010；Haggblade et al.，2010；都阳、万广华，2014；李翠锦，2014；邹薇、樊增增，2020）。部分学者利用截面数据研究发现外出务工对不同微观主体的主观贫困和客观贫困、绝对贫困和相对贫困均产生了不同程度的影响，且这种减贫效应在不同时期和不同地区呈现时间和空间上的异质性（韩佳丽等，2018；樊士德、朱克朋，2019；樊士德、金童谣，2020）。二是从人力资本积累效应视角来看，部分学者认为农村外出务工劳动力在非农就业前经历的职业技能培训从个人层面直接提高了自身的人力资本水平。与此同时，重视子女教育并更新教育理念、随迁子女享受城市教育资源、留守子女教育费用投入增加等从家庭层面提高了子代的人力资本水平，进而减缓了家庭贫困，降低了代际贫困的发生概率（黄斌、徐彩群，2013；张安驰、樊士德，2018）。三是从农业生产率视角来看，汇款除用于留守家庭日常生活以外，还有助于农户增加化肥、种子和农耕机械等方面的投资，提高农业产量和劳动生产率，增加家庭农业收入，从而有效避免家庭陷入绝对贫困（Taylor et al.，2003；张桂文等，2018）。也有学者持相反的观点，认为劳动力外出务工会导致农业劳动力供给不足、农村土地撂荒、农村"智力流失"，这些因素会给农村减贫带来不利影响（柳建平、张永丽，2009；Wouterse，2010；阮荣平等，2011；樊士德、朱克朋，2016；赵曼、程翔宇，2016）。

　　囿于我国 2020 年消除贫困的扶贫目标是解决现行标准下的农村绝对贫困问题，多数文献基于扶贫目标中 2300 元的绝对贫困标准，将研究视角落在劳动力流动对农村家庭和农村地区的减贫效应。已有研究存在两个方面的问题：一是所研究的贫困对象存在局限性；二是所衡量的贫困群体识别存在单一性。

　　一方面，就贫困对象而言，劳动力流动视角下贫困减缓的研究缺乏对城市贫困问题的关注。关于城市贫困问题的研究往往仅限于城市绝对贫困线的划分、城市相对贫困的界定以及城市贫困问题的影响因素等方面。然而，在现实中，劳动力流动除实现了要素在产业间配置结构的变化以外，更为直接的是改变了劳动力在城乡间和地区间的空间分布格局，即在减少农村贫困人口的同时，可能导致短期内贫困人口由农村向城市、由欠发达地区向发达地区的空间位移，从而加剧城市的贫困程度。此外，户籍制度、公共服务不均等以及劳动力市场歧视引致的外来劳动力与本地职工的福利差距构成了流动人口在城市生活的相对剥夺感，进一步加深了城市的贫困广度。显然，这一影响同样具有时间维度的动态效应，而不仅仅是静态的时点效应。

另一方面，就贫困群体而言，已有文献关注的是少数以绝对标准精准识别的极端贫困群体，缺乏对多数在地区内部处于社会弱势地位的相对贫困群体尤其是城市的相对贫困群体的关注。国家统计局 2021 年 4 月发布的《2020 年农民工监测调查报告》显示，2020 年外出农民工月均收入为 4549 元，而我国 2020 年的扶贫标准约为 4000 元①，即劳动力在城市就业可以在短时间内摆脱绝对贫困。同时，城市内部的收入差距和高昂的生活成本也带来了城市贫困的新问题——城市的相对贫困。为了压缩城市生活成本，提高可支配收入，外来劳动力往往选择在远离本地市民生活区的"棚户区"居住，尽可能地开源节流、节衣缩食（李实、Knight，2002）。根据已有研究，城市劳动力市场存在"同工不同酬"的现象，外来劳动力的薪资水平往往要低于城市本地职工（陈珣、徐舒，2014；吕炜等，2019），就业机会和薪资水平不平等使外来劳动力产生了低于城市本地职工收入水平的相对贫困感（杨舸，2017；李实、吴彬彬，2020）。为了降低这种与城市间的相对贫困感，他们往往会选择压缩社交空间、减少亲情陪伴、增加劳动时间和提高劳动强度，以实现外出务工的最高回报率（郭凤鸣、张世伟，2018）。

城市本地职工与外来劳动力之间的收入差距带来了城市相对贫困问题，而"户籍壁垒"则是产生这种收入差距的深层次原因。大部分城市卫生医疗和基础教育的提供与户籍身份有着紧密联系，非城镇户籍的外来人员不能与城镇职工享受均等化的公共服务。即便是取消城市的落户限制、降低城市的落户门槛，地方语言不通带来的交流障碍、城市本地市民对外来人口的排挤和劳动力市场的歧视等非户籍因素也将外来劳动力隔离在平等的城市生活之外，他们即便在名义上拥有了"新市民"的身份，但也难以在实质上真正融入城市生活（叶敬忠，2019）。除"户

---

① 我国的扶贫标准为 2010 年不变价 2300 元，经计算 2020 年现价约为 4000 元，即家庭年人均纯收入低于 4000 元为贫困家庭。

籍壁垒"以外，因城市偏好等因素而形成的不回流即"劳动力转移刚性"、市场风险、家庭生命周期变化和社会分层隔离等经济和非经济因素同样让外来劳动力对城市的生活产生相对剥夺感，逐渐演变成城市新贫困群体，且外生于新型城镇化，在马太效应的催化下容易形成长期的动态贫困陷阱。

在这一宏观背景下，劳动力在城乡、产业和地区间的流动与我国城市和农村贫困程度减缓之间的内在关系至少有两个亟待回答的问题：①绝对贫困消除后，相对贫困上升为贫困治理的重点，劳动力流动是否有助于缓解相对贫困？②如果可以缓解相对贫困，那么其究竟如何影响城市和农村的相对贫困程度变化？回答上述问题，不仅可以解释人口流动和社会融合对益贫式城乡统筹、城乡一体化发展的作用路径，而且有助于提高低收入群体收入，扩大中等收入群体，解决脱贫攻坚收官后其他维度的贫困问题，实现乡村振兴战略背景下的共同富裕目标。

在已有研究的基础之上，本章可能的边际贡献在于以下两个方面。一是拓宽了劳动力流动减贫效应的研究对象和贫困群体识别的研究视角。农村和城市二维空间密不可分，本章不仅关注作为主要流出地的农村地区的减贫效应，而且将讨论其对作为主要流入地的城市贫困的影响，将城市和农村纳入统一框架，系统考察劳动力对城市和农村贫困的影响。二是构建空间杜宾模型，从时间和空间两个维度分解劳动力流动对城市和农村贫困的影响及其空间外溢效应。通过时空双重比较发现，1999～2019 年我国劳动力流动对城市和农村贫困的影响显著。具体地，在 2010年以前，劳动力流动对城市和农村贫困的影响是缓解作用占主导，而2010 年以后则是加剧作用占主导。

一　数据来源、变量说明与描述性统计

（一）变量说明与数据来源

已有相关研究以解决小部分处于生存困境群体问题为目的，以绝对标准精准识别贫困群体，侧重于劳动力流动对缓解流出地和农村绝对贫困群体的福利效应研究，避开了对流入地和城市贫困程度影响的讨论。

本章兼顾流出地（农村）和流入地（城市）贫困问题的福利效应，关注地区整体的民生水平和贫困程度，并在一个较长的时间跨度下考察和检验劳动力流动对城市和农村贫困的影响程度及动态变化。

1. 被解释变量

本章的被解释变量为城市贫困程度（$povu$）和农村贫困程度（$povr$），指标的具体测算参见第三章第二部分"中国劳动力流动与城乡贫困的时空动态特征化事实"，这里不再赘述。

2. 核心解释变量

本章的核心解释变量为各省份的劳动力流动（mig），用劳动力流动比例来衡量，指标的具体测算同样参见第三章第二部分"中国劳动力流动与城乡贫困的时空动态特征化事实"，这里不再赘述。

3. 控制变量

除劳动力流动因素以外，本章还设置了经济发展水平（$\ln y$）、城镇化率（urb）、基础设施水平（$infras$）、教育财政支出水平（$eduexp$）、社会保障和就业财政支出水平（$soc\&emp$）、就业率（$working$）以及人力资本水平（$humcap$）等对城市贫困程度和农村贫困程度产生协同影响的控制变量。①经济发展水平采用各省份人均 GDP 的对数形式来反映。②城镇化率 = 城镇人口数/总人口数 ×100%，其中城镇人口指的是城镇常住人口。③基础设施水平用年末实有道路面积覆盖率作为代理变量，基础设施水平 = 年末实有道路面积/地区总面积 ×100%。④教育财政支出水平 = 教育支出①/总财政支出② ×100%。⑤社会保障和就业财政支出水平 = 社会保障和就业支出③/总财政支出 ×100%。⑥就业率 = 就业人员数/劳动力总数 ×100%。⑦根据人力资本理论，教育是提高劳动力人力资本水平的重要途径（Barro and Lee，1993），这里的人力资本水平借鉴申洪源（2013）衡量城乡人力资本存量的方法：人力资本水平 = 就业人员数 ×平均受教育年限。

---

① 2007 年以前中国"教育支出"采用的指标为"教育事业费"，2007 年开始改为"教育支出"。

② 2007 年以前中国"财政支出"采用的指标为"一般预算支出"，2007 年开始改为"财政支出"。

③ 2007 年以前中国"社会保障和就业支出"采用的指标为"社会保障补助支出"，2007年开始改为"社会保障和就业支出"。

原始数据主要来源于《中国统计年鉴》《中国人口和就业统计年鉴》《中国人口年鉴》《新中国六十年统计资料汇编》，以及各省份历年统计年鉴，样本为 1999～2019 年 31 个省份的面板数据，部分省份在不同年份的某些变量存在缺失值，这里使用线性插值法[①]将数据补齐。

（二）各变量描述性统计分析

主要变量的描述性统计见表 7－1。

表 7－1　主要变量的描述性统计

变量	均值	标准差	最小值	最大值	观测值
povu	0.3532	0.0575	0.1931	0.5145	651
povr	0.4083	0.0911	0.2378	0.7931	651
mig	0.1524	0.1151	－0.6612	0.4756	651
lny	4.3647	0.3891	3.3936	5.2154	651
urb	0.4931	0.1596	0.1388	0.8960	651
infras	0.0021	0.0039	0.0002	0.0341	651
eduexp	0.1587	0.0262	0.0855	0.2221	651
soc&emp	0.1039	0.0468	0.0077	0.2747	651
working	0.1164	0.0656	0.0510	0.4978	651
humcap	12.9537	0.9314	10.2824	14.7004	651

资料来源：笔者计算得到。

从表 7－1 可以看出，1999～2019 年我国各省份劳动力流动比例均值为 15.24%，其中标准差为 0.1151，最大值为 47.56%。我国农村贫困程度明显高于城市贫困程度，城市贫困程度均值为 35.32%，农村贫困程度均值为 40.83%。具体来说，城市贫困程度最低为 19.31%，最高为 51.45%，最高与最低的差值为 32.14 个百分点；农村贫困程度最低为 23.78%，最高为 79.31%，最高与最低的差值为 55.53 个百分点。这说明我国各省份农村居民的消费水平不仅整体低于城市居民，农村地区内部贫困程度的差距也明显大于城市地区。因此，劳动力流动对城市和农村贫困的影响及其减贫效应的异质性研究具有直接的现实意义。

---

① 　主要的思路是假设插值函数为一次多项式，通过将已有数据拟合为线性函数后根据线性函数插值补充缺失值。线性插值在一定允许误差下，可以近似代替原来的函数。

二 空间杜宾计量模型建构

使用较为广泛的空间计量模型主要有空间自回归模型（SAR）、空间误差模型（SEM）以及空间杜宾模型（SDM）三种。其中，空间自回归模型利用被解释变量的空间滞后项解释相邻地区对本地区被解释变量的空间影响；空间误差模型通过误差项解释空间效应；空间杜宾模型则通过同时控制外生和内生的交互效应来反映空间效应。本章所研究的主题是劳动力流动对城市和农村贫困的影响，理论上被解释变量和解释变量均在空间上对关联地区的贫困程度产生影响，因此采用空间杜宾模型衡量劳动力流动对贫困的空间异质性影响。其模型的基本表达式为：

$$pov_{it} = \alpha_{it} + \rho \mathbf{W} \times pov_{it} + \beta_1 mig_{it} + \beta_2 \ln y_{it} + \beta_3 urb_{it} + \beta_4 infras_{it} + \beta_5 eduexp_{it} +$$
$$\beta_6 soc\&emp_{it} + \beta_7 working_{it} + \beta_8 humcap_{it} + \varphi_1 \mathbf{W} \times mig_{it} + \varphi_2 \mathbf{W} \times \ln y_i +$$
$$\varphi_3 \mathbf{W} \times urb_{it} + \varphi_4 \mathbf{W} \times infras_{it} + \varphi_5 \mathbf{W} \times eduexp_{it} + \varphi_6 \mathbf{W} \times soc\&emp_{it} +$$
$$\varphi_7 \mathbf{W} \times working_{it} + \varphi_8 \mathbf{W} \times humcap_{it} + \varepsilon_{it} \qquad (7-1)$$

其中，pov_{it}是i省份t年的贫困程度，这里包含城市贫困程度和农村贫困程度；mig_{it}是i省份t年的劳动力流动情况；$\ln y_{it}$是i省份t年的经济发展水平，用人均 GDP 的对数化衡量；urb_{it}是i省份t年的城镇化率；$infras_{it}$是i省份t年的基础设施水平；$eduexp_{it}$是i省份t年的教育财政支出水平；$soc\&emp_{it}$是i省份t年的社会保障和就业财政支出水平；$working_{it}$是i省份t年的就业率；$humcap_{it}$是i省份t年的人力资本水平；$\mathbf{W}$是根据 31 个省份的地理距离或经济距离构建的空间权重矩阵。

本章使用三种空间权重矩阵。①地理距离空间权重矩阵。$\mathbf{W}_{d,ij} = 1/d_{ij}$，$i \neq j$，其中$d_{ij}$表示$i$省份省会和$j$省份省会之间的直线地理距离，两个省会的地理距离通过经纬度核算。当$i = j$时，$\mathbf{W}_{d,ij} = 0$。这里对地理距离空间权重矩阵进行每行元素之和为 1 的标准化处理。②经济距离空间权重矩阵。由于劳动力倾向于从经济发展水平较低的欠发达地区向经济发展水平较高的发达地区流动，除地理距离空间权重矩阵之外，本章还使用经济距离空间权重矩阵考察劳动力流动对减贫在不同权重矩阵下的空间外溢效应。计算经济距离空间权重矩阵使用的数据是 1999～2019年我国 31 个省份的人均 GDP 数据，$\mathbf{W}_{g,ij} = 1/|\overline{Q}_i - \overline{Q}_j|$，$i \neq j$，其中$\overline{Q}_i$和

$\overline{Q}_j$ 分别是 i 省份和 j 省份在 1999~2019 年的人均 GDP。③地理与经济距离嵌套空间权重矩阵。本章进一步构建了地理与经济距离嵌套空间权重矩阵，用以反映地区之间在地理和经济上的双重空间相关性。其中，$W_{dg,ij} = \varphi \cdot W_{d,ij} + (1 - \varphi) W_{g,ij}$，$0 < \varphi < 1$，$\varphi = 0.5$，即地理距离和经济距离在空间上的相对重要程度均为 0.5，同样对上述空间权重矩阵做了标准化处理，即每行元素之和为 1。

为了验证空间杜宾模型的可行性，本章使用拉格朗日乘数（LM）检验、似然比（LR）检验、Hausman 检验和 Wald 检验对模型进行检验。首先，利用 Anselin（1988）提出的 LM-lag 和 LM-error 方法对空间自回归模型和空间误差模型的适用性进行检验，即对不包含空间效应的模型进行 OLS 估计。LM-lag 和 LM-error 检验的原假设分别为 H₀：$\lambda = 0$ 和 H₀：$\rho = 0$，检验结果均拒绝了原假设，说明空间自回归模型和空间误差模型均可以用于本研究。由于 LM 检验显示这里的面板计量模型包含空间效应，本章使用更具一般意义的空间杜宾模型分析劳动力流动对贫困影响的空间效应（Elhorst，2014）。其次，本章利用 LR 检验法确定空间杜宾模型中是否包含空间固定效应和时间固定效应之后，对空间杜宾模型进行固定效应和随机效应的检验，即 Hausman 检验。该检验的原假设为支持随机效应，检验发现支持原假设，即应选择随机效应的空间杜宾模型对上述模型进行估计。

三　实证结果分析

（一）实证结果：1999~2019 年的整体性分析

由于我国城乡发展具有不平衡不充分的特点，本章分别从城市贫困和农村贫困两个方面检验劳动力流动对城乡贫困的时空双维异质性影响。劳动力流动本身具有空间性特征，其范围和规模天然地受到地理距离限制，故选择地理距离空间权重矩阵检验劳动力流动对减贫的空间外溢效应。我国的劳动力流动往往发生在城乡间、产业间和地区间，经济视角下这一社会性行为具有"趋利性"。在地理距离空间权重矩阵的基础上，本章还利用经济距离空间权重矩阵、地理与经济距离嵌套空间权重矩阵围绕劳动力流动对减贫的空间外溢效应进行深度研究。表 7 - 2 为 1999 ~ 2019 年我国 31 个省份劳动力流动对城乡贫困影响的空间计量估计结果。

表 7 - 2　1999 ~ 2019 年我国 31 个省份劳动力流动对城乡贫困影响的空间计量估计结果

变量	地理距离空间权重矩阵		经济距离空间权重矩阵		地理与经济距离嵌套空间权重矩阵	
	城市贫困	农村贫困	城市贫困	农村贫困	城市贫困	农村贫困
mig	- 0.0746 ***	0.0655 **	- 0.0835 ***	0.0808 ***	- 0.0978 ***	0.0806 ***
	(- 3.097)	(2.156)	(- 3.383)	(2.657)	(- 4.035)	(2.698)
lny	- 0.1021 ***	- 0.2153 ***	- 0.0877 ***	- 0.1868 ***	- 0.0955 ***	- 0.1999 ***
	(- 9.171)	(- 15.324)	(- 9.452)	(- 16.31)	(- 9.887)	(- 16.77)
urb	- 0.0477 ***	0.0175	- 0.0508 ***	0.0043	- 0.0554 ***	0.0097
	(- 2.644)	(0.769)	(- 2.811)	(0.197)	(- 3.119)	(0.446)
infras	0.2654	2.7739 ***	1.0838 *	3.008 ***	0.9495	2.732 ***
	(0.347)	(2.883)	(1.797)	(4.049)	(1.506)	(3.514)
eduexp	0.3372 ***	- 0.1080	0.0751	- 0.3647 ***	0.1925 **	- 0.2296 **
	(4.171)	(- 1.059)	(0.974)	(- 3.833)	(2.408)	(- 2.329)
soc&emp	- 0.1731 ***	- 0.1693 ***	- 0.1609 ***	- 0.2175 ***	- 0.1593 ***	- 0.1843 ***
	(- 3.584)	(- 2.779)	(- 3.405)	(- 3.731)	(- 3.418)	(- 3.207)
working	0.1521 ***	0.1157 **	0.0968 **	0.0287	0.1138 ***	0.0500
	(3.377)	(2.036)	(2.229)	(0.5363)	(2.588)	(0.922)
humcap	- 0.0135 ***	- 0.0066	- 0.0128 ***	0.0010	- 0.0167 ***	- 0.0029
	(- 2.644)	(- 1.033)	(- 3.032)	(0.204)	(- 3.858)	(- 0.551)
W × mig	0.0242	0.2315 ***	0.1425	0.0026 ***	0.2444	0.1188 ***
	(0.0189)	(3.436)	(0.209)	(0.129)	(0.956)	(2.771)
W × lny	0.1640 ***	0.2897 ***	0.0321	0.0508	0.1172 ***	0.1994 ***
	(3.044)	(4.242)	(1.209)	(1.483)	(2.644)	(3.566)
W × urb	0.0241	- 0.0513	0.0340	- 0.0196	0.0493	- 0.0985
	(0.220)	(- 0.370)	(0.599)	(- 0.281)	(0.508)	(- 0.823)
W × infras	1.9263	- 6.3450	- 1.1662	- 0.0523	- 0.7582	- 2.2488
	(0.556)	(- 1.454)	(- 0.619)	(- 0.022)	(- 0.233)	(- 0.562)
W × eduexp	- 2.0932 ***	- 1.9002 ***	- 0.3839 *	- 0.657 **	- 1.4352 ***	- 1.5574 ***
	(- 5.470)	(- 3.932)	(- 1.655)	(- 2.283)	(- 3.887)	(- 3.408)
W × soc&emp	0.1502	- 0.357	- 0.1250	- 0.3224 *	0.0144	- 0.4345
	(0.621)	(- 1.171)	(- 0.858)	(- 1.795)	(0.061)	(- 1.506)

续表

变量	地理距离空间权重矩阵		经济距离空间权重矩阵		地理与经济距离嵌套空间权重矩阵	
	城市贫困	农村贫困	城市贫困	农村贫困	城市贫困	农村贫困
W × *working*	- 0.5341 **	- 0.9529 ***	- 0.0748	- 0.0645	- 0.2485	- 0.3338
	(- 2.236)	(- 3.162)	(- 0.687)	(- 0.481)	(- 1.356)	(- 1.479)
W × *humcap*	- 0.0040	0.0177	0.0239 *	0.0108	0.0369 *	0.0227
	(- 0.161)	(0.564)	(1.924)	(0.710)	(1.737)	(0.870)
Log-Likelihood	- 1360.11	- 14818.36	- 2087.39	- 27357.98	- 5280.63	- 16540.2
R^2	0.6097	0.7608	0.6133	0.7150	0.6374	0.7290
N	651	651	651	651	651	651

注：结果由 MATLAB R2016a 计算所得；*、**、*** 分别表示在 10%、5%、1% 的水平下显著，括号内为 t 检验值。

从表 7 - 2 来看，1999 ~ 2019 年我国劳动力流动可以显著影响城市和农村的贫困程度，并在不同地区的贫困情况下表现出明显且稳定的分异特征。在三种空间权重矩阵下，城市贫困模型中劳动力流动（*mig*）的系数均在 1% 的水平下显著为负，即劳动力流动缓解了本地区的城市贫困；农村贫困模型中劳动力流动（*mig*）的系数显著为正，表明劳动力流动会加深本地区的农村贫困程度。从空间外溢效应的视角来看，劳动力流动对三种空间邻接地区的农村贫困情况一致地呈现显著的加剧作用，而对城市贫困则没有显著影响。从空间杜宾模型回归结果的拟合优度和 Log-Likelihood 值来看，三种空间权重矩阵下的估计值均有较强的解释力，且差异较小。但 Elhorst（2014）指出空间杜宾模型设定包含全局效应时估计的结果不能代表解释变量的边际效应；LeSage 和 Pace（2009）也指出直接按照空间杜宾模型的点估计结果分析解释变量的空间外溢效应差异可能会得出错误的结论，应该根据模型的点估计结果进一步分解解释变量的空间外溢效应，即测算直接效应和间接效应。因此，本章根据表 7 - 2 空间杜宾模型的回归结果对模型进行了空间效应分解，报告了三种空间权重矩阵下城市贫困和农村贫困的直接效应与间接效应估计结果（见表 7 - 3）。

总体来看，各个空间权重矩阵估计结果中，劳动力流动对本地区及空间邻接地区的城市和农村贫困产生了不同程度的影响。

表7-3　1999~2019年我国31个省份劳动力流动对城乡贫困影响的直接效应和间接效应估计结果

空间权重矩阵	被解释变量	效应	mig	lny	urb	infras	eduexp	soc&emp	working	humcap
地理距离空间权重矩阵	城市贫困	直接效应	-0.0763*** (-3.261)	-0.0936*** (-9.825)	-0.0495*** (-2.926)	0.4233 (-0.659)	-0.1610* (-2.028)	-0.1700*** (-3.674)	-0.1098** (-2.443)	-0.0147** (-3.534)
		间接效应	-0.1154 (-0.2567)	0.3365* (-1.766)	-0.0387 (-0.098)	9.0900 (-0.761)	-6.9687*** (-4.146)	0.1016 (-0.118)	-1.6204* (-1.799)	-0.0517 (-0.599)
	农村贫困	直接效应	0.0876*** (-2.886)	-0.2035*** (-16.708)	0.0149 (-0.656)	2.3573*** (-2.851)	-0.2705*** (-2.7451)	-0.2085*** (-3.686)	0.0469 (-0.863)	-0.0053 (-0.920)
		间接效应	0.8908* (-1.821)	0.4511** (-2.139)	-0.1166 (-0.278)	-13.6532 (-1.048)	-6.2963*** (-3.683)	-1.4985 (-1.552)	-2.8107*** (-2.704)	0.0458 (-0.464)
经济距离空间权重矩阵	城市贫困	直接效应	-0.0844*** (-3.394)	-0.0878*** (-9.243)	-0.0509** (-2.732)	1.0916* (-1.812)	0.0778 (-1.031)	-0.1622*** (-3.359)	0.0955** (-2.148)	-0.0129** (-3.066)
		间接效应	0.1370* (-1.977)	0.0356 (-1.431)	0.0342 (-0.644)	-1.1954 (-0.628)	-0.3652 (-1.567)	-0.1097 (-0.800)	-0.0709 (-0.6990)	0.0232* (-1.974)
	农村贫困	直接效应	0.0814** (-2.691)	-0.1875*** (-15.836)	0.0052 (-0.234)	3.0252*** (-3.906)	-0.3558*** (-3.789)	-0.2136*** (-3.605)	0.0288 (-0.533)	0.001 (-0.195)
		间接效应	0.00147 (-0.015)	0.0555* (-1.799)	-0.0186 (-0.270)	-0.1591 (-0.069)	-0.6223** (-2.242)	-0.3056* (-1.714)	-0.0656 (-0.503)	0.0106 (-0.701)

续表

空间权重矩阵	被解释变量	效应	mig	lny	urb	infras	eduexp	soc&emp	working	humcap
地理与经济距离嵌套空间权重矩阵	城市贫困	直接效应	-0.0904*** (-3.837)	-0.0930*** (-9.732)	-0.0549*** (-3.117)	0.9061 (-1.467)	-0.1439* (-1.815)	-0.1615*** (-3.492)	-0.1084** (-2.451)	-0.0158*** (-3.703)
		间接效应	0.334 (-1.627)	0.1303* (-1.805)	0.0394 (-0.256)	-0.4691 (-0.085)	-2.2216*** (-3.407)	-0.0651 (-0.163)	-0.3294 (-1.076)	0.0488 (-1.405)
	农村贫困	直接效应	0.0840*** (-2.762)	-0.1960*** (-16.925)	0.0068 (-0.293)	2.6834*** (-3.445)	-0.2726*** (-2.876)	-0.2007*** (-3.507)	0.0407 (-0.751)	-0.0023 (-0.461)
		间接效应	0.2187*** (-0.890)	0.1965 (-2.267)	-0.1468 (-0.762)	-1.8042 (-0.289)	-2.4764*** (-3.285)	-0.7636 (-1.676)	-0.4843 (-1.403)	0.0324 (-0.813)

注：结果由 MATLAB R2016a 计算所得；*、**、*** 分别表示在 10%、5%、1% 的水平下显著，括号内为 t 检验值。

首先，从对本地区的直接效应来看，劳动力流动可以显著减缓本地区的城市贫困程度，同时导致本地区的农村贫困程度加剧，且这种影响的大小基本一致。具体地，在三种空间权重矩阵下，城市贫困模型中劳动力流动直接效应的系数均显著为负，分别为 -0.0763、-0.0844、-0.0904；农村贫困模型中劳动力流动直接效应的系数均显著为正，分别为 0.0876、0.0814、0.0840。这一结论说明 1999～2019 年我国 31 个省份的劳动力流动整体表现为农村向城市的流动、农业向非农业的流动，这给城市和农村发展直接带来了要素分配和资源配置的结构性转变，形成了城市减贫而农村增贫的局面。从城市贫困的视角来看，集聚效应和收入效应占据了劳动力流动对本地区城市贫困影响的主要方面。其中，要素的集聚效应引发劳动力流动并形成良性循环，经济增长效应促进居民收入整体提升和城市内部收入差距缩小。从农村贫困的视角来看，劳动力从农村向城市的转移直接导致作为主要人口流出地的农村地区人力资本在"智力"和"体力"上的流失，减弱了农业生产的内生动力，使得农村产业多样化发展受损、农业土地撂荒、农村地区生产力萎缩，进一步遏制了乡村发展，导致农村贫困程度加深。

其次，从对邻接地区的间接效应来看，劳动力流动在不同程度上加深了空间邻接地区城市和农村的贫困程度。在经济距离空间权重矩阵下，城市贫困模型中劳动力流动间接效应的系数为 0.1370，即本地区劳动力流动可以显著加深经济距离邻接地区的城市贫困程度，在地理距离空间权重矩阵下这一结论并不成立。在地理距离空间权重矩阵下，农村贫困模型中劳动力流动间接效应的系数显著为正，为 0.8908，即本地区劳动力流动可显著加深地理距离邻接地区的农村贫困程度，在经济距离空间权重矩阵下这一结论并不成立。根据这一计量结果可以得出以下四个方面的结论。①本地区的劳动力流动程度越高，周边地区的贫困程度也越高。造成这一结果的原因可能是我国 1999～2019 年的劳动力流动不仅仅是省内的"乡-城"流动，还表现为省与省之间的相互流动。从现实角度考虑，为了降低流动的机会成本和经济成本，劳动力往往会选择向周边地区转移，那么劳动力流入率越高的省份，其人力资本的蓄水池越深，而周边地区则表现出人力资本的漏出效应。②考虑经济因素和地理因素时，劳动力流动对空间邻接地区的城市和农村贫困有明显的异质性影响，且地理距离因素对城市减贫的空间外溢效应影响存在不确定性，即本地区劳动力流动增加会导致经济发展水平相近地区的城市贫困程度加剧，同时导致周边地区的农村贫困程度加深，但对周边地区的城市贫困程度没有确定的影响。这一结论可能与我国幅员辽阔、地区发展不平衡不充分的现实情况相关，劳动力流动的空间外溢效应在对城市和农村贫困的影响方面需要在时间与空间上进一步分解，这一问题将在后文解决。③劳动力流动对农村贫困影响的空间外溢效应明显大于对城市贫困的影响。这可能是因为我国大规模劳动力流动的主要形式是由农业和农村向非农和城镇的流动，即农村地区的人口流动率远大于城镇地区，地区整体劳动力流动给贫困带来的影响在农村地区体现得更为明显。④地理距离空间权重矩阵下的空间外溢效应大于经济距离空间权重矩阵下的空间外溢效应。

除劳动力流动因素之外，地区经济发展水平（lny）、城镇化率（urb）、基础设施水平（$infras$）、教育财政支出水平（$eduexp$）、社会保障和就业财政支出水平（$soc\&emp$）、就业率（$working$）、人力资本水平（$humcap$）均在不同程度上对本地区以及空间邻接地区的城市和农村贫困产生了异质性影响。这些因素对城乡贫困的影响主要体现在本地区的直接影响和邻接地区的间接影响两个方面。

一方面，从对本地区的直接影响来看，上述七个方面的因素对城市和农村贫困的影响既有同质性又有异质性。在同质性方面，经济发展水平、社会保障和就业财政支出水平均可以显著减缓本地区城市和农村的贫困程度。这三个方面水平越高的地区，城市和农村的贫困程度越低，且对农村贫困的减缓程度均明显高于对城市贫困的减缓程度。在地理距离空间权重矩阵下，农村贫困模型中经济发展水平（lny）直接效应的系数为 -0.2035，约是城市贫困模型中经济发展水平直接效应系数（-0.0936）的 2 倍，且这一数量关系在经济距离空间权重矩阵以及地理与经济距离嵌套空间权重矩阵中同样适用。相对于城市居民而言，经济增长的收入效应与教育和就业方面的财政投入对提高农村居民的收入水平、消费水平和生活品质具有更高的效益。这是因为地区经济增长可以通过提高国民财富直接提高居民的收入水平，同时通过增加教育和就业方面的财政支出实现国民收入的再分配，缩小收入差距，降低城乡居民收入和消费的贫困程度。为什么这些因素对农村贫困的减缓效应比城市更强呢？造成这一结果的原因可能是城市中相当一部分的劳动力来源于农村地区，而城市的经济增长效应和收入再分配效应可能通过劳动力流动的收入转移效应反馈惠及农村的留守家庭，因此体现为农村居民从中"获益"更多。在异质性方面，主要体现在以下两个方面。①城镇化率和地区人力资本水平的提高对减缓城市贫困具有显著作用，而对农村贫困没有显著影响，即城市贫困模型中城镇化率（urb）和人力资本水平（$humcap$）直接效应的系数显著为负。这里使用常住人口城镇化率作为城镇化率的代理变量，城镇化率越高的地区，常住人口相对于地区总人口而言越多，即劳动力流动程度越高，进而发挥劳动力生产要素在地区间配置优化产生的集聚效应，同时通过本地市场效应和人力资本效应提高城市经济发展水平，并通过收入效应缓解城市贫困。城镇化率越高意味着城市周边的农村劳动力向外转移程度越高，这对于农村居民来说既可能存在非农收入提高的正面影响，也可能存在农村地区人力资本"漏出"的负面影响，但从 1999～2019 年的整体情况来看，这两个反方向的作用力没有明显的强弱之分。②地区基础设施水平越高，该地区的农村贫困程度越高，即农村贫困模型中基础设施水平（$infras$）显著为正，而对城市贫困程度除在经济距离空间权重矩阵中影响显著外，其他没有显著影响。这里采用年末实有道路面积覆盖率作为地区基础设施水平的代理变量，这一结果表明地区道路里程数越高、道路越宽，该地区的农村贫困程度越高。落后的交通水平是遏制农村地区经济发展的重要因素，中国有一句俗语叫作"要想富，先修路"，通过修路提高农村地区的交通便利性，可以优化农村生产要素配置，充分利用本地的农业资源，并转化为该地的经济优势，带动当地经济发展。然而，实证结果似乎与这句俗语相反，这是否代表修路对农村减贫无益呢？实际上，农村地区交通越发达，人口流动程度就越高，农村地区的人力资本漏出效应也越明显。有学者研究发现，农村交通的可获得性越高，劳动力流出率就越高，当公共交通的可获得性提高时，越贫困的地区劳动力迁出的动机就越强（汪三贵、王彩玲，2015）。从实证结果来看，交通便利性的提高促进了农村劳动力迁出，导致人力资本漏出效应的负面作用占据了劳动力流动对农业发展和农村贫困影响的主要方面。

　　另一方面，从对邻接地区的间接影响来看，本地区的经济发展水平、教育财政支出水平、社会保障和就业财政支出水平、就业率四个因素对邻接地区城市和农村贫困的影响产生了空间外溢效应，且对城市和农村的影响基本一致。首先，在三种空间权重矩阵下，地区经济发展水平（lny）间接效应的系数为正，表明人均 GDP 越高的地区，其周边地区的贫困程度也越高。这可能是因为本地区的经济发展水平越高，其经济集聚和人口集中程度就越高，周边地区的劳动力和其他生产要素向本地区集聚可能会限制周边地区发展，反而不利于周边地区城乡居民收入的提高和生活品质的提升。其次，教育财政支出水平（eduexp）、社会保障和就业财政支出水平（soc&emp）间接效应的系数基本上显著为负，即本地区的教育财政支出水平、社会保障和就业财政支出水平越高，邻接地区城市和农村的贫困程度越低。说明这部分财政投入对缓解贫困的影响存在明显的知识和福利的空间外溢效应。最后，在地理距离空间权重矩阵下，城市贫困模型和农村贫困模型中就业率（working）间接效应的系数均显著为负，即本地区的就业率越高，周边地区城市和农村的贫困程度越低。这可能与劳动力的跨省份流动相关。这里的就业率是各省份统计局对城镇劳动力就业比例的统计，本地区就业率的提高不仅代表本地区劳动力的就业增加，而且代表外来劳动力的就业增加，这意味着周边地区城市和农村也能从中获益。

（二）划分阶段的实证结果：纵向比较

　　经过时间维度的特征化事实分析可以得出以下结论：劳动力流动在1999～2019 年的变化趋势存在较为明显的波动性，且 2010 年前后有明显的差异性。具体地，2010 年之前劳动力流动程度相对较低，且波动幅度较大；2010 年之后劳动力流动程度相对较高，且波动幅度较小。为了厘清不同阶段减贫效应的异质性，本章按照劳动力流动变化的特征化事实将样本划分为 1999～2009 年和 2010～2019 年两个阶段，从时间维度进一步分解和剖析劳动力流动影响城市和农村贫困的动态变化。表 7 - 4 和表 7 - 5 分别为第一阶段和第二阶段三种空间权重矩阵下我国 31 个省份劳动力流动对城乡贫困影响的直接效应和间接效应估计结果。

表7-4 第一阶段（1999～2009年）我国31个省份劳动力流动对城乡贫困影响的直接效应和间接效应估计结果

空间权重矩阵	被解释变量	效应	mig	lny	urb	infras	eduexp	soc&emp	working	humcap
地理距离空间权重矩阵	城市贫困	直接效应	-0.1992** (-5.764)	0.0384*** (2.948)	-0.0084 (-0.579)	0.7459 (1.294)	-0.2885** (-3.794)	0.1042** (2.353)	0.2459*** (6.051)	0.0299*** (6.732)
		间接效应	0.1288 (0.256)	0.4761** (2.565)	-0.0897 (-0.451)	6.4698 (1.098)	-1.6961* (-1.835)	-0.3186 (-0.523)	0.037 (0.078)	0.1508** (2.181)
	农村贫困	直接效应	-0.0888* (-1.913)	-0.0844*** (-4.621)	0.03 (1.534)	0.225 (0.268)	-0.5983*** (-5.562)	-0.0489 (-0.753)	0.1599*** (2.761)	0.0189*** (3.015)
		间接效应	0.1634 (0.253)	0.4681** (2.272)	-0.2015 (-0.776)	2.1006 (0.260)	-2.9259** (-2.405)	-1.3078 (-1.520)	-1.7513** (-2.428)	0.0626 (0.748)
经济距离空间权重矩阵	城市贫困	直接效应	-0.2171** (-6.377)	0.0606*** (5.315)	0.0017 (0.121)	0.9066 (1.654)	-0.3255** (-4.549)	0.0773* (1.767)	0.2618*** (6.876)	0.0365*** (8.919)
		间接效应	-0.5963** (-2.212)	0.1786** (2.026)	0.0891 (0.820)	6.4068 (1.579)	-0.7852 (-1.643)	-0.3671 (-1.076)	0.2646 (0.896)	0.0510* (1.709)
	农村贫困	直接效应	-0.1117** (-2.408)	-0.0585*** (-3.490)	0.0393** (2.020)	0.4715 (0.578)	-0.6290** (-6.156)	-0.0647 (-1.025)	0.1149** (2.110)	0.0271*** (4.500)
		间接效应	-0.1103 (-0.413)	0.2140** (2.133)	0.0387 (0.328)	2.2346 (0.470)	-1.6472** (-2.903)	0.0221 (0.058)	-0.4652 (-1.366)	0.0483 (1.403)

续表

空间权重矩阵	被解释变量	效应	mig	lny	urb	infras	eduexp	soc&emp	working	humcap
地理与经济距离嵌套空间权重矩阵	城市贫困	直接效应	-0.1893** (-5.901)	0.0234* (1.748)	-0.015 (-1.002)	0.8992 (1.345)	-0.2208** (-2.814)	0.1106** (2.523)	0.2565*** (6.879)	0.0247*** (4.922)
		间接效应	-0.3387** (-3.058)	0.1382*** (4.506)	0.0123 (0.299)	1.0367 (0.838)	-0.4771** (-2.594)	0.0736 (0.557)	0.3374*** (3.201)	0.0527*** (4.160)
	农村贫困	直接效应	-0.0807* (-1.801)	-0.1072** (-5.447)	0.0277 (1.355)	1.3851 (1.397)	-0.4262** (-3.893)	-0.0171 (-0.265)	0.1732*** (3.261)	0.0141* (1.950)
		间接效应	-0.2860** (-2.030)	0.0352 (0.965)	0.0448 (0.866)	-0.2837 (-0.185)	-1.0948** (-4.865)	-0.2009 (-1.228)	0.0081 (0.065)	0.0342** (2.360)

注：结果由 MATLAB R2016a 计算所得；*、**、*** 分别表示在 10%、5%、1% 的水平下显著，括号内为 t 检验值。

表 7－5　第二阶段（2010～2019 年）我国 31 个省份劳动力流动对城乡贫困影响的直接效应和间接效应估计结果

空间权重矩阵	被解释变量	效应	mig	lny	urb	infras	eduexp	soc&emp	working	humcap
地理距离空间权重矩阵	城市贫困	直接效应	0.1248*** (2.967)	-0.1604** (-5.649)	-0.1943** (-2.251)	4.5211*** (3.392)	-0.1212 (-1.049)	-0.5284** (-5.652)	-0.2201** (-2.661)	-0.0274** (-3.034)
		间接效应	-0.7371 (-1.536)	-0.2225 (-0.764)	1.1500 (1.285)	-15.781 (-1.233)	-5.8588** (-3.385)	-2.4605** (-2.081)	0.2268 (0.286)	-0.0762 (-0.806)
	农村贫困	直接效应	0.1898*** (4.1913)	-0.2696** (-8.723)	-0.0696 (-0.7811)	7.0635*** (4.8034)	-0.4627** (-3.5056)	-0.6509** (-6.4246)	-0.0307 (-0.335)	0.0047 (0.4962)
		间接效应	-1.3130** (-2.192)	-0.0251 (-0.082)	2.0852** (2.066)	-33.5358* (-2.303)	-7.2672** (-3.702)	-3.7226** (-2.759)	-0.0456 (-0.051)	0.0683 (0.627)
经济地理空间权重矩阵	城市贫困	直接效应	0.1076** (2.680)	-0.1782** (-7.354)	-0.1327* (-1.918)	3.0369*** (2.760)	-0.4311** (-3.901)	-0.6153** (-6.768)	-0.1704** (-2.265)	-0.0359** (-4.846)
		间接效应	-0.3419*** (-2.941)	-0.0629 (-1.032)	0.3055 (1.512)	-4.9297 (-1.659)	0.157 (0.546)	-0.2943 (-1.172)	0.4394* (1.941)	-0.0076 (-0.383)
	农村贫困	直接效应	0.1594*** (3.449)	-0.2838** (-9.778)	0.0357 (0.419)	4.2930*** (3.437)	-0.8020** (-6.849)	-0.8128** (-7.988)	-0.0384 (-0.440)	0.0006 (0.067)
		间接效应	-0.3516*** (-2.754)	-0.1078 (-1.508)	0.6851*** (3.001)	-4.5151 (-1.360)	0.1421 (0.433)	-0.4691 (-1.655)	0.0637 (0.257)	0.0172 (0.723)

续表

空间权重矩阵	被解释变量	效应	mig	lny	urb	infras	eduexp	soc&emp	working	humcap
地理与经济距离嵌套	城市贫困	直接效应	0.1341*** (3.268)	-0.1630** (-6.429)	-0.1789** (-2.386)	3.9652*** (3.289)	-0.3714** (-3.567)	-0.5943** (-6.813)	-0.2350** (-2.986)	-0.0333** (-4.182)
		间接效应	-0.7967*** (-2.925)	-0.1843 (-1.304)	0.9812* (2.109)	-12.5651 (-1.885)	-1.0255 (-1.581)	-1.1293** (-2.051)	0.7402 (1.501)	-0.0165 (-0.365)
空间权重矩阵	农村贫困	直接效应	0.1902*** (4.191)	-0.2616 (-9.369)	-0.0616 (-0.738)	5.6718*** (4.220)	-0.7334** (-6.248)	-0.7582** (-7.217)	-0.0621 (-0.732)	0.0007 (0.072)
		间接效应	-0.9878*** (-3.265)	-0.1973 (-1.330)	1.8316*** (3.473)	-16.9491*** (-2.339)	-1.2973* (-1.815)	-1.7991** (-2.827)	0.083 (0.160)	0.0449 (0.926)

注：结果由 MATLAB R2016a 计算所得；*、**、*** 分别表示在 10%、5%、1% 的水平下显著，括号内为 t 检验值。

1. 第一阶段的实证结果分析

第一阶段（1999～2009年）劳动力流动对城市和农村贫困的影响，同样从对本地区的直接效应和邻接地区的间接效应两个视角进行分析。

首先，从对本地区的直接效应来看，在三种空间权重矩阵下，劳动力流动均可以显著减缓本地区城市和农村的贫困程度。具体而言，在地理距离空间权重矩阵下，城市贫困模型和农村贫困模型中劳动力流动（mig）直接效应的系数分别为 -0.1992 和 -0.0888；在经济距离空间权重矩阵下，城市贫困模型和农村贫困模型中劳动力流动（mig）直接效应的系数分别为 -0.2171 和 -0.1117；在地理与经济距离嵌套空间权重矩阵下，城市贫困模型和农村贫困模型中劳动力流动（mig）直接效应的系数分别为 -0.1893 和 -0.0807。这三组系数均为负数，且城市贫困模型中系数的绝对值约为农村贫困模型中的 2 倍。这折射出两个方面的信息：一是缓解作用占据了劳动力流动对城市和农村贫困影响的主要方面；二是与农村地区相比，劳动力流动的减贫效应在城市地区表现得更为突出。

其次，从对邻接地区的间接效应来看，在地理距离空间权重矩阵和经济距离空间权重矩阵下，劳动力流动减贫的空间外溢效应存在明显的差异性。具体来看，在地理与经济距离嵌套空间权重矩阵下，城市贫困模型中劳动力流动（mig）间接效应的系数为 -0.3387，农村贫困模型中劳动力流动（mig）间接效应的系数为 -0.2860，即劳动力流动可以显著减缓邻接地区城市和农村的贫困程度，且城市的减贫效果更好；在经济距离空间权重矩阵下，劳动力流动仅能减缓经济距离邻接地区的城市贫困程度；而在地理距离空间权重矩阵下，劳动力流动间接效应的系数均为正但不显著。这说明劳动力流动虽然不能减缓地理距离毗邻省份的贫困程度，但可以有效缓解地理与经济距离嵌套毗邻省份的贫困程度。这需要综合考虑地理与经济距离在劳动力做出流动决策时产生的协同影响，即这一阶段的劳动力流动主要是从本地区向周边经济发展水平较高的发达地区转移，进而有效带动了本地区的经济发展，并通过经济增长效应和收入效应缓解贫困。

2. 第二阶段的实证结果分析

第二阶段（2010～2019年）劳动力流动对城市和农村贫困的影响，

同样从对本地区的直接效应和邻接地区的间接效应两个方面进行分析，且通过比较发现，这一阶段劳动力流动可以有效缓解邻接地区的贫困，但加深了本地区的贫困程度。

首先，从对本地区的直接效应来看，在三种空间权重矩阵下，劳动力流动（mig）直接效应的系数均显著为正，表明一个地区的劳动力流动程度越高，该地区城市和农村的贫困程度越深。而且与城市相比，农村的贫困程度更高。这表明第二阶段劳动力流动对加剧贫困程度的作用占据了主要方面。从农村方面来说，本地区劳动力从农村向城市流动带来的人力资本流失和农业生产缺位导致农村地区经济发展受损；从城市方面来说，劳动力流入程度越高的地区，其经济发展水平往往也越高，进而扩大了城市内部的收入差距，一方面从收入角度导致城市贫困程度加深，另一方面通过身份分化与社会分层让中低收入的外来劳动力产生相对剥夺感。

其次，从对邻接地区的间接效应来看，对于劳动力流入程度越高的地区，与其经济发展水平较为接近的周边地区城市和农村的贫困程度越低。在地理与经济距离嵌套空间权重矩阵下，城市贫困模型和农村贫困模型中劳动力流动（mig）间接效应的系数分别为 -0.7967 和 -0.9878；在经济距离空间权重矩阵下，城市贫困模型和农村贫困模型中劳动力流动（mig）间接效应的系数分别为 -0.3419 和 -0.3516；在地理距离空间权重矩阵下，仅农村贫困模型中劳动力流动（mig）间接效应的系数显著为负，城市贫困模型中劳动力流动（mig）间接效应的系数为负但不显著。这说明第二阶段劳动力流动不能有效缓解地理上邻接地区的城市贫困问题，但可以有效缓解地理上邻接且经济发展水平相似地区的贫困问题。

3. 第一阶段与第二阶段的异同比较

通过对第一阶段（1999～2009 年）和第二阶段（2010～2019 年）的实证结果比较发现，这两个阶段劳动力流动均对城市和农村贫困产生了不同程度的影响，但在对贫困影响的方向和大小方面存在明显的异质性。

首先，从对贫困的影响方向来看，第一阶段劳动力流动可以有效减缓本地区城市和农村的贫困程度，但在第二阶段则导致本地区城市和农村的贫困程度加剧；两阶段下劳动力流动总体上均可以有效缓解周边地区城市和农村的贫困程度。这说明劳动力流动对贫困的影响呈现了时间差异性。从第二阶段基础设施水平（infras）直接效应的系数显著为正可知，一个地区的交通越发达、劳动力流动比例越高，该地区的贫困程度越深。这可能是因为第二阶段劳动力流动比例的明显提升对流入地和流出地产生了不同的影响。对于流入地，流入率越高的地区，由户籍壁垒、就业歧视、身份分化与社会分层造成的流入地居民的相对剥夺感越深；对于流出地，流出率越高的地区，由人力资本漏出和智力流失造成的流出地经济发展越萎靡。这进一步导致本地区城市内部收入差距不断拉大。与第一阶段相比，第二阶段劳动力流动比例越高的地区，贫困程度越深。

其次，从对贫困的影响大小来看，两阶段下劳动力流动对城乡贫困影响的差异并不一致。在第一阶段，与农村相比，劳动力流动对城市的减贫效应更好；在第二阶段，劳动力流动对城市和农村贫困的影响没有太大差异。这可能是因为相对于农村而言，在第一阶段地区经济增长给城市居民带来了更强的收入效应，而城市经济增长的涓流效应并未达到同步提升农村地区经济发展水平的预期效果。随着基础设施水平、教育财政支出水平、社会保障和就业财政支出水平的不断提高，要素配置不断优化，财富再分配不断均质化，农村与城市的经济联系不断加强，从而使得第二阶段劳动力流动对农村的影响与对城市的影响基本一致。

此外，其他因素也在这两个阶段对城市和农村贫困产生了异质性影响。其中，①地区经济发展水平对贫困产生了反方向的影响，第一阶段表现为加深贫困，而第二阶段则表现为缓解贫困。②在城镇化率方面，第一阶段城镇化率对贫困没有明显影响，而第二阶段城镇化率越高的地区贫困程度越低，但其邻接地区的贫困程度则越高。③在基础设施水平方面，第一阶段基础设施水平对本地区和邻接地区的贫困没有显著影响，而第二阶段基础设施水平越高的地区，贫困程度也越高。④在教育财政支出水平、社会保障和就业财政支出水平方面，一个地区的教育财政支出水平、社会保障和就业财政支出水平越高，总体上本地区和邻接地区的贫困程度越低，即收入的再分配过程可以有效缓解贫困问题，且社会保障和就业财政支出水平在第二阶段的减贫效应更为强烈。⑤就业率和人力资本水平的提高在第一阶段加深了贫困程度，而在第二阶段则缓解了贫困情况。

（三）空间分异的实证结果：横向比较

由于我国劳动力流动程度在区域和空间上呈现流动率较高的"菱形空间"集中分布特征，本章进一步对包含在"菱形空间"内的17个省份①进行实证检验，并与全国31个省份样本的计量结果进行横向比较，目的在于厘清劳动力流动空间集聚度较高地区的减贫效应与全国范围的差异性，表7-6即1999~2019年"菱形空间"的估计结果。与全国范围相比，"菱形空间"劳动力流动对相对贫困的影响同样从对本地区的直接效应和邻接地区的间接效应两个方面展开。

首先，从对本地区的直接效应来看，"菱形空间"和全国范围内劳动力流动对本地区城市贫困的影响均为缓解作用，即劳动力流动程度越高，该地区的贫困程度越低。具体地，全国范围城市贫困模型中劳动力流动（mig）直接效应系数的绝对值为0.0763~0.0904，而"菱形空间"城市贫困模型中劳动力流动（mig）直接效应系数的绝对值为0.0910~0.1092。对比发现，"菱形空间"的减贫效应明显大于全国范围，这可能是因为"菱形空间"内部的省份在地理距离和经济距离上的联系性和集聚性更强，即"菱形空间"内部城市的集聚效应和规模效应优于空间集聚度较低的省份，进而体现出该区域劳动力流动的减贫效应更强。

其次，从对邻接地区的间接效应来看，"菱形空间"与全国范围有着明显的区别。全国范围下劳动力流动加深了邻接地区城市和农村的贫困程度；而"菱形空间"下劳动力流动虽然同样会加深邻接地区农村的贫困程度，但可以有效缓解邻接地区城市的贫困程度。具体来看，在地理距离空间权重矩阵和经济距离空间权重矩阵下，"菱形空间"城市贫困模型中劳动力流动（mig）间接效应的系数分别为-0.1766和-0.1246；而在地理与经济距离嵌套空间权重矩阵下，农村贫困模型中劳动力流动（mig）间接效应的系数为0.2213。

---

① 根据前文对劳动力流动的空间分布分析，2019年"菱形空间"包含17个省份，具体如下：北京、上海、广东和四川为"菱形空间"的四个极点，河北、天津、山东、江苏、浙江、福建和山西为"菱形空间"的边线省份，河南、安徽、湖南、湖北、江西和重庆为"菱形空间"的内部省份，其中湖北为轴心省份。

表 7-6　1999~2019 年 "菱形空间" 劳动力流动对城乡贫困影响的直接效应和间接效应估计结果

空间权重矩阵	被解释变量	效应	mig	lny	urb	infras	eduexp	soc&emp	working	humcap
地理距离空间权重矩阵	城市贫困	直接效应	-0.0910*** (-4.031)	-0.1576** (-12.53)	0.0264 (1.303)	-0.03 (-0.042)	0.7812*** (7.683)	-0.2499** (-4.396)	0.2343*** (5.325)	-0.0345*** (-6.791)
		间接效应	-0.1766** (-2.213)	0.1038** (2.485)	-0.0254 (-0.433)	3.5278 (1.576)	0.0703 (0.216)	-0.1068 (-0.601)	-0.2584** (-2.131)	0.0197 (1.271)
	农村贫困	直接效应	0.0996*** (3.863)	-0.2983*** (-22.09)	0.0898*** (3.883)	0.8059 (1.019)	0.4141*** (3.853)	-0.1111* (-1.744)	0.2352*** (4.628)	-0.0396*** (-6.92)
		间接效应	0.0523*** (0.629)	0.0579 (1.262)	-0.0094 (-0.143)	3.428 (1.441)	0.3563** (1.064)	0.0001 (0.005)	-0.306 (-2.317)	0.0192 (1.115)
经济距离空间权重矩阵	城市贫困	直接效应	-0.1030*** (-4.102)	-0.1411*** (-11.66)	0.0221 (1.020)	0.5863 (0.799)	0.8278*** (8.379)	-0.3012*** (-5.369)	0.1457*** (3.232)	-0.0320*** (-6.72)
		间接效应	-0.1246** (-2.528)	-0.1129** (-6.267)	0.0107 (0.253)	0.9821 (1.025)	0.6878*** (4.150)	-0.3210*** (-3.047)	0.1147* (1.923)	-0.0274*** (-4.857)
	农村贫困	直接效应	0.1071*** (3.951)	-0.2874*** (-20.95)	0.1069*** (4.526)	1.6737** (2.221)	0.4795*** (4.425)	-0.1284** (-2.083)	0.1474*** (3.002)	-0.0340*** (-6.465)
		间接效应	-0.0207 (-0.410)	0.0269 (1.556)	0.0037 (0.099)	-0.4079 (-0.497)	-0.1592 (-1.04)	0.0351 (0.352)	-0.0921** (-1.882)	0.0046 (1.041)

续表

空间权重矩阵	被解释变量	效应	mig	lny	urb	infras	eduexp	soc&emp	working	humcap
地理与经济距离嵌套	城市贫困	直接效应	-0.1092*** (-4.468)	-0.1415*** (-11.64)	0.0341 (1.438)	0.5979 (0.855)	0.8218*** (8.020)	-0.2889** (-5.004)	0.1624*** (3.901)	-0.0295*** (-6.375)
		间接效应	-0.2533 (-2.294)	-0.0255 (-0.381)	-0.0996 (-0.983)	4.9612 (1.297)	0.7879 (1.390)	-0.4351 (-1.461)	-0.2719 (-1.101)	-0.0175 (-0.758)
空间权重矩阵	农村贫困	直接效应	0.1012*** (3.836)	-0.2878*** (-20.92)	0.0988*** (3.868)	1.7133** (2.189)	0.4468*** (3.852)	-0.1148* (-1.846)	0.1780*** (3.897)	-0.0335*** (-6.332)
		间接效应	0.2213* (1.883)	-0.2283*** (-3.310)	0.0475 (0.440)	1.094 (0.264)	0.8761 (1.454)	-0.4002 (-1.259)	-0.2805 (-1.079)	-0.0393 (-1.601)

注：结果由 MATLAB R2016a 计算所得；*、**、*** 分别表示在 10%、5%、1% 的水平下显著，括号内为 t 检验值。

四 本章简要小结

改革开放 40 多年来，劳动力持续在城乡间和地区间大规模流动，贫困人口规模和贫困发生率逐步降低，构成了我国经济社会发展过程中典型的特征化事实。本章通过研究我国 31 个省份 1999～2019 年劳动力流动对城市和农村贫困的影响，得出以下结论。①从整体来看，劳动力流动可以通过要素的集聚效应和收入效应显著减缓流入地的城市贫困程度；同时劳动力从农村向城市转移带来的数量和"智力"的双重漏出效应导致流出地农村的贫困程度加深。此外，劳动力流动的空间外溢效应还会加深周边地区城市和农村的贫困程度。②按时间划分阶段后，劳动力流动对城市和农村贫困的影响存在阶段性差异。第一阶段（1999～2009年），劳动力流动可以显著缓解城市和农村的贫困程度，且这种缓解作用具有空间外溢性；第二阶段（2010～2019 年），劳动力流动并不能缓解城市和农村的贫困程度，但劳动力流动的空间外溢效应仍可以显著减缓周边地区的贫困程度。从空间效应角度来说，随着我国近十年来人口持续集中和城镇化的不断推进，第二阶段减贫的空间外溢效应明显优于第一阶段。对城市和农村减贫的横向比较发现，第一阶段劳动力流动对城市的减贫效果更好，第二阶段城乡减贫没有明显差异。③通过对劳动力流动程度的空间集聚性进行分析发现，我国劳动力流动在地理上的分布呈现由"胡焕庸线"式"线分布"向"菱形空间"式"面分布"的结构性转变，基于该客观事实对"菱形空间"的减贫效应进行计量估计，与全国范围的横向比较发现，劳动力流动集聚性更高的"菱形空间"的减贫效应明显强于全国范围。④地区经济发展水平、教育财政支出水平、社会保障和就业财政支出水平的提高，通过收入效应的提升有效降低了该地区的贫困程度，这种减贫效应还对周边地区产生了正的空间外溢效应。

第八章 农村劳动力流动、务工收入 与家庭贫困

—— 基于东部沿海地区欠发达县域 878 户农户的实证研究

　　从研究的地域范围来看，已有研究主要偏向宏观范畴、以中西部地区为主的欠发达地区劳动力流动对贫困的影响，而鲜有聚焦东部沿海地区欠发达县域劳动力流动的减贫效应，且缺乏深入、系统的量化测算与实证研究。基于此，本章利用笔者 2016 年对江苏苏北地区贫困县域 878 户农户的微观调查数据，重点研究了东部沿海地区欠发达县域劳动力流动的减贫效应以及劳动力外出务工收入的影响因素，本章可能的边际贡献在于以下三个方面。

　　第一，将研究视角转向发达地区的欠发达县域，并侧重探讨劳动力流动的减贫效应与政策安排在空间上的差异性。本章选择东部沿海地区为研究对象的出发点在于以下几个方面。一是尽管改革开放以来东部沿海地区实现了快速增长，但区域内贫困人口的福利是否因此而得到改善有待进一步验证。二是国内外劳动力流动的规律表明，区域内部流动比例一般高于区域之间的流动比例，而且随着时间的推移，东部沿海地区内部以及中西部地区向东部地区的劳动力流动比例均在逐年提高（王德文、蔡昉，2006）。从劳动力外流省份的分布来看，迁移规模较大的省份主要集中在东部地区和中部地区，而非较贫困的西部地区（蔡昉、都阳，2002）。三是东部沿海地区的贫困问题具有一定的特殊性，在市场化程度和经济发展程度较高的背景下，现存贫困呈现一定的严重性、复杂性和脆弱性，边际扶贫成本较高，边际扶贫效应较弱。由此，在偏向农村贫困与欠发达地区的精准扶贫背景下，东部地区尤其是区域内劳动力流动的减贫效应如何？又呈现什么样的阶段性特征？其与中西部地区存在什么样的差异化特征？又可以为中西部地区劳动力流动决策、减贫效应与政策安排提供什么样的经验启示和决策参考？这一系列问题构成了本章的逻辑出发点和落脚点。

第二，尝试进行了多组比较研究。一是对有外出务工劳动力和无外出务工劳动力的家庭贫困进行比较，重点关注劳动力流动对贫困的作用。二是采用不同的贫困标准，不仅可以比较不同标准对农村家庭劳动力流动减贫效应测算的差异化影响，而且能够为劳动力流动的减贫效应提供尽可能的现实测算与考量。本章采用不同贫困标准，一方面，这是由东部沿海地区经济发达程度较高以及现行贫困标准可能过低所决定的；另一方面，贫困标准会影响贫困类型和结构（罗楚亮，2010）以及劳动力流动的减贫程度。三是将主观感觉的贫困划分为绝对贫困和相对贫困，分别考察劳动力流动对二者的差异化影响并进行比较。四是将贫困家庭和非贫困家庭主要劳动力特征进行比较，甄别不同家庭何种特征的劳动力外流的减贫效应更明显，为劳动力流动微观决策和扶贫政策提供科学依据与优化方向。

第三，本章主要的出发点是分析农村劳动力流动在缓解家庭贫困中的具体作用，而劳动力流动往往通过取得务工收入而缓解贫困，所以需要进一步考察农村家庭的哪些特征会影响务工收入。研究发现，贫困家庭由于受教育程度等因素的限制，务工收入低于非贫困家庭，因此发挥劳动力流动在缓解家庭贫困中的作用需要从这些因素着手。

一　数据来源与样本特征

（一）数据来源及说明

本章所使用的数据来自笔者所组织的调研团队对江苏苏北贫困县 S 县农村家庭的调查，调查时间为 2016 年 5～8 月。[①] 在问卷设计的基础上，实地对农户进行一对一的访谈，并记录每个家庭的调查数据。本次调查有效样本共涉及 39 个村 878 户家庭 5876 人，重点围绕家庭人口情况、家庭生活情况、家庭收入情况、劳动力外出情况以及具体的务工情

---

① 感谢参与此次调查的每一位成员以及调查地各级政府对本次调查的大力支持。需要说明的是，此次调查首先以村为单位进行随机抽样，在此基础上采用整群抽样的方式展开。在调查过程中，存在入户无人在家的情形，经过与镇相关部门、村主要负责人、被调查户等的深度访谈，发现入户无人的家庭即被遗漏的家庭与被调查家庭并无较大的系统性差异，因此对所研究的问题不会产生质的影响。

况等展开调查。选择 S 县的依据在于以下两个方面。一是 S 县当时为江苏省级贫困县，位于苏北地区，对东部沿海地区欠发达县域的研究具有较好的代表性。据统计，截至 2014 年底，该县登记贫困户为 4430 户 1.75 万人。二是该县劳动力外流比例较高。需要指出的是，本章如未特别说明，数据均来自此次微观调查。

（二）样本家庭贫困和劳动力流动的总体特征

1. 以收入衡量的贫困家庭与非贫困家庭比较

878 户样本家庭年人均纯收入的平均值为 10822.05 元。如果按照国家 2011 年确定的农村居民家庭年人均纯收入 2300 元的标准，在这些家庭中，有 41 户低于这一标准，占总户数的 4.7%。如果按照中央提出的到 2020 年贫困人口年人均纯收入 4000 元的标准，则有 86 户低于这一标准，占总户数的 9.8%。江苏在全国各省份中经济较发达，该省份"十三五"期间扶贫开发工作以年人均纯收入 6000 元为标准，有 194 户低于这一标准，占总户数的 22.1%。

本章分别以年人均纯收入 2300 元、4000 元和 6000 元作为贫困标准，比较年人均纯收入等于和低于贫困标准的家庭（即贫困家庭），以及年人均纯收入高于贫困标准的家庭（即非贫困家庭）的相关数据，具体见表 8-1。

表 8-1　非贫困家庭和贫困家庭总体情况比较

指标	贫困标准 = 6000 元		贫困标准 = 4000 元		贫困标准 = 2300 元	
	非贫困家庭	贫困家庭	非贫困家庭	贫困家庭	非贫困家庭	贫困家庭
样本比例	0.7790	0.2210	0.9021	0.0979	0.9533	0.0467
劳动力占家庭人口的比例	0.5329	0.4530	0.5216	0.4570	0.5173	0.4733
在读学生占家庭人口的比例	0.2173	0.2311	0.2205	0.2188	0.2202	0.2240
其他人口占家庭人口的比例	0.2498	0.3159	0.2579	0.3243	0.2625	0.3027
外出务工劳动力占家庭人口的比例	0.3433	0.3117	0.3374	0.3263	0.3352	0.3606
外出务工劳动力占家庭劳动力的比例	0.6785	0.7330	0.6820	0.7688	0.6857	0.7866

续表

指标	贫困标准 = 6000 元		贫困标准 = 4000 元		贫困标准 = 2300 元	
	非贫困家庭	贫困家庭	非贫困家庭	贫困家庭	非贫困家庭	贫困家庭
是否有留守老人（是 = 1，否 = 0）	0.8816	0.9358	0.8899	0.9268	0.8882	1.0000
是否有留守儿童（是 = 1，否 = 0）	0.6087	0.5882	0.6192	0.4634	0.6118	0.4500
食品支出占总支出的比例（%）	64.0231	64.9537	63.6911	69.1759	63.7043	74.9275
家庭年人均纯收入（元）	12829.0800	3745.7270	11743.4000	2337.1160	11283.1800	1408.3170
除幼儿和在读学生外的平均受教育年限（年）	7.1660	6.4223	7.0392	6.6555	7.0211	6.6043
主观感觉是否为绝对贫困（是 =1，否 =0）	0.1725	0.3918	0.2008	0.4070	0.2139	0.3659
主观感觉是否为相对贫困（是 =1，否 =0）	0.2515	0.4948	0.2816	0.5233	0.2939	0.5366

首先，从家庭成员构成看，贫困家庭中劳动力占家庭人口的比例比非贫困家庭低。以 6000 元的贫困标准为例，贫困家庭中劳动力占家庭人口的比例为 45.30%，而非贫困家庭为 53.29%；贫困家庭中在读学生占家庭人口的比例比非贫困家庭稍高，其中贫困家庭中在读学生占家庭人口的比例为 23.11%，而非贫困家庭为 21.73%；贫困家庭中其他人口（包括老人、学龄前儿童[1]和伤残人员）占家庭人口的比例比非贫困家庭高，其中贫困家庭中其他人口占家庭人口的比例为 31.59%，而非贫困家庭为 24.98%。其他贫困标准下的结果与上述结果基本一致。

其次，从家庭成员受教育程度看，贫困家庭的平均受教育程度比非贫困家庭低。以 6000 元的贫困标准为例，贫困家庭中除幼儿和在读学生外的平均受教育年限为 6.4 年，而非贫困家庭为 7.2 年。[2] 其他贫困标准

---

[1]　这里的学龄前儿童不一定是留守儿童，劳动力外出务工可能同时携带。相反，留守儿童也未必是学龄前儿童，留守儿童中也可能包括学龄儿童。

[2]　具体计算方法为：根据受教育程度，将文盲、小学、初中、高中、大专、本科和研究生的受教育年限分别计为 0 年、6 年、9 年、12 年、15 年、16 年和 19 年，对家庭中除幼儿和在读学生外各成员的受教育年限进行算术平均，进而统计得到家庭中除幼儿和在读学生外的平均受教育年限。

下的结果与该结果一致。

再次，从劳动力外出情况看，在 4000 元和 6000 元的贫困标准下，贫困家庭中外出务工劳动力占家庭人口的比例比非贫困家庭低。以 6000 元的贫困标准为例，贫困家庭中外出务工劳动力占家庭人口的比例为 31.17%，而非贫困家庭为 34.33%。但根据前文的统计，贫困家庭中劳动力占家庭人口的比例本来就比非贫困家庭低，所以本章进一步统计了外出务工劳动力占家庭劳动力的比例。在有劳动力外出务工的家庭中，贫困家庭的这一比例为 73.30%，而非贫困家庭为 67.85%，可以看出贫困家庭中外出务工劳动力占家庭劳动力的比例比非贫困家庭高。其他贫困标准下的结果与该结果一致。

最后，从家庭收入和生活水平看，在 6000 元的贫困标准下，非贫困家庭年人均纯收入是贫困家庭的 3.42 倍；在 4000 元的贫困标准下，非贫困家庭年人均纯收入是贫困家庭的 5.02 倍；在 2300 元的贫困标准下，非贫困家庭年人均纯收入是贫困家庭的 8.01 倍，贫困家庭年人均纯收入仅为 1408.32 元。食品支出占总支出的比例（即恩格尔系数）是衡量家庭生活水平的一个指标，贫困家庭的恩格尔系数比非贫困家庭高，以 2300 元的贫困标准为例，贫困家庭的恩格尔系数达到 74.93%。

2. 主观上的绝对贫困与相对贫困情况

贫困不仅是收入的低下，而且是一种主观感觉，二者密切相关。本次调查对各家庭询问了两个问题：一是"您觉得您家庭属于贫困家庭吗？"；二是"您觉得您家和村里其他家庭相比经济状况如何？"。第一个问题涉及主观感觉的绝对贫困，第二个问题涉及主观感觉的相对贫困。878 户家庭对这两个问题的回答情况见图 8-1 和图 8-2。

对于第一个问题，本章设定一个名为"主观感觉是否为绝对贫困"的变量，如果回答"是"，则把这个变量赋值为 1，代表主观感觉为绝对贫困；如果回答的是其他情况，则把这个变量赋值为 0。对于第二个问题，本章设定一个名为"主观感觉是否为相对贫困"的变量，如果回答"比他们稍差"或"离他们有一定差距"，则认为该家庭的回答为"是"，把这个变量赋值为 1，代表主观感觉为相对贫困；如果回答的是其他情况，则把这个变量赋值为 0。

主观感受的贫困与以年人均纯收入划分的贫困是相关的。在表 8-1

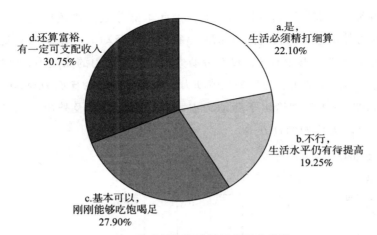

图 8 - 1　您觉得您家庭属于贫困家庭吗？

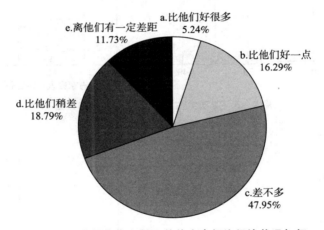

图 8 - 2　您觉得您家和村里其他家庭相比经济状况如何？

中，在 6000 元的贫困标准下，贫困家庭中有 39.18% 感觉绝对贫困，49.48% 感觉相对贫困；而非贫困家庭中只有 17.25% 感觉绝对贫困，25.15% 感觉相对贫困。在 4000 元的贫困标准下，贫困家庭中有 40.70% 感觉绝对贫困，52.33% 感觉相对贫困；而非贫困家庭中只有 20.08% 感觉绝对贫困，28.16% 感觉相对贫困。在 2300 元的贫困标准下，贫困家庭中有 36.59% 感觉绝对贫困，53.66% 感觉相对贫困；而非贫困家庭中只有 21.39% 感觉绝对贫困，29.39% 感觉相对贫困。

3. 样本家庭劳动力流动状况

本章主要考察农村劳动力流动与家庭贫困之间的内在关系，尤其是劳动力流动对农村家庭贫困的影响，因此本部分重点描述所调查的家庭中劳动力外出务工的情况。在 878 户家庭中，劳动力占家庭人口比例的均值为 51.6%，其中有 4 户没有劳动力。在有劳动力的家庭中，854 户家庭有劳动力外出务工，外出务工劳动力占家庭劳动力的比例为 69.0%。图 8 - 3 和图 8 - 4 分别给出了劳动力占家庭人口比例以及外出务工劳动力占家庭劳动力比例的直方图。

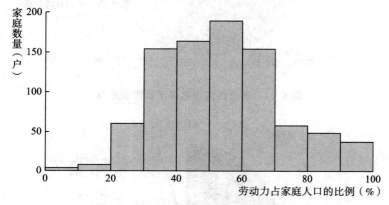

图 8 - 3　劳动力占家庭人口比例的直方图

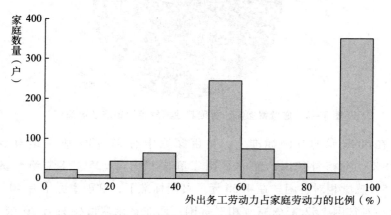

图 8 - 4　外出务工劳动力占家庭劳动力比例的直方图

从图 8 - 4 可以看出，353 户家庭的劳动力全部选择外出务工；243 户家庭有一半劳动力选择外出务工。从外出务工劳动力的结构来看，大部分为夫妻之间一个外出务工，一个留在家里；从受教育程度来看，外出务工劳动力的受教育程度大多是初中及以下，占 81.3%；从所从事行业来看，外出务工劳动力大多集中在建筑业和制造业，其中从事建筑业的比例为 35.5%，从事制造业的比例为 21.7%。图 8-5 和图 8-6 分别是外出务工劳动力的受教育程度分布与所从事行业分布情况。

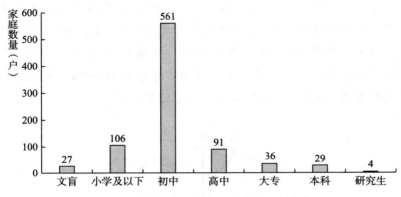

图 8-5　外出务工劳动力受教育程度分布

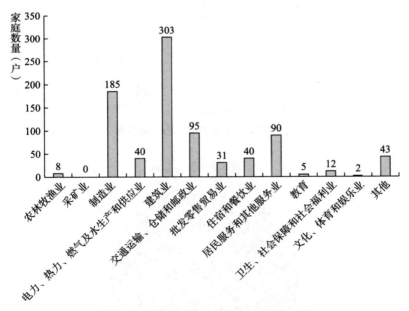

图 8-6　外出务工劳动力所从事行业分布

（三）样本家庭其他特征

1. 外出务工劳动力的特征

根据样本统计，该地区的外出务工劳动力和未外出务工劳动力在个体特征方面表现出明显的差异。

（1）性别和婚姻状况

从性别和婚姻状况看，外出务工劳动力以已婚男性为主。在外出务工劳动力中，男性占 94.76%，女性占 5.24%，外出务工劳动力中男性远远多于女性（见图 8 - 7）。外出务工劳动力中已婚者占 86.56%，而未婚和离异或丧偶分别占 9.91% 和 3.53%（见图 8 - 8）。未外出务工劳动力以已婚女性为主，占未外出务工劳动力总数的 42.48%，比外出务工劳动力中女性占比高 37.24 个百分点（见图 8 - 9）。

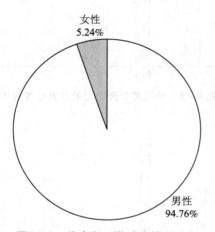

图 8 - 7　外出务工劳动力性别分布

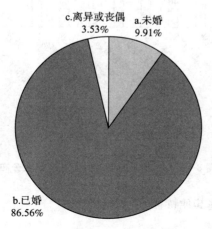

图 8 - 8　外出务工劳动力婚姻状况分布

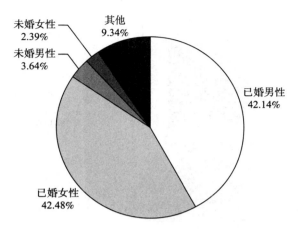

图 8 - 9　未外出务工劳动力性别及婚姻状况分布

（2）年龄

从年龄结构看，外出务工劳动力的年龄集中在 20～55 岁（见图 8 - 10）。其中，外出务工劳动力为 18～25 岁、26～35 岁、36～45 岁、46～59 岁、60 岁及以上的占比分别为 8.77%、33.71%、35.76%、20.73%、1.03%，其中 36～45 岁的外出务工劳动力占比最高（见图 8 - 11）。

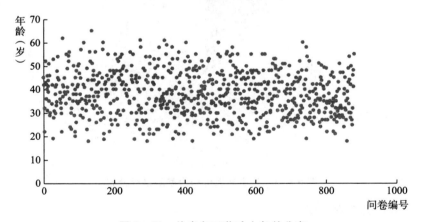

图 8 - 10　外出务工劳动力年龄分布

（3）家庭排行

从外出务工劳动力家庭排行角度看，在外出务工的劳动力中超过一半的人在家中排行老大，排行老二和老三的占比分别达到 23.08% 和 8.97%（见图 8 - 12）。或许是出于缓解家庭经济情况的考虑，一般农村

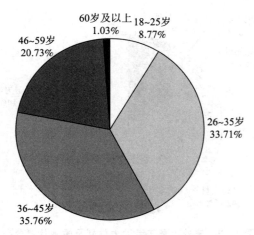

图 8 - 11　外出务工劳动力年龄分布

家庭是先成家、后务工。

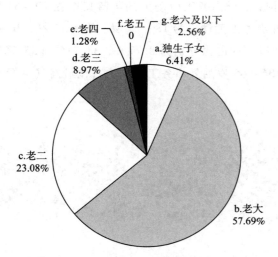

图 8 - 12　外出务工劳动力家庭排行分布

（4）受教育程度

从受教育程度看，在外出务工劳动力中，具有初中及以上文化程度的占 84.30%，小学和文盲所占比重为 15.71%（见图 8 - 13）。在未外出务工劳动力中，具有初中及以上文化程度的仅占 38.96%，比外出务工劳动力低 45.34 个百分点；小学文化程度所占比重为 26.54%，是外出务工劳动力的 2.14 倍；文盲所占比重达 34.51%，是外出务工劳动力的

10.46 倍（见图 8 – 14）。

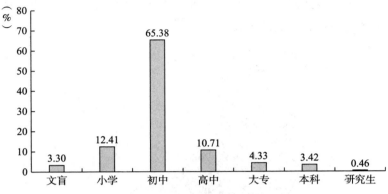

图 8 – 13　外出务工劳动力受教育程度分布

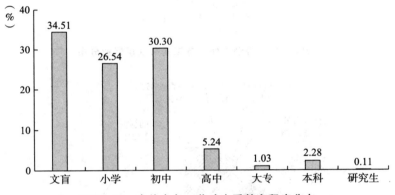

图 8 – 14　未外出务工劳动力受教育程度分布

上述分析表明，样本家庭外出务工的主力军是 26 ~ 59 岁、具有初中及以上文化程度的已婚男性，在家中排行主要为老大或老二，他们是农村劳动力的"精华"，未外出务工劳动力主要是文化程度较低的已婚女性，外出务工劳动力主要靠亲戚、老乡或朋友介绍获取工作，这表明地方政府在劳务输出方面缺乏组织和动员。

2. 外出务工状况

（1）外出务工前所从事行业

根据调查，农村大部分劳动力外出务工前在本县务农或是学生（见图 8 – 15）。从劳动力外出务工原因来看，认为"干农活辛苦，收入低，外地收入高"的占比最高，其次是"在家乡找好一点的工作太难"（见

图 8 - 16）。因此，在农村精准扶贫的政策下，应当对土地耕种实施规模化生产改革。与此同时，针对家乡难找工作的状况，政府应当实施乡镇中小型企业引进和升级的政策。

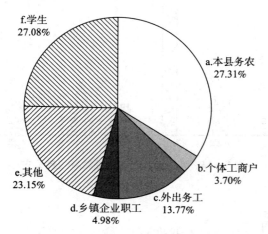

图 8 - 15　劳动力外出务工前所从事行业分布

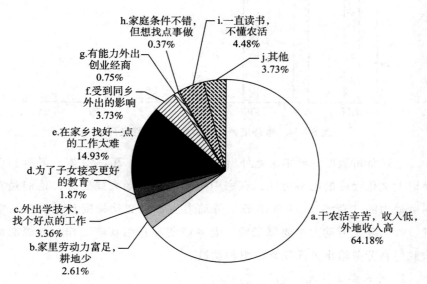

图 8 - 16　劳动力外出务工原因分布

（2）外出务工所从事行业

从图 8 - 17 可以看出，农村劳动力外出务工大多在建筑业、制造业等行业工作，占比分别为 35.88% 和 21.30%。这些行业尽管对劳动力的受教育程度要求相对较低，但是非常耗体力。因此，可以发现农村向城市输送的劳动力多为底层劳动力，农村劳动力的总体素质不是很高，所从事的行业类型相对较少。为了改变这种现状，对农村的教育政策覆盖势在必行，应全面提高农村居民的平均文化水平，以提升就业的广度和层次。

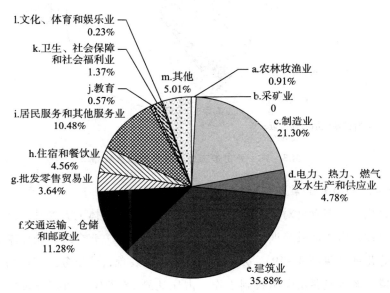

图 8 - 17　外出务工劳动力所从事行业分布

（3）外出务工地选择影响因素

从图 8 - 18 可以看出，影响外出务工地选择的最重要因素是收入，其次是考虑是否有熟人便利和务工地离家远近等其他因素。所以，很多外出务工劳动力选择虽然辛苦但是收入高的建筑业和制造业作为所从事行业。而所在地生活习惯接近、风险小、工作稳定、能发挥特长、有活可以做等因素的占比很小，合计只占 10.96%。因此，可以发现江苏 S 县劳动力对外出务工地选择要考虑的因素过于单一，对一些影响外出务工劳动力长期发展的因素缺乏考虑，这很可能造成外出务工劳动力在长期受到工作特征与自身能力特长不适配，对所在城市、所在行业不适应，以及工作或收入因经济形势、市场形势、行业所处生产周期等因素频繁变化所带来的一系列困扰，最终影响其务工计划和整个家庭的经济收入。

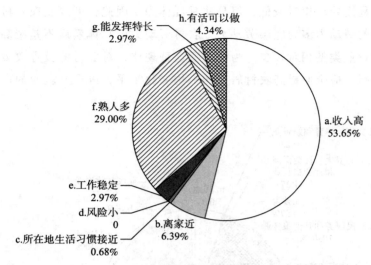

图 8-18　外出务工地选择影响因素分布

（4）外出务工渠道

外出务工劳动力对务工渠道的选择各不相同，大体上有亲戚、老乡或朋友介绍，由当地或培训学校有组织地输出，劳务中介介绍，企业来农村招工等几种（见图 8-19）。从获得的数据可以发现，外出务工劳动力大多由亲戚、老乡或朋友介绍找到工作，占比达到 88.73%，而在城市中较为普及的劳务中介介绍以及由当地或培训学校有组织地输出则在农村非常少见。这一情况与农村居民受教育程度较低以及当地就业服务缺失有关。

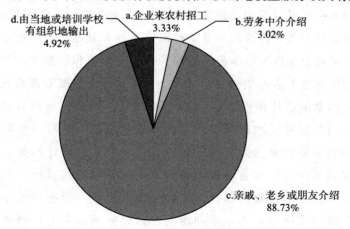

图 8-19　外出务工渠道分布

（5）外出务工时长与回家情况

在外出务工劳动力外出务工时长方面，外出务工时长为 1~2 年的占 65.26%，超八成的外出务工劳动力外出务工时长在 6 个月及以上（见图 8-20）。在外出务工劳动力回家频度方面，3 个月以下回家一次的外出务工劳动力占比仅为 21.49%，另有 33.10% 的外出务工劳动力 3~6 个月回家一次（见图 8-21）。在外出务工劳动力回家原因方面，大多集中在"过春节"和"看望家人"，占比分别为 74.12% 和 22.94%（见图 8-22）。这里存在两个问题，一方面，有 15.49% 的外出务工劳动力外出务工时长不到 6 个月，工作极不稳定；另一方面，大部分外出务工劳动力每年与亲人团聚的机会非常少，除了一年一度的春节外几乎抽不出

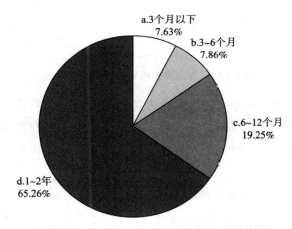

图 8-20 外出务工劳动力外出务工时长分布

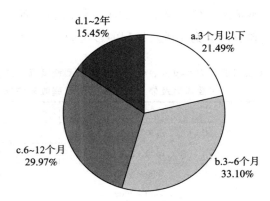

图 8-21 外出务工劳动力回家频度分布

时间回家探望亲人，这主要是因为外出务工劳动力没有较好的假期福利，同时也与务工地距离和收入情况有关。不少受访者反映仅来回一次的路费加上其他必要支出就需要好几百元，如果不是收入的限制，人人都希望能够经常与家人团聚。

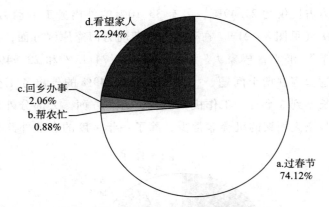

d.看望家人
22.94%

c.回乡办事
2.06%

b.帮农忙
0.88%

a.过春节
74.12%

图 8 - 22　外出务工劳动力回家原因分布

另外，从前文对外出务工劳动力特征的分析可以看出，外出务工劳动力多为已婚男性，家中留守人员主要是老人、妇女和儿童，在这样的情况下，留守儿童、空巢老人等农村现实问题也随之产生，亟待社会各界予以关注。

3. 外出务工收入及其用途

在表 8 - 2 中，将家庭福利细化为 4 个二级指标，分别为外出务工劳动力月收入、外出务工收入回流情况、外出务工收入主要用途、外出务工收入对家庭改善情况，便于从农民的客观情况和主观感受两个方面考察外出务工对改善农民家庭生活及福利的影响。

表 8 - 2　外出务工劳动力月收入、外出务工收入回流情况、外出务工收入
主要用途及外出务工收入对家庭改善情况

指标	分项	占比（%）
	1500 元以下	1.37
	1500 ~ 3000 元	15.49
外出务工劳动力月收入	3000 ~ 4500 元	41.23
	4500 ~ 7000 元	31.32
	7000 元及以上	10.59

指标	分项	占比（%）
外出务工收入回流情况	0	42.50
	0～10000 元	36.00
	10000 元以上	21.53
外出务工收入主要用途	日常开支	52.76
	储蓄	15.85
	盖房	14.23
	结婚生子	8.14
	孩子教育	2.80
	看病	1.56
	买农药和化肥	1.31
	其他	3.36
外出务工收入对家庭改善情况	很大	57.18
	一般	31.32
	无影响	10.49
	负效应	1.03

（1）外出务工劳动力月收入

外出务工劳动力月收入总体呈倒 U 形分布，月收入为 3000～7000 元的外出务工劳动力所占比重达 72.55%。其中，月收入为 3000～4500 元的中等收入水平的外出务工劳动力所占比重达 41.23%，月收入为 4500～7000 元的较高收入水平的外出务工劳动力所占比重为 31.32%。随着外出务工劳动力月收入水平的递减和递增，其分布比重随之递减，其中 1500 元以下的低收入分布比重不足 2%，7000 元及以上的高收入分布比重为 10.59%。将各收入段的中间值（1500 元以下以 750 元为中间值，7000 元及以上以 7750 元为中间值）加权平均后，可计算出外出务工劳动力月收入的加权平均数为 4369.95 元，将其乘以 12 可得年收入的加权平均数为 52439.4 元。这说明，样本家庭中外出务工劳动力所从事的大多是较高收入的工作，家庭温饱问题基本能够得到解决。

（2）外出务工收入回流情况

表 8－2 显示，有 57.53% 的外出务工劳动力每年都会给家里寄钱，其中 21.53% 的外出务工劳动力每年寄回家的钱超过 10000 元，而尚有

42.50%的外出务工劳动力不给家里寄钱。

（3）外出务工收入主要用途

从外出务工收入用途看，主要集中在日常开支、储蓄和盖房三个方面，其比重分别为52.76%、15.85%和14.23%，三项合计达82.84%；仅有8.14%的外出务工劳动力选择结婚生子；用于孩子教育、看病、买农药和化肥、其他等所占的比重较低，合计仅为9.03%。这表明，江苏S县农民外出务工的主要目的是改善家庭生活、缓解家庭贫困，用于孩子教育和农业投入的比重很小。

（4）外出务工收入对家庭改善情况

从外出务工收入对家庭改善角度看，有57.18%的农户认为劳动力流动对家庭经济帮助很大，有31.32%的农户认为影响一般，仅有1.03%的农户认为劳动力流动会给家庭带来负效应。

二　劳动力流动对农村家庭贫困影响的 Logit 模型分析

（一）模型建构与描述性统计

为进一步探讨东部沿海地区欠发达县域农村家庭贫困的诱因尤其是劳动力流动对家庭贫困的内在影响，本部分建立 Logit 模型对其进行回归分析。

本章将贫困用二项变量 $poverty$ 表示，如果样本家庭为贫困家庭，则 $poverty = 1$；如果样本家庭为非贫困家庭，则 $poverty = 0$。Logit 模型假设一个家庭为贫困家庭的概率符合逻辑斯谛分布，即：

$$\text{prob}(poverty = 1 \mid x) = \frac{e^{x'\beta}}{1 + e^{x'\beta}} = \Lambda(x'\beta) \qquad (8 - 1)$$

其中，x 为条件向量，参数集 β 反映了 x 的变化对概率的影响，$\Lambda(\cdot)$ 为逻辑斯谛累积分布函数。

这里考虑了三种划分家庭贫困的标准：第一种，以 2300 元贫困标准划分得到的贫困变量记为 $poverty1$；第二种，以 4000 元贫困标准划分得到的贫困变量记为 $poverty2$；第三种，以 6000 元贫困标准划分得到的贫困变量记为 $poverty3$。另外，以访谈时各家庭主观感觉的贫困作为贫困变量。将"主观感觉是否为绝对贫困"变量记为 $poverty\_sa$，表示各家庭主观感觉的绝对贫困；将"主观感觉是否为相对贫困"变量记为 $poverty\_sr$，表示各家庭主观感觉的相对贫困。各变量的描述性统计见表 8 – 3。

表 8 – 3　Logit 模型中各变量的描述性统计

变量	观测值	均值	标准差	最小值	最大值
以 2300 元贫困标准划分是否贫困（$poverty1$） 是，$poverty1 = 1$；否，$poverty1 = 0$	878	0.0467	0.2111	0	1
以 4000 元贫困标准划分是否贫困（$poverty2$） 是，$poverty2 = 1$；否，$poverty2 = 0$	878	0.0979	0.2974	0	1
以 6000 元贫困标准划分是否贫困（$poverty3$） 是，$poverty3 = 1$；否，$poverty3 = 0$	878	0.2210	0.4151	0	1
主观感觉是否为绝对贫困（$poverty\_sa$） 是，$poverty\_sa = 1$；否，$poverty\_sa = 0$	878	0.2210	0.4151	0	1
主观感觉是否为相对贫困（$poverty\_sr$） 是，$poverty\_sr = 1$；否，$poverty\_sr = 0$	878	0.3052	0.4608	0	1
外出务工劳动力占家庭人口的比例（$ratio\_lbm$）	878	0.3363	0.1631	0	1
家庭年人均纯收入（$revenue\_pc$）（元）	878	10822	6996	233	82500
在读学生占家庭人口的比例（$ratio\_st$）	878	0.2203	0.1580	0	0.6667
除劳动力和在读学生外的人口占家庭人口的比例（$ratio\_o$）	878	0.2644	0.1894	0	1
除幼儿和在读学生外的平均受教育年限（edu_fm）（年）	878	7.0017	2.4799	0	15.3333
是否有留守老人（$edler$） 是，$edler = 1$；否，$edler = 0$	854	0.8934	0.3087	0	1
是否有留守儿童（$child$） 是，$child = 1$；否，$child = 0$	854	0.6042	0.4893	0	1

首先，考察农村劳动力流动的减贫效应，将劳动力流动作为影响因子，采用外出务工劳动力占家庭人口的比例（$ratio\_lbm$）来衡量。其次，考虑教育因素在缓解贫困中的作用，将受教育程度作为贫困影响因子，采用除幼儿和在读学生外的平均受教育年限（edu_fm）来衡量。再次，由于本章研究的是家庭贫困，因此将家庭负担作为影响因子，采用在读学生占家庭人口的比例（$ratio\_st$）、除劳动力和在读学生外的人口占家庭人口的比例（$ratio\_o$）两个变量来衡量。最后，劳动力在外务工的过

程中，留守老人和留守儿童可能影响外出务工收入进而影响家庭贫困，所以将是否有留守老人（edler）、是否有留守儿童（child）作为影响因子。而 elder、child 与 ratio_st、ratio_o 之间具有强相关性，且前者只针对有劳动力外出务工的样本，所以需建立两个方程进行回归分析。

从表 8 - 3 中的描述性统计可以看出，poverty1 的均值为 0.0467，意味着样本家庭中有 4.67% 的家庭处于 2300 元的贫困标准之下；poverty2 的均值为 0.0979，表明样本家庭中有 9.79% 的家庭处于 4000 元的贫困标准之下；poverty3 的均值为 0.2210，表明样本家庭中有 22.10% 的家庭处于 6000 元的贫困标准之下。poverty_sa 的均值为 0.2210，表明样本家庭中有 22.10% 的家庭主观感觉绝对贫困[①]；poverty_sr 的均值为 0.3052，表明样本家庭中有 30.52% 的家庭主观感觉相对贫困。

表 8 - 3 的描述性统计还显示，样本家庭年人均纯收入 revenue_pc 的均值为 10822 元，最高达 82500 元，最低只有 233 元；样本家庭外出务工劳动力占家庭人口比例的均值为 33.63%；除幼儿和在读学生外的平均受教育年限为 7.00 年，受教育年限最短的家庭为 0 年，最长的家庭为 15.33 年；样本家庭在读学生占家庭人口比例的均值为 22.03%，除劳动力和在读学生外的人口占家庭人口比例的均值为 26.44%。在有外出务工劳动力的 854 户家庭中，有留守老人的家庭占比为 89.34%，有留守儿童的家庭占比为 60.42%。

（二）模型回归结果与分析

表 8 - 4 是对以家庭年人均纯收入划分的贫困进行 Logit 回归的结果，其中模型（1）、模型（3）和模型（5）以 878 户家庭为样本，包括有外出务工劳动力的家庭和无外出务工劳动力的家庭；模型（2）、模型（4）和模型（6）以有外出务工劳动力的 854 户家庭为样本。因为模型（1）、模型（3）和模型（5）的样本中包括无外出务工劳动力的家庭，而无外出务工劳动力的家庭不存在留守老人和留守儿童的情形，所以在这些模型中不包括 elder 和 child 变量。这里把 elder 和 child 作为条件变量放在模

---

① 虽然 poverty_sa 的均值和标准差与 poverty3 的均值和标准差相等，但同一观测值下的 poverty_sa 与 poverty3 的值并不完全一样。

表 8-4 对以家庭年人均纯收入划分的贫困进行 Logit 回归的结果

变量	(1) poverty3	(2) poverty3	(3) poverty2	(4) poverty2	(5) poverty1	(6) poverty1
外出务工劳动力占家庭人口的比例 (ratio_lbm)	-0.0513 (-0.0826)	-1.1432* (-1.8561)	0.6335 (0.7373)	-0.5591 (-0.6842)	2.2720* (1.9326)	0.9471 (0.8533)
除幼儿和在读学生外的平均受教育年限 (edu_fm)	-0.0845** (-2.3577)	-0.1170*** (-3.2744)	-0.0285 (-0.5868)	-0.0800 (-1.6323)	-0.0600 (-0.8707)	-0.0912 (-1.3323)
在读学生占家庭人口的比例 (ratio_st)	1.7564** (2.5730)		1.4359 (1.4882)		1.9793 (1.4427)	
除劳动力和在读学生外的人口占家庭人口的比例 (ratio_o)	2.3155*** (4.1299)		2.3987*** (3.0445)		2.1507* (1.8622)	
是否有留守老人 (edler)		0.5811* (1.7830)		0.4546 (1.0231)		
是否有留守儿童 (child)		-0.2932 (-1.6402)		-0.7619*** (-3.1032)		-0.7007** (-2.0401)
常数项	-1.7212*** (-3.4719)	-0.4440 (-0.9542)	-3.2504*** (-4.5422)	-1.5013** (-2.3722)	-4.4497*** (-4.2826)	-2.2345*** (-3.5080)
N	878	854	878	854	878	763
极大似然比	35.25	22.36	12.17	12.65	6.57	7.04

注：括号内是相应系数的 t 统计量，*、**、*** 分别表示在 10%、5%、1% 的水平下显著。

型（2）、模型（4）和模型（6）中，但因它们与 ratio_st 和 ratio_o 的相关性，故在模型（2）、模型（4）和模型（6）中不包括 ratio_st 和 ratio_o 变量。

从表 8-4 的回归结果来看，外出务工劳动力占家庭人口的比例 ratio_lbm 在不同模型中的系数不同。如果以 6000 元作为贫困标准，ratio_lbm 的系数为负，且在模型（2）中表现显著，说明外出务工劳动力占家庭人口比例较高的家庭，贫困概率较低；而如果以 2300 元作为贫困标准，则 ratio_lbm 的系数为正，且在模型（5）中表现显著，说明外出务工劳动力占家庭人口比例较高的家庭，贫困概率较高。

综合来看，外出务工劳动力占家庭人口的比例与贫困之间的关系是非线性的。当家庭处于极度贫困时（年人均纯收入低于 2300 元），对劳动力流动的推力更强，即贫困逼迫劳动力外出务工挣钱以改善生活状况，家庭的主要劳动力都外出务工，因此在这些家庭中外出务工劳动力占家庭人口的比例较高，在模型中就表现为外出务工劳动力占家庭人口比例较高的家庭，贫困概率较高。这里的回归系数更多反映的是贫困对劳动力流动的影响。随着贫困标准的提高，陷入贫困的家庭更多，家庭年人均纯收入相对提高，此时劳动力外流意愿相比极度贫困时有所降低，贫困家庭与非贫困家庭的外流意愿逐步接近，进而导致贫困对劳动力外流的影响减弱，回归系数更多的是反映劳动力流动对贫困的影响。因此，如果以 6000 元作为贫困标准来度量贫困，这时贫困家庭中包含了极度贫困家庭和相对贫困家庭，与极度贫困对应的外出务工劳动力占家庭人口的比例较高在模型中的作用被稀释，因为外出务工能提高收入水平，所以在模型中表现为外出务工劳动力占家庭人口比例较高的家庭，贫困概率较低。总体来说，贫困与劳动力流动之间的关系为：贫困促使农村家庭劳动力外出务工，外出务工获得收入，改善了家庭生活状况，缓解了贫困。

进一步以 6000 元为贫困标准划分的 poverty3 为例，从模型（1）中可看出，edu_fm 的系数显著为负，即除幼儿和在读学生外的平均受教育年限越短的家庭，贫困概率越高，说明家庭成员的受教育程度构成了贫困的重要诱因之一。从模型（1）中还可以看出，ratio_st 和 ratio_o 的系数均显著为正，表明在读学生占家庭人口比例越高的家庭以及除劳动和在读学生外的人口占家庭人口比例越高的家庭，贫困概率越高，因为这些人口对家庭不贡献或贡献较少的收入，构成了家庭中的纯消费者和负担。因此，负担越重的家庭，贫困概率越高。

从模型（3）和模型（5）中可以看出，对于以 4000 元为贫困标准划分的 poverty2 和以 2300 元为贫困标准划分的 poverty1，edu_fm、ratio_st 和 ratio_o 的回归系数与模型（1）呈现基本相同的特征，但显著性稍弱，而 ratio_o 的显著性依然较强，这说明老人、学龄前儿童以及其他无劳动能力的人员在家庭中的比例确实对贫困有着较大的影响。

模型（2）、模型（4）和模型（6）是针对有外出务工劳动力的家庭来分析的。在这些模型中，edu_fm 的系数依然为负，且在模型（2）中表现非常显著，家庭成员的受教育程度是影响贫困的一个原因。另外，elder 的系数[①]为正，且在模型（2）中表现显著，说明有留守老人的家庭，贫困概率相对更高。而 child 的系数为负，且在模型（4）和模型（6）中表现显著，即有留守儿童的家庭贫困概率低一些，可能的原因在于，尽管孩子本身构成家庭负担，但是相比夫妻外出务工将其带到流入地自己照顾，将孩子放在流出地由留守老人照顾，能够提高家庭收入水平，进而缓解贫困。

表 8-5 是对主观感觉贫困的 Logit 回归以及对家庭年人均纯收入的 OLS 回归结果。poverty_sa 为主观感觉的绝对贫困，poverty_sr 为主观感觉的相对贫困，lnrevenue_pc 为家庭年人均纯收入的对数。与表 8-4 一样，模型（7）、模型（9）和模型（11）以 878 户家庭为样本，包括有外出务工劳动力的家庭和无外出务工劳动力的家庭；模型（8）、模型（10）和模型（12）以有外出务工劳动力的 854 户家庭为样本。

在模型（7）至模型（10）中，外出务工劳动力占家庭人口的比例 ratio_lbm 的回归系数均为负，即外出务工劳动力占家庭人口比例高的家庭，主观感觉贫困的概率低一些，这说明劳动力流动对家庭贫困具有缓解作用。ratio_lbm 对主观感觉的相对贫困影响更显著一些，这与前文的分析一致。一方面，绝对贫困促使更多的劳动力选择外出务工，这对绝对贫

---

① 如果以 2300 元的贫困标准划分贫困家庭，则所有的贫困家庭都有留守老人，所以模型（6）中的 elder 变量不能回归出系数。

表 8 - 5　对主观觉贫困的 Logit 回归以及对家庭年人均收入的 OLS 回归结果

变量	(7) poverty_sa	(8) poverty_sa	(9) poverty_sr	(10) poverty_sr	(11) lnrevenue_pc	(12) lnrevenue_pc
外出务工劳动力占家庭人口的比例 (ratio_lbm)	-0.0194 (-0.0323)	-0.8823 (-1.4561)	-1.3710** (-2.5156)	-1.7487*** (-3.1049)	0.0258 (0.1628)	0.4514*** (2.8130)
除幼儿和在读学生外的平均受教育年限 (edu_fm)	-0.1151*** (-3.2171)	-0.1319*** (-3.6742)	-0.1501*** (-4.5642)	-0.1455*** (-4.4325)	0.0207** (2.1436)	0.0316*** (3.2509)
在读学生占家庭人口的比例 (ratio_st)	0.6784 (1.0314)		-0.1777 (-0.3062)		-0.6357*** (-3.6051)	
除劳动力和在读学生外的人口占家庭人口的比例 (ratio_o)	1.4052*** (2.6267)		0.4520 (0.9618)		-0.7649*** (-5.2963)	
是否有留守老人 (elder)		0.6071* (1.8591)		0.0042 (0.0164)		-0.2356*** (-3.0805)
是否有留守儿童 (child)		-0.4739*** (-2.6613)		-0.2209 (-1.3542)		0.0964* (1.9139)
常数项	-1.0162** (-2.1501)	-0.3439 (-0.7405)	0.5620 (1.3523)	0.8808** (2.1860)	9.2739*** (72.9982)	8.8585*** (72.2793)
N	878	854	878	854	878	854
极大似然比	25.06	26.66	41.10	36.35	12.46 (F)	8.85 (F)

注：括号内是相应系数的 t 统计量，*、**、***、**** 分别表示在10%、5%、1%的水平下显著。其中，模型（11）和模型（12）最后一行的数值为 OLS 回归的 F 值。

困家庭的 *ratio_lbm* 更高；另一方面，劳动力外流获取务工收入，改善了家庭的贫困状况，这时 *ratio_lbm* 越高对贫困的缓解作用越大。因此，这两个正负相反方向的关系，使得外出务工劳动力占家庭人口的比例对 *poverty_sa* 的影响并不显著。

此外，在模型（7）至模型（10）中，*edu_fm* 的系数都显著为负，即除幼儿和在读学生外的平均受教育年限越短的家庭，无论是主观感觉的绝对贫困还是主观感觉的相对贫困，其概率都越低，这说明家庭成员的受教育程度降低了贫困发生的概率。*ratio_o* 和 *elder* 的系数为正，且对主观感觉的绝对贫困 *poverty_sa* 影响显著，即老人、学龄前儿童和其他无劳动能力的人员作为家庭负担，其比例越高，主观感觉贫困的概率越高，这说明家庭负担人员对贫困的影响。*ratio_st* 对主观感觉的绝对贫困和相对贫困影响均不显著，且对主观感觉的绝对贫困影响为正，对主观感觉的相对贫困影响为负，这说明在读学生作为家庭的希望，形成正向预期，并不会因其比例较高而感到贫困。*child* 对主观感觉的绝对贫困和相对贫困的影响系数均为负，且对主观感觉的绝对贫困影响显著，说明对于有留守儿童的家庭而言，主观感觉贫困的概率低一些。这些结果与模型（1）至模型（6）的结果基本一致。

模型（11）和模型（12）是对家庭年人均纯收入进行 OLS 回归的结果，可以看出，除幼儿和在读学生外的平均受教育年限 *edu_fm* 对家庭年人均纯收入的影响显著为正，*ratio_st*、*ratio_o* 和 *elder* 等涉及家庭负担人员的变量对家庭年人均纯收入的影响显著为负，*child* 对家庭年人均纯收入的影响显著为正，说明把小孩放在家里由留守老人照顾，父母亲在外专心务工，更能提高家庭收入水平。而在模型（12）中，*ratio_lbm* 对家庭年人均纯收入具有显著的正向影响，说明农村劳动力流动在增加家庭收入中具有一定的作用。这些结果与对贫困变量进行 Logit 分析的结果一致。

以上计量分析的结果显示，贫困促使农村家庭劳动力外流，外出务工获得收入，提高了家庭收入，改善了家庭生活状况，缓解了贫困。受教育程度是影响贫困的一个重要原因，除在读学生外，受教育程度低的家庭，贫困概率要高一些。老人、学龄前儿童和其他无劳动能力的人员作为家庭负担也是影响贫困的重要原因，这些人员比例较高的家庭，贫困的发生概率也较高。一方面，在读学生作为家庭负担人员，影响了家庭年人均纯收入；另一方面，在读学生作为家庭的希望，样本家庭主观上并不会因为在读学生比例高而感到贫困。对于上述结论，本章采用不同的模型，选择不同的变量，使用不同范围的样本，得到的结果基本一致，因而本章的实证研究是稳健的。

三　进一步讨论：外出务工收入的计量分析与贫困家庭的劳动力特征

从前文的分析中可以发现农村劳动力流动在缓解贫困与增加家庭收入中的作用。而对于不同的劳动力来说，外出务工所获取的收入并不一样，因此对贫困缓解的程度也不尽相同。本部分进一步分析"何种特征的劳动力外出务工获得的收入较高"，以及"何种特征的劳动力外出务工获得的收入较低"，并围绕这些特征对贫困家庭和非贫困家庭中的劳动力进行比较，从而甄别出劳动力流动缓解贫困的具体制约因素。

（一）劳动力外出务工收入影响因素的实证研究

1. 变量选择与模型设定

这里将劳动力外出务工月收入的对数 lnincome 作为被解释变量，将外出务工劳动力的性别 gender、年龄 age、年龄的平方 age2（用以考察收入和年龄之间的非线性关系）、外出务工年限 exp、受教育程度 edu（初中、高中、大专、本科及以上学历，缺省的学历为小学及以下）、外出务工所从事行业 indus（制造业，电力、热力、燃气及水生产和供应业，建筑业，交通运输、仓储和邮政业，批发零售贸易业，住宿和餐饮业，居民服务和其他服务业，缺省的行业为其他行业）作为解释变量。基于上述变量选择与设置建构以下计量回归模型：

$$lnincome = \beta_0 + \beta_1 gender + \beta_2 age + \beta_3 age2 + \beta_4 exp + \beta_5 edu + \beta_6 indus + \varepsilon \quad (8-2)$$

其中，β_0、β_1、β_2、β_3、β_4、β_5、β_6 为相应的回归系数，ε 为随机扰动项。

2. 变量描述性统计

表 8-6 为根据问卷调查与研究目的所选取的影响劳动力外出务工收

入的各变量的含义与描述性统计。

表 8 − 6　劳动力外出务工收入计量分析模型中各变量的描述性统计

变量	观测值	均值	标准差	最小值	最大值
外出务工月收入（元）	854	4590	2863	1000	33000
外出务工月收入的对数	854	8.3066	0.4757	6.9078	10.4043
性别（男 =1，女 =0）	854	0.9473	0.2236	0	1
年龄（岁）	854	37.9579	9.2132	18	65
年龄的平方	854	1525.5810	719.9885	324	4225
外出务工年限（年）	854	13.9860	8.7406	0	45
初中学历（是 =1，否 =0）	854	0.6569	0.4750	0	1
高中学历（是 =1，否 =0）	854	0.1066	0.3087	0	1
大专学历（是 =1，否 =0）	854	0.0422	0.2011	0	1
本科及以上学历（是 =1，否 =0）	854	0.0386	0.1929	0	1
制造业（是 =1，否 =0）	854	0.2166	0.4122	0	1
电力、热力、燃气及水生产和供应业（是 =1，否 =0）	854	0.0468	0.2114	0	1
建筑业（是 =1，否 =0）	854	0.3548	0.4787	0	1
交通运输、仓储和邮政业（是 =1，否 =0）	854	0.1112	0.3146	0	1
批发零售贸易业（是 =1，否 =0）	854	0.0363	0.1871	0	1
住宿和餐饮业（是 =1，否 =0）	854	0.0468	0.2114	0	1
居民服务和其他服务业（是 =1，否 =0）	854	0.1054	0.3072	0	1

　　有外出务工劳动力的 854 户家庭都提供了一位主要外出务工劳动力的数据。从表 8 − 6 的描述性统计中可以看到，这 854 户家庭中劳动力外出务工月收入的均值为 4590 元。外出务工劳动力中 94.73% 是男性，平均年龄为 37.96 岁，平均外出务工年限达 13.99 年。从外出务工劳动力的受教育程度来看，初中学历占 65.69%，高中学历占 10.66%，大专学历占 4.22%，本科及以上学历占 3.86%，还有 15.57% 为小学及以下学历。从所从事行业来看，35.48% 为建筑业，21.66% 为制造业，11.12% 为交通运输、仓储和邮政业，10.54% 为居民服务和其他服务业，4.68% 为住宿和餐饮业，4.68% 为电力、热力、燃气及水生产和供应业，

3.63% 为批发零售贸易业，其余为其他行业。

3. 回归结果与分析

劳动力外出务工收入影响因素的计量回归结果见表 8 - 7。

表 8 - 7　劳动力外出务工收入计量分析模型的 OLS 回归结果

变量	(13)	(14)	(15)
	被解释变量：外出务工月收入的对数		
性别（男 = 1，女 = 0）	0.1616 **	0.1550 **	0.1992 ***
	(2.2468)	(2.1641)	(2.7239)
年龄（岁）	0.0429 ***	0.0445 ***	0.0412 ***
	(3.4157)	(3.5493)	(3.2161)
年龄的平方	- 0.0006 ***	- 0.0006 ***	- 0.0006 ***
	(- 3.6415)	(- 3.8012)	(- 3.6183)
外出务工年限（年）	0.0089 ***	0.0088 ***	0.0086 ***
	(3.7013)	(3.6517)	(3.4891)
初中学历（是 = 1，否 = 0）	0.0842 *	0.0951 **	
	(1.8845)	(2.1328)	
高中学历（是 = 1，否 = 0）	0.1846 ***	0.1904 ***	
	(2.9123)	(3.0270)	
大专学历（是 = 1，否 = 0）	0.2611 ***	0.2502 ***	
	(2.9894)	(2.8903)	
本科及以上学历（是 = 1，否 = 0）	0.6601 ***	0.6675 ***	
	(7.2957)	(7.4799)	
制造业（是 = 1，否 = 0）	0.0113		- 0.0736
	(0.1762)		(- 1.1313)
电力、热力、燃气及水生产和供应业（是 = 1，否 = 0）	0.0453		- 0.0091
	(0.5065)		(- 0.0991)
建筑业（是 = 1，否 = 0）	0.0186		- 0.0773
	(0.3008)		(- 1.2378)
交通运输、仓储和邮政业（是 = 1，否 = 0）	0.1289 *		0.0745
	(1.7948)		(1.0178)
批发零售贸易业（是 = 1，否 = 0）	0.2508 **		0.1688 *
	(2.5672)		(1.6894)
住宿和餐饮业（是 = 1，否 = 0）	0.2052 **		0.1037
	(2.2830)		(1.1317)
居民服务和其他服务业（是 = 1，否 = 0）	0.0104		- 0.0674
	(0.1434)		(- 0.9155)

续表

变量	（13）	（14）	（15）
	被解释变量：外出务工月收入的对数		
常数项	7.1138***	7.1355***	7.3469***
	(28.8072)	(29.4746)	(29.5103)
N	854	854	854
R²	0.132	0.113	0.069
F 统计量	8.52	13.52	5.71

注：括号内是相应系数的 t 统计量，＊、＊＊、＊＊＊分别表示在 10%、5%、1% 的水平下显著。

根据表 8 - 7 中模型（13）的回归结果，性别的系数显著为正，说明男性比女性的外出务工月收入高，高出 16.16%。年龄的系数显著为正，而年龄平方的系数显著为负，说明外出务工月收入与年龄呈倒 U 形的非线性关系，在年轻人群中，年龄越大，外出务工月收入越高。但随着年龄的增长，外出务工月收入增长速度放缓，甚至出现下降。外出务工年限的系数显著为正，说明外出务工经历越丰富，月收入越高，外出务工的年限每增加 1 年，月收入将提高 0.89%。根据模型中年龄的回归系数 0.0429 和年龄平方的回归系数 -0.0006 计算，外出务工劳动力在 40 岁时月收入达到峰值，构成了外出务工月收入与年龄之间倒 U 形曲线的拐点。

劳动力的受教育程度是外出务工月收入的一个重要解释变量。模型（13）的回归结果显示，各学历的回归系数都显著为正，说明初中学历、高中学历、大专学历、本科及以上学历的劳动力外出务工月收入显著高于小学及以下学历的劳动力，其中初中学历劳动力的外出务工月收入比小学及以下学历劳动力高出 8.42%，高中学历劳动力的外出务工月收入比小学及以下学历劳动力高出 18.46%，大专学历劳动力的外出务工月收入比小学及以下学历劳动力高出 26.11%，本科及以上学历劳动力的外出务工月收入比小学及以下学历劳动力高出 66.01%。这些系数表明，受教育程度越高，外出务工月收入越高。

外出务工劳动力所从事行业对外出务工月收入也有一定的影响。从模型（13）的结果看，建筑业、制造业、居民服务和其他服务业以及电力、热力、燃气及水生产和供应业的系数较小且不显著，说明在这些行业务工的劳动力收入差距不大。而交通运输、仓储和邮政业，批发零售贸易业，住宿和餐饮业的系数显著为正，说明在这些行业务工的劳动力月收入相对高一些。其中，从事交通运输、仓储和邮政业的劳动力，月收入要高出 12.89%；从事批发零售贸易业的劳动力，月收入要高出 25.08%；从事住宿和餐饮业的劳动力，月收入要高出 20.52%。

由于劳动力受教育程度与所从事行业有一定的相关性，因此在模型（14）中不加入劳动力所从事行业的变量，在模型（15）中不加入劳动力受教育程度的变量，回归结果除了显著性有差异外，基本结论并没有改变，因而模型（13）的结果相对稳健。

（二）贫困家庭和非贫困家庭劳动力特征的比较

上述回归结果说明不同特征的劳动力外出务工月收入具有差异，劳动力性别、年龄、外出务工年限、所从事行业，特别是受教育程度等特征均对外出务工月收入产生了一定的内在影响。本部分对贫困家庭和非贫困家庭的劳动力特征进行比较，具体结果见表 8-8。

从表 8-8 可以看出，无论是以 6000 元还是以 4000 元和 2300 元的贫困标准划分，贫困家庭劳动力外出务工月收入均少于非贫困家庭。以 6000 元的贫困标准为例，贫困家庭劳动力外出务工月收入为 3358.84 元，而非贫困家庭为 4938.67 元，高出近 1600 元。

从外出务工劳动力的性别、年龄和外出务工年限看，贫困家庭和非贫困家庭并无太大差异。如果以 6000 元的贫困标准为例划分，非贫困家庭外出劳动力中男性占 95.03%，年龄为 38.11 岁，外出务工年限为 14.18 年，均高于贫困家庭的各项对应指标，但高出幅度相对较小；而如果以 2300 元的贫困标准划分，贫困家庭外出劳动力中男性占 95.12%，年龄为 37.95 岁，外出务工年限为 16.10 年，除年龄略低外，均高于非贫困家庭的各项对应指标，但高出幅度也不大。

而从外出务工劳动力的受教育程度看，贫困家庭与非贫困家庭存在系统性差异。无论以哪种贫困标准划分，贫困家庭中外出劳动力为小学学历的比例均高于非贫困家庭，而外出务工劳动力为高中、大专和本科及以上学历的比例均低于非贫困家庭。如果以 6000 元的贫困标准划分，贫困家庭中外出务工劳动力为小学学历的占比为 18.04%，而非贫困家庭

表 8 - 8 贫困家庭和非贫困家庭劳动力特征比较

变量	贫困标准 = 6000 元		贫困标准 = 4000 元		贫困标准 = 2300 元	
	非贫困家庭	贫困家庭	非贫困家庭	贫困家庭	非贫困家庭	贫困家庭
外出务工月收入（元）	4938.6670	3358.8400	4737.9800	3223.0580	4650.9710	3336.5850
性别（男 = 1，女 = 0）	0.9503	0.9381	0.9495	0.9302	0.9474	0.9512
年龄（岁）	38.1126	37.5619	38.1641	36.3954	37.9928	37.9512
外出务工年限（年）	14.1754	13.6083	14.0442	14.1047	13.9498	16.0976
文盲（是 = 1，否 = 0）	0.0307	0.0412	0.0341	0.0233	0.0335	0.0244
小学学历（是 = 1，否 = 0）	0.1082	0.1804	0.1162	0.1977	0.1219	0.1707
初中学历（是 = 1，否 = 0）	0.6535	0.6546	0.6540	0.6512	0.6511	0.7073
高中学历（是 = 1，否 = 0）	0.1170	0.0722	0.1086	0.0930	0.1087	0.0732
大专学历（是 = 1，否 = 0）	0.0468	0.0309	0.0467	0.0116	0.0454	0.0000
本科及以上学历（是 = 1，否 = 0）	0.0439	0.0206	0.0404	0.0233	0.0394	0.0244
制造业（是 = 1，否 = 0）	0.2061	0.2371	0.2096	0.2442	0.2127	0.2195
电力、热力、燃气及水生产和供应业（是 = 1，否 = 0）	0.0512	0.0361	0.0480	0.0465	0.0490	0.0244
建筑业（是 = 1，否 = 0）	0.3494	0.3918	0.3573	0.3721	0.3560	0.4146
交通运输、仓储和邮政业（是 = 1，否 = 0）	0.1096	0.1237	0.1098	0.1395	0.1099	0.1707
批发零售贸易业（是 = 1，否 = 0）	0.0409	0.0206	0.0379	0.0233	0.0382	0.0000
住宿和餐饮业（是 = 1，否 = 0）	0.0497	0.0309	0.0480	0.0233	0.0466	0.0244
居民服务和其他服务业（是 = 1，否 = 0）	0.1082	0.0928	0.1035	0.1163	0.1039	0.1220

的这一比例仅为 10.82%；贫困家庭中外出务工劳动力为高中、大专和本科及以上学历的占比分别为 7.22%、3.09% 和 2.06%，而非贫困家庭的这一比例分别为 11.70%、4.68% 和 4.39%。也就是说，贫困家庭外出务工劳动力的受教育程度比非贫困家庭低。

另外，贫困家庭和非贫困家庭外出务工劳动力所从事行业也存在差异。无论以哪种贫困标准划分，贫困家庭中外出务工劳动力在建筑业和制造业务工的比例均高于非贫困家庭。如果以 6000 元的贫困标准划分，贫困家庭中外出务工劳动力在建筑业务工的比例为 39.18%，在制造业务工的比例为 23.71%；而非贫困家庭中外出务工劳动力在建筑业务工的比例为 34.94%，在制造业务工的比例为 20.61%，均低于贫困家庭。

总的来说，贫困家庭与非贫困家庭在性别、年龄和外出务工年限上没有太大差异，但是在受教育程度和所从事行业上有一定的差异，贫困家庭外出务工劳动力的受教育程度总体上要比非贫困家庭低，且更多的是在建筑业和制造业务工。而从对劳动力外出务工月收入的计量分析中发现，劳动力受教育程度和所从事行业对外出务工月收入均存在影响，受教育程度越低，收入越少，在建筑业和制造业务工的收入明显低于其他行业。因此，同样是外出务工，但受劳动力受教育程度和所从事行业的影响，贫困家庭中劳动力外出务工月收入要少于非贫困家庭。

需要强调的是，除发达地区欠发达县域的劳动力流动和贫困需要关注之外，发达地区发达城市和县域的劳动力流动以及所存在的贫困问题同样值得关注。下面以江苏省南京市为例，分析近年来劳动力流动与贫困的典型特征，尤其是特殊性。

近年来，南京市劳动力流动主要呈现以下几个方面的特征化事实。

（1）南京市流动人口成为经济发展的主力军，户籍人口增速放缓。截至 2020 年 12 月底，全市登记在册的流动人口已达到 375 万人，占比超过 1/3。

（2）劳动力净流入率呈倒 U 形特征。总的来看，2010 ~ 2022 年南京市劳动力净流入率①呈先升后降的倒 U 形变化趋势。2016 年前劳动力净流入率逐年上升，2016 年达到峰值，为 37.85%，随后逐年下降，2019

---

① 劳动力净流入率 =（常住人口数 - 户籍人口数）/户籍人口数 × 100%。

年后逐渐稳定在 28% 左右（见图 8 – 23）。

图 8 – 23　2010 ～ 2022 年南京市劳动力净流入率

（3）南京市劳动力净流入率高于大多数省会城市。与其他城市相比，南京市劳动力净流入率处于第二梯队，低于广州市，高于合肥市和福州市，与杭州市相近；在劳动力净流入率变动趋势层面，南京市与广州市类似，均于 2016 年前后呈现下降趋势（见图 8 – 24）。

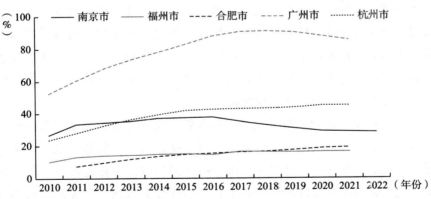

图 8 – 24　2010 ～ 2022 年南京、广州、杭州、合肥、福州劳动力净流入率比较

（4）南京市外来务工人员从事第三产业的人数逐年增长。具体而言，南京市外来务工人员就业主要分布在建筑业、加工制造业和服务业。伴随人民日益增长的美好生活需要和第三产业的发展，家庭服务业、电子商务、物流快递等新兴的现代服务业发展突飞猛进，尤其是随着互联网和数字技术的兴起，与数字技术、数字经济相关的外来从业人员，如智能楼宇管理员、智能硬件装调员、工业视觉系统运行维护员等出现了井喷式的增长。

（5）南京市外来务工人员从长期的供过于求转向总量过剩、结构短缺。外来务工人员的供求关系进入了转折期，务工人员数量增速稳中趋缓，虽然总体上农村劳动力依然过剩，但结构性供求矛盾日益突出，随着中部崛起和西部大开发等区域性发展政策的实施，跨省外出务工的比重下降，对于外来务工人员，开始出现沿海高薪吸引与内地本地留用争抢，以及实体型企业与服务型企业争抢的现象。

（6）南京市外来务工人员存在人力资本结构性问题。"十三五"期间，南京市高技能人才总量为49.13万人，每万劳动力中高技能人才数为1059人，高级、中级、初级专业技术人才比例为13∶41∶46，产业转型升级和创新发展所需的人才资源总量不足、增速趋缓、供需结构失衡，高层次、复合型、创新型科技人才以及高素质专业技术人才、高技能人才短缺，具有发明创造能力和拥有自主知识产权的领军人才较为匮乏。

（7）南京市外来务工人员仍然面临制度性障碍。南京市户籍制度改革有待进一步深化，教育、就业、养老、医疗、住房等领域的配套改革需要加快统筹推进。城乡公共资源均衡配置机制尚未完全形成，基本公共服务均等化覆盖水平和服务保障能力仍需大力提高。人口工作的体制机制有待创新完善，统筹解决人口问题的综合决策、战略规划、政策协调和社会治理等机制建设亟待加强。

（8）南京市流动人口基数大，服务管理难。公安机关上门采集流动人口信息的传统模式已无法适应当前对流动人口发展的新要求，应当依托大数据信息化建设改进工作方法、提高工作效能，打通政府各部门数据壁垒，健全流动人口信息管理平台，通过数据赋能，实现部门信息交换共享、综合利用。

（9）南京市流动人口参与社会建设的"主人翁"意识不断提升，对分享改革发展成果、维护自身合法权益的需求不断增加。流动人口居住证持有人有权依法参加居住地人民代表大会、基层群众性自治组织和企业职工大会选举等，参与居住地经济社会事务的管理。

与此同时，南京市贫困主要呈现以下几个方面的典型特征化事实。

（1）作为发达省份江苏的省会城市，南京市的剩余贫困相比欠发达地区的贫困缓解和消除边际成本往往会更高，换言之，难度会更大，所以政府扶贫部门一般将其称为"啃硬骨头"。

（2）南京市城乡贫困程度不断下降，但城市贫困与农村贫困的差距逐年扩大。以城乡家庭恩格尔系数为例，南京市城乡家庭恩格尔系数总体呈下降趋势，2022年南京市城市家庭恩格尔系数为25.51%，较2010年下降10.02个百分点；农村家庭恩格尔系数为29.81%，较2010年下降6.88个百分点。由此可以看出，南京市城乡贫困程度不断下降。相比较而言，南京市城市家庭恩格尔系数低于农村家庭恩格尔系数，表明南京市城市贫困程度低于农村贫困程度。总体看，南京市城乡家庭恩格尔系数之比不断下降，2022年南京市城乡家庭恩格尔系数之比为0.86，较2010年下降11.3%，这表明南京城乡贫困差距不断扩大（见表8-9和图8-25）。

表8-9 2010~2022年南京市城乡家庭恩格尔系数

年份	农村家庭恩格尔系数（%）	城市家庭恩格尔系数（%）	城乡家庭恩格尔系数之比
2022	29.81	25.51	0.86
2021	29.78	25.57	0.86
2020	29.86	25.67	0.86
2019	28.57	25.25	0.88
2018	29.07	25.31	0.87
2017	29.08	25.34	0.87
2016	30.08	25.67	0.85
2015	30.13	25.95	0.86
2014	30.12	25.96	0.86
2013	30.35	26.68	0.88
2012	36.81	34.72	0.94
2011	37.47	35.83	0.96
2010	36.69	35.53	0.97

注：将恩格尔系数作为地区贫困程度的识别标准（樊士德、金童谣，2021），且将食品消费占总消费的比例作为恩格尔系数的代理变量，通常恩格尔系数越大，该地区家庭食品支出比例越高，用于社会交往和个人价值提升等其他可以提高居民幸福感的消费相对越低。其贫困程度也就越高，农村或城市家庭恩格尔系数 = 食品消费支出/生活消费支出；城乡家庭恩格尔系数之比越接近1，表明城乡贫困差距越小。

资料来源：相关年份《南京统计年鉴》。

图 8 - 25　2010～2022 年南京市城乡家庭恩格尔系数走势

（3）从贫困标准来看，南京市贫困人口的扶贫标准高于江苏省。以"十三五"时期为例，江苏省扶贫标准为年人均纯收入低于 6000 元，而南京市则为年人均纯收入低于 9000 元。

（4）从城乡低保人数与社会总支出看，南京市城乡贫困人口数不断下降，社会福利水平逐渐提高。2023 年南京市城市和农村低保人数分别为 1.8 万人和 2.3 万人，较 2017 年分别下降 56.3% 和 49.9%，城市和农村低保户数分别为 1.4 万户和 1.6 万户，较 2017 年分别下降 49.3% 和 49.0%。南京市城市低保人数和低保户数均显著低于农村，但无论是城市还是农村，其低保人数、低保户数总体均呈现逐年下降态势。与此同时，南京市社会救助支出下降，但社会福利支出基本呈上升趋势，这表明 2017～2023 年南京市城乡贫困人口数不断减少，政府对儿童、老人与残疾人等弱势群体的支出不断扩大，社会福利进一步提高（见表 8 - 10）。

表 8 - 10　2017～2023 年南京市城乡低保人数、低保户数与社会福利支出、社会救助支出

年份	城市低保人数（人）	城市低保户数（户）	农村低保人数（人）	农村低保户数（户）	社会福利支出（万元）	社会救助支出（万元）
2023	18000	14000	23000	16000	104000	55000
2022	20000	15000	25000	18000	102000	55000
2021	22000	17000	27000	19000	93000	57000
2020	20000	20000	30000	20000	97000	62000
2019	25879	18814	32871	23430	114890	68780

年份	城市低保人数（人）	城市低保户数（户）	农村低保人数（人）	农村低保户数（户）	社会福利支出（万元）	社会救助支出（万元）
2018	32849	23101	37821	26369	68891	71259
2017	41169	27602	45950	31395	—	67227

注：社会福利支出对象包括儿童、老人与残疾人，不同年份包含的项目可能有所不同；社会救助支出包括城乡最低生活保障支出、农村特困人员救助供养支出、流浪乞讨人员救助与临时救助支出，不同年份包含的项目可能有所不同。所有数据均为当年 8 月统计。

资料来源：南京市民政局网站。

（5）从城乡最低生活保障额度看，南京市城乡最低生活保障额度不断上升，2023 年城乡最低生活保障额度为每人每月 1030 元，但边际增加额逐渐递减。就南京市低保划分标准来看，自 2014 年开始城乡统一，自 2015 年开始城市不同区县统一。

（6）从最低工资标准看，南京市最低工资标准不断上升，自 2014 年开始不同区县指标统一。

（7）从贫困人口分布看，主要呈现"大分散、小集中"的特征。2000 年贫困人口主要分布在"老城南"即夫子庙一带的老旧城区、下关码头等地区；2006 年沿袭了 2000 年的态势，贫困人口主要分布在内城区南部、建邺区东北部、下关码头以及铁心桥、江浦、雄州、栖霞（西岗）和尧化等街道；2006～2011 年除下关码头和铁心桥街道等少数区域外，大部分地区的贫困人口数量出现了不同程度的下降；2011 年以来，各地区之间的贫困人口规模差异明显缩小，内城区南部、建邺区东北部、下关码头以及铁心桥、栖霞（西岗）和尧化等街道仍然是贫困人口相对集中的区域。从贫困人口地域分类来看，呈现隐蔽型（内城区外缘及主城区内缘）、安置型（郊区外缘）、复合型（主城区外缘及郊区内缘）的特征（徐旳等，2019）。

（8）从城中村拆迁看，南京市贫困区拆迁成本高、难度大。就南京市棚户区改造而言，呈现"先内城后外围""先国有后集体""先成片后零散""先简单后困难"的特点。南京市率先改造的棚户区大多位于城市干道、河湖水体沿线等交通区位条件较好、空间再开发价值较高的区域，而遗留到最后改造的棚户区，则多为位置不佳、拆迁成本高、改造难度大或规划性质为非经营性用地的"硬骨头"。这也是精准扶贫后边际扶贫成本上升的重要体现（宋伟轩等，2021）。

（9）贫困人口郊区边缘化特征越发明显。城市贫困区的拆迁与贫困人群的安置，使得贫困人口的居住空间不断发生变化，尤其呈现向城市外围迁移的典型特征。

对于南京市而言，如何通过劳动力在市外以及市内不同区之间的流动改变贫困人口边缘化状况、降低存量贫困和低收入群体帮扶的边际成本，进而缓解和消除家庭贫困值得重点考虑，在这一过程中，尤其需要提升外流劳动力自身的知识、技能与健康等人力资本水平，优化劳动力流动模式、流动方向、流动领域、流动距离等，充分挖掘和发挥劳动力流动在减缓贫困中的潜在效应，最终转化为现实效应。

四　本章简要小结

本章区别于偏向全国范围和欠发达地区的已有研究，利用 2016 年对东部沿海地区江苏苏北贫困县域 878 户农户的微观调查数据，从家庭贫困发生概率和年人均纯收入两个方面，采用 Logit 模型和多元线性回归模型，重点研究了东部沿海地区劳动力流动的减贫效应，在此基础上进一步分析了影响劳动力外出务工收入和贫困的因素，并比较了贫困家庭与非贫困家庭劳动力外出务工的差异化特征。对比现有研究中西部地区劳动力流动减贫效应的文献，本章所研究的东部沿海地区与中西部地区既有相似性，也存在不同之处，因此政策含义上也有所差异。具体研究结果如下。

第一，贫困促使农村家庭劳动力外出务工，进而提高了家庭收入，改善了家庭生活状况，缓解了贫困。采用不同的贫困标准，劳动力流动对缓解贫困的影响程度不同。这个基本结论与已有对中西部地区的研究相同（王德文、蔡昉，2006；柳建平、张永丽，2009；蒲艳平，2011）。不同之处在于，相较于中西部地区，东部地区的劳动力流动较为充分，没有劳动力流动的家庭在当地就业也有足够的收入，因此不会表现出更高的贫困概率。在计量模型上表现为，如果将是否有外出务工劳动力作为劳动力流动变量，则劳动力流动不会对贫困概率产生显著影响。原因在于，无外出务工劳动力的家庭收入相对较高，外出务工意愿并不明显。

本章的模型是以家庭外出务工劳动力比例为劳动力流动变量的，表明的是外出劳动力对贫困产生的影响。

第二，劳动力流动既降低了主观感受的绝对贫困，又缓解了主观感受的相对贫困，相比较而言，劳动力流动对主观感受的相对贫困影响更为显著。

第三，无论是通过对家庭贫困发生概率还是年人均纯收入的实证研究，均发现家庭受教育程度越高，年人均纯收入越高，贫困发生概率越低；老人、学龄前儿童和其他无劳动能力的人员作为家庭负担构成了贫困的重要诱因；在读学生尽管也构成家庭负担，却是家庭未来的希望，形成正向预期，因而主观上并不会因为在读学生而感到贫困。

第四，劳动力的性别、年龄、外出务工年限、所从事行业、受教育程度等不同特征导致外出务工收入呈现一定的差异。受教育程度越低，外出务工收入越低；男性比女性的外出务工收入要高；外出务工收入与年龄呈倒 U 形的非线性关系；外出务工经历越丰富、年限越长，外出务工收入越高；从事交通运输、仓储和邮政业，批发零售贸易业，住宿和餐饮业的劳动力收入相对较高，而从事建筑业和制造业的劳动力收入相对较低。

第五，通过对贫困家庭和非贫困家庭外出务工劳动力的比较发现，相较于非贫困家庭，贫困家庭外出务工劳动力的受教育程度总体较低，这就决定了其更多地集中在收入相对较低的建筑业和制造业，从而构成了贫困家庭收入提升和脱贫的重要制约。

第九章　劳动力流动对农村家庭贫困
影响的实证研究

—— 来自中部地区 1876 户农村家庭的微观证据

需要指出的是，本章与已有研究相比，可能的创新或边际贡献在于以下两个方面。一方面，现有研究在研究对象和数据选择上，大多选择全国数据从整体上分析劳动力流动对农村家庭贫困的影响，采用地区或省份微观数据进行的研究也大多以西部地区为主，而东部和中部地区相对较少，第八章已经基于笔者对东部地区的微观调查专门研究过，而本章则基于笔者对中部地区的微观调查进行专题研究。另一方面，现有研究大多从农村，即劳动力流出地的角度分析劳动力流动对家庭贫困的影响。这在本质上默认了农村家庭尽管有劳动力外出务工但其家庭主体仍留在农村这一前提。未来，随着新型城镇化战略下农业转移人口市民化的不断推进，农村劳动力向城镇的转移将呈现长期化、举家迁移和女性同样迁移的趋势（Roberts、王冉，2005；段成荣等，2008；侯佳伟，2009）。在这一背景下，相较于以原户籍地农村家庭为参照对象分析劳动力流动对农村家庭贫困的影响，在以流入地的城市居民生活水平为基准的贫困框架下分析劳动力流动对农村家庭相对贫困的影响更具现实意义。针对上述不足，本章以笔者对中部地区微观家庭调查获取的第一手数据为依据，对地区劳动力流动和贫困状况进行了分析，并在此基础上构建计量实证模型，从绝对贫困和流入地相对贫困两个方面研究了劳动力流动对农村家庭的影响。

一　微观调查与数据说明

本章数据来源于 2019 年 6 月笔者所组织的在河南和安徽开展的农村家庭微观调查。此次调查为实地调查，调查组成员通过与受访家庭面对面访谈的方式获取所需信息。调查最终获得的有效样本共覆盖 1876 户农村家庭，其中河南省南阳市 T 县 412 户①、安徽省六安市 J 县 654 户、安徽省池州市 S 县 810 户②，调查时三个县均为国家级贫困县。

本次调查收集到的数据涵盖受访家庭基本信息、家庭外出务工人员信息、家庭非流动人员信息、家庭老人信息、家庭儿童信息、家庭生活水平以及家庭主观贫困评价七个部分的内容。

二　样本家庭劳动力流动与贫困特征分析

（一）样本家庭的基本特征

调查问卷中受访家庭基本信息部分的问题设置，使得调查数据能够提供包含家庭人口结构、家庭收入以及家庭人口流动情况在内的农村家庭基本特征信息。表 9 - 1 给出了受访农户全体以及按省份区分后的家庭基本特征的相关数据。整体来看，本次调查的全部农村家庭中，21.96%为来自河南省的农村家庭，78.04%为来自安徽省的农村家庭。

表 9 - 1　样本基本信息

指标	全样本	河南省	安徽省
样本比例（%）	100	21.96	78.04
家庭规模（人）	4.74	4.99	4.67
家庭劳动力占比（%）	41.11	56.94	36.56

---

① 河南省是农业大省、人口大省，新一轮建档立卡之初河南省共有 53 个贫困县 698 万建档立卡贫困人口，居全国第三位。T 县为河南省 53 个贫困县之一，属国家级贫困县，截至 2019 年底，全县 87 个建档立卡贫困村全部退出，18358 户 60796 人实现脱贫，综合贫困发生率降至 1.13%。2020 年 2 月，经河南省委、省政府批准，T 县正式退出贫困县序列。

② 安徽省是脱贫攻坚任务较重的省份，涉及 16 个省辖市 70 个县（市、区），其中国家级贫困县 20 个、省级贫困县 11 个，2014 年建档立卡时识别贫困村 3000 个。此次微观调查所覆盖的 J 县与 S 县在调查开展时均为安徽省内的国家级贫困县。J 县于 2011 年被确定为大别山片区扶贫攻坚重点县，彼时贫困人口为 19.3 万人，贫困发生率为 33.3%。2016 年以来，成功脱贫 26784 户 81836 人，71 个贫困村全部出列。截至 2020 年 6 月，J 县尚有贫困户 1021 户、贫困人口 1821 人，贫困发生率为 0.31%。S 县与 J 县同为国家级贫困县，截至 2020 年 6 月，S 县 35 个贫困村全部出列，累计 7831 户 24011 人脱贫，剩余贫困人口 173 户 426 人，贫困发生率为 0.49%。根据安徽省政府 2020 年 4 月 29 日发布的公告，J 县与 S 县已正式退出贫困县序列。

指标	全样本	河南省	安徽省
家庭年人均纯收入均值（元）	28909.23	15310.16	32830.82
家庭年人均纯收入中位数（元）	20554.17	11666.67	24866.67
低保户占比（%）	9.58	3.19	11.43
建档立卡户占比（%）	18.86	23.34	17.53
务农家庭占比（%）	48.51	71.32	41.57
外出务工家庭占比（%）	85.71	99.03	81.69

　　首先，家庭人口结构方面，从家庭规模来看，全样本与分组样本下的农村家庭人口规模为 4.6~5.0 人，省际数据虽有差距但相对较小。进一步地，从家庭劳动力占比来看，全样本下家庭劳动力占比为 41.11%，分组样本下河南省农村家庭劳动力占比为 56.94%，这一数值显著高于安徽省的 36.56%。①

　　经计算，数据可得的全样本下家庭年人均纯收入均值为 28909.23元，而同年全国居民人均可支配收入为 30733 元。分省份来看，河南省农村家庭年人均纯收入均值为 15310.16 元，安徽省农村家庭年人均纯收入均值为 32830.82 元，为河南省的 2.14 倍。由于数据均值受极值影响较大，为规避这一问题，进一步计算河南省与安徽省农村家庭年人均纯收入的中位数。在切换为中位数标准后，全样本与两省份农村家庭年人均纯收入均值都有所下降，表明此前计算得到的家庭年人均纯收入均值受高收入家庭的影响较大。进一步地，对比此时河南省与安徽省农村家庭年人均纯收入发现，虽然二者数值较先前的结果有所下降，但不同省份农村家庭年人均纯收入差距并没有缩小。为更全面地了解贫困地区农村家庭的经济水平，在家庭年人均纯收入之外，进一步观察农村家庭中的低保户和建档立卡户占比发现，虽然河南省农村家庭中低保户占比仅为 3.19%，但建档立卡户占比达到了 23.34%，与之相对的，安徽省农村家庭中低保户占比为 11.43%，建档立卡户占比为 17.53%。河南省建档立

---

① 数据统计过程中发现，安徽省有较多家庭劳动力人口为 0 的样本，考虑到可能是由信息统计不全引起的问题，为规避这一问题所导致的安徽省家庭劳动力占比较低的情况，在排除全部 0 值样本后重新计算得到的安徽省样本家庭劳动力占比为 42.69%，仍明显低于河南省样本家庭劳动力占比。

卡户占比显著高于安徽省，这与前述河南省农村家庭年人均纯收入低于安徽省的情况相符。

其次，农业生产方面，河南省 408 户①农村家庭中有 291 户家庭仍从事农业生产，占比为 71.32%。安徽省 1340 户农村家庭中从事农业生产的家庭共 557 户，占比低于 50%。

最后，劳动力外出务工方面，统计发现，全样本下所有受访农村家庭中有劳动力外出务工，即存在劳动力流动情形的家庭共 1603 户，占全部家庭的 85.71%，河南省农村家庭中这一比例高达 99.03%。安徽省农村家庭中，存在劳动力流动情形的家庭共 1196 户，在安徽省全部受访家庭中的占比为 81.69%。

（二）样本家庭的贫困特征

本章以此次微观家庭调查的数据为依据，从不同贫困标准下的农村家庭贫困状况、农村家庭主观贫困认知水平、主要的致贫原因三个方面对 1876 户农村家庭的贫困现状进行分析讨论。

1. 贫困标准的选取

从开展扶贫工作和衡量扶贫效果的角度来看，贫困标准的制定有助于识别贫困人群，使得政府在实际扶贫过程中能够有针对性地向贫困人群提供帮助，从而提升扶贫的质量并最终缓解由贫困引起的社会问题，有效降低整个社会的运行成本。

（1）绝对贫困标准

基于基本生活需要划定绝对贫困标准是识别贫困最为简单直接的方式。国际上最常用的贫困标准由世界银行划定。1990 年，世界银行以彼时最为贫穷的一组国家的贫困标准为依据给出了每人每天 1.08 美元的绝对贫困标准。该标准制定以来共经历过两次上调，最近的一次在 2015 年。根据世界银行 2015 年 10 月发布的题为"消除绝对贫困、共享繁荣——进展与政策"的报告，最新的绝对贫困标准为每人每天 1.9 美元。中国现行的绝对贫困标准制定于 2011 年。2011 年 11 月，在北京召开的中共中

---

① 此处为 408 户而非 412 户是由于河南省样本中，有 4 户家庭的统计数据中有关这一问题的答案缺失，安徽省家户数低于有效问卷数同理。

央扶贫开发工作会议上，中央决定将农村居民年人均纯收入 2300 元（2010 年不变价）作为新的国家扶贫标准。

　　本章在对农村家庭整体贫困现状的分析中，将根据调研年份，即 2019 年的美元汇率中间价和物价指数对上述标准进行换算后得到的每人每年 4687 元的世界银行贫困标准以及每人每年 3218 元的国家农村家庭扶贫标准作为绝对贫困标准。[①]

　　（2）相对贫困标准

　　联合国儿童基金会、联合国开发计划署等国际组织在测度贫困时将相对贫困视作重要依据，欧盟地区在度量社会包容性指数和家庭"陷入贫困风险或遭受社会排斥"程度时亦将相对贫困作为重要参考指标（王小林、冯贺霞，2020）。关于相对贫困的衡量标准，现有研究和文件中多用收入中位数或收入均值的某一比例划定相对贫困标准。2010 年欧盟将人均可支配收入中位数的 60% 定义为相对贫困标准，若用平均收入水平来定义相对贫困标准，则对应的比例应由中位数时期的 60% 调整为 50%（World Bank，2017），并建议在具体分析时将人均可支配收入中位数的 40% 和 50% 列为参考指标（Van Vliet and Wang，2015）。本章参考 Gottlieb 和 Fruman（2011）对不同相对贫困标准的评估结果，选用人均可支配收入中位数的 60% 作为相对贫困的衡量标准。

　　本章在对农村家庭贫困现状的分析中，将依据调查数据估计得到的农村家庭年人均纯收入中位数的 60%，即每人每年 12332 元作为相对贫困标准。

　　2. 不同贫困标准下样本家庭的贫困现状

　　（1）样本家庭的绝对贫困发生率较低，相对贫困发生率较高

　　图 9 - 1 给出了不同贫困标准下样本家庭中的贫困家庭占比情况。按照 2011 年中央制定的农村家庭贫困标准，即 2300 元贫困标准，样本家庭中的贫困家庭占比为 1.6%。在将该标准以调查年份，即 2019 年物价

---

　　① 2020 年 3 月 12 日，国务院新闻办公室就决战决胜脱贫攻坚有关情况举行新闻发布会。会上，国务院扶贫开发领导小组办公室主任刘永富提出，中国当前的扶贫标准是一个收入、两个不愁、三个保障，是一个综合性的标准。其中的收入部分，2011 年的不变价农村居民年人均纯收入 2300 元，按照物价等指数，到 2019 年底现价是 3218 元，到 2020 年底是 4000 元左右。

指数为标准进行换算后得到的 3218 元贫困标准下，样本家庭中的贫困家庭占比上升至 2.7%。① 根据世界银行制定的最新贫困标准，在以 2019年美元兑人民币汇率中间价计算得到每人每年 4687 元的国际绝对贫困标准下，样本家庭中的贫困家庭占比为 4.3%。进一步地，除上述三种绝对贫困标准外，图 9 - 1 亦给出了相对贫困标准下样本家庭中的贫困家庭占比。在相对贫困标准下，样本家庭中 21.4% 的家庭为贫困家庭，这一比例较此前绝对贫困标准下的贫困家庭占比出现了明显的提升。样本家庭低于 5% 的绝对贫困发生率和低于 25% 的相对贫困发生率表明样本家庭的绝对贫困问题已得到很大程度的缓解，但以收入差距为内涵的相对贫困问题依然突出。

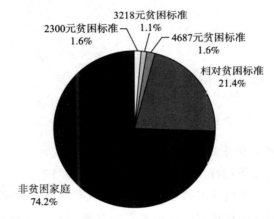

图 9 - 1　不同贫困标准下样本家庭中的贫困家庭占比

注：图中 3218 元贫困标准、4687 元贫困标准以及相对贫困标准对应的比例为贫困标准由前一水平升至自身标准时新增贫困家庭的占比。

（2）样本家庭建档立卡情况

2014 年国务院扶贫办印发《扶贫开发建档立卡工作方案》，明确指出以 2011 年制定的国家农村扶贫标准为识别依据，在全国范围内开展建档立卡工作。建档立卡的目的在于精准识别贫困户和贫困村，明确帮扶主体，从而了解致贫原因、摸清帮扶需求并最终落实帮扶政策。同时，对建档立卡户的监测和评估有助于衡量扶贫工作的开展情况，实现对扶

---

① 3218 元贫困标准下的贫困家庭占比应为 2300 元标准下的贫困家庭占比加上贫困标准上升过程中新增的贫困家庭占比，即 1.6% 与 1.1% 的和。

贫开发的动态管理。

图9-2给出了样本家庭的建档立卡情况。全部受访家庭中建档立卡户占比为18.9%。进一步地，与前述各贫困标准下的样本家庭贫困发生率进行比较发现，样本家庭中的贫困家庭占比大大低于建档立卡户占比。这一事实从侧面表明过去一段时间以来，当地针对建档立卡户的扶贫工作取得了可观的成效，显著改善了原为国家级贫困县农村家庭的贫困状况。

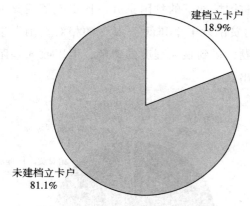

建档立卡户
18.9%

未建档立卡户
81.1%

图9-2　样本家庭的建档立卡情况

3. 样本家庭主观感受下的贫困特征

（1）主观感受下的样本家庭贫困发生率为27.5%

相对于前文从客观贫困的角度对受访地区样本家庭贫困情况的分析，本部分依据受访家庭对其实际生活水平的自我判断，分析讨论个体主观评价下样本家庭的贫困状况。由于样本家庭对自身境况的判定通常是综合考虑了医疗、教育、基础生活设施等多种因素后做出的，因此基于主观感受的贫困标准可以视作对仅以收入高低判断贫困与否的单维客观贫困标准的有益补充。

图9-3给出了受访家庭对问卷中"您觉得您的家庭属于贫困家庭吗？"这一问题所做回答的统计结果。可以看出，27.5%的家庭明确给出了自己属于贫困家庭的判断，37.8%的家庭认为自己处于刚好能够吃饱喝足的状态，19.2%的家庭做出了"还行，生活水平仍有待提高"的选择，另有15.6%的家庭认为"还算富足，有一定可支配收入"。《中国农村扶贫开发纲要（2011—2020年）》（以下简称《纲要》）中明确指出农村扶贫工作的总体目标为"两不愁三保障"，即到2020年稳定实现扶贫

对象不愁吃、不愁穿，保障其义务教育、基本医疗和住房安全。对于受访家庭中明确选择贫困和刚好能够吃饱喝足的家庭而言，其主观感受下的生活境况尚未达到《纲要》规定的脱贫要求，仍属于贫困家庭。基于这一判断，主观贫困标准下样本家庭中的贫困家庭占比将升至 65.3%。

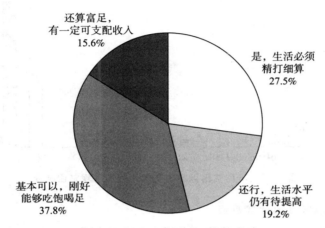

图 9 - 3　样本家庭的主观贫困感受

（2）样本家庭主观贫困与客观贫困均超过 70%

为了进一步分析客观贫困标准下贫困家庭对自身贫困的主观感知，图 9 - 4 给出了不同贫困标准下的贫困家庭对"您觉得您的家庭属于贫困家庭吗？"这一问题的回答结果。从图 9 - 4 可以看出，2300 元贫困标准下的贫困家庭中有超过半数的家庭在主观上明确认定自己属于贫困家庭，若将选择"基本可以，刚好能够吃饱喝足"的家庭也归为主观标准下的贫困家庭，则三种绝对贫困标准下贫困家庭的主客观一致性均超过了 70%。与绝对贫困标准下贫困家庭的情况不同，相对贫困标准下贫困家庭中明确认定自己为贫困家庭的受访家庭共 61 户，占全部贫困家庭的 21.9%。同时，选择"基本可以，刚好能够吃饱喝足"的家庭共 136 户，占全部贫困家庭的 48.9%。结合绝对贫困与相对贫困间的差异来看，相对贫困标准下贫困家庭的收入整体高于绝对贫困标准下的贫困家庭。基于二者收入水平间的差异可合理推断相对贫困家庭的生活水平亦整体高于绝对贫困家庭。这为相对贫困家庭与绝对贫困家庭在这一问题上的选择差异提供了有力的解释。需要注意的是，虽然绝对贫困家庭与相对贫困家庭在"是，生活必须精打细算"和"基本可以，刚好能够吃饱喝足"的具体选择上有所差异，但将二者共同作为主观贫困评价标准时，相对贫困标准下贫困家庭的主客观一致性亦超过了70%。

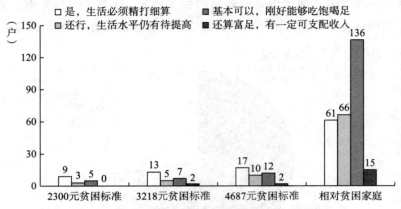

图9-4　不同贫困标准下贫困家庭的主观贫困感受

4. 样本家庭的致贫原因

对于贫困家庭，摸清其致贫原因有助于依据家庭的实际需求有针对性地开展扶贫工作，在帮助其脱贫的同时有效预防返贫现象的出现。

依据调查数据，图9-5给出了选择较多的5个致贫原因。可以看出，生病是排在首位的致贫原因，在本次受访的家庭中有286户家庭将生病，即医疗支出选作导致家庭贫困的原因，在所有家庭中占比为15.2%。排在其后的致贫原因依次是缺乏劳动力、自身条件不足、学业（教育支出）以及缺少资本。

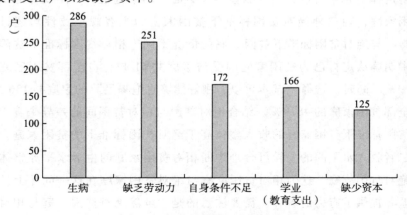

图9-5　样本家庭的主要致贫原因

根据国务院扶贫办建档立卡的数据，在各种致贫原因中，因病致贫在各地区都排在首位。因病致贫的家庭是脱贫攻坚的一大难点。① 健康扶贫是一项长期任务，随着中国的扶贫开发进入新的阶段，在消灭绝对贫困实现全民脱贫的基础上，政府仍需不断完善社会保障体系，建立健全大病兜底保障机制以防止因病致贫、因病返贫的发生。

此外，针对因缺乏劳动力而引起的贫困，《纲要》提出，应逐步提高农村最低生活保障和五保供养水平，从而切实保障没有劳动能力和生活常年困难的农村人口的基本生活。进一步地，自身条件不足与因学致贫之间具有一定的内在联系，自身条件不足往往是教育不足的结果，其原因可能是农村教育资源的匮乏，也可能是教育支出的负担过重，因学致贫即对应后者。对于这两类致贫原因，一方面，国家积极推进贫困地区的学校建设以确保农村青少年人口能够完成基础义务教育阶段的学习，同时针对外出务工的劳动力，积极开展技术培训；另一方面，针对贫困家庭，国家出台了包括国家助学金、国家助学贷款在内的一系列教育补贴政策，以期最大限度地减轻农村贫困家庭的教育负担。帮助农村家庭新成长劳动力完成义务教育甚至高等教育阶段的学习以提升其就业实力，是帮助贫困人口实现根本脱贫的有力途径。进一步地，对于由资本不足引起的贫困，国家在增加地方扶贫投入的同时，持续完善扶贫贴息贷款政策。具体地，针对贫困地区的金融服务，应注重相关产品和服务方式的创新，鼓励开展小额信用贷款，努力满足扶贫对象发展生产的资金需求。

（三）样本家庭的劳动力流动特征

针对本次调查所访问的中部地区1876户农村家庭，本章首先从整体上对样本家庭的流动选择进行分析，在此基础上，针对样本家庭的外出务工人员这一劳动力流动的重要主体，具体从家庭外出务工人员的群体特征、就业选择以及收入水平三个方面对样本家庭的劳动力流动现状进行分析讨论。

---

① 《两部门启动建档立卡农村贫困人口"因病致贫、因病返贫"调查工作》，中央人民政府网站，http://www.gov.cn/xinwen/2016-04/29/content_5069094.htm，2016年4月29日。

1. 样本家庭的劳动力流动选择

（1）有劳动力外出务工的家庭占比超过 85%

劳动力外出务工是农村家庭人口流动最主要的表现形式。由于贫困地区就业机会少、收入水平低，劳动力外出务工是农村家庭增加家庭收入、缓解家庭贫困的重要途径。图 9－6 给出了此次受访农村家庭的劳动力外出务工情况。

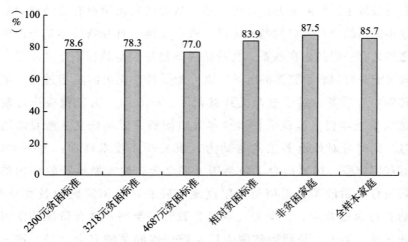

图 9－6　样本家庭的劳动力流动情况

由图 9－6 可知，全部 1876 户农村家庭中有劳动力外出务工的家庭占比为 85.7%。进一步地，依据对本章选用的贫困家庭划分依据，对不同贫困标准下农村贫困家庭的外出务工情况进行对比分析。数据显示，三种绝对贫困标准下贫困家庭中有劳动力外出务工的家庭占比为 78% 左右，相对贫困标准下贫困家庭中有劳动力外出务工的家庭占比上升至 83.9%。而以相对贫困标准为基准的非贫困家庭中有劳动力外出务工的家庭则占到了 87.5%。其背后可能的原因是，一方面，由于外出务工要求家庭成员中有能够外出且具有劳动能力的成员，且家庭要能够为劳动力外出提供路费等基本经济支持，结合前述致贫原因的分析，相较于有家庭成员生病且缺乏劳动力的贫困家庭，非贫困家庭具有外出务工的优势；另一方面，家庭成员外出务工能够增加家庭收入来源、提升家庭收入水平的事实也为非贫困家庭中有劳动力外出务工家庭占比更高的现象提供了解释。

（2）经济发达的东部地区是样本家庭务工人员的主要去向

图 9-7 给出了样本家庭外流劳动力的区域流向。可以看出，劳动力流向东部地区的农村家庭在发生劳动力流动的全部农村家庭中占比超过 70%，而劳动力流向西部地区的农村家庭仅占全部劳动力流动家庭的 4.3%。

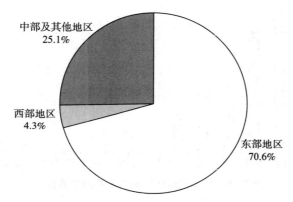

图 9-7 样本家庭外流劳动力的区域流向

进一步地，从图 9-8 可以看出，与全样本下的区域流向选择相似，河南省与安徽省有劳动力流动的农村家庭，其劳动力均大比例流向东部地区。需要注意的是，对比河南省与安徽省外出务工的跨省情况可以看出，安徽省外出务工人员中虽发生了地区性流动，但未跨省的务工人员占比为 23.90%，河南省外出务工人员中这一比列为 17.16%。

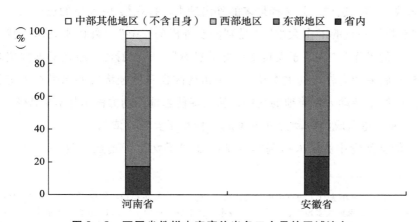

图 9-8 不同省份样本家庭外出务工人员的区域流向

图 9 - 9 将样本家庭外出务工人员的流向进一步细分到省份层面。可以看出，受访农村家庭中流向东部地区的劳动力大量流向了江苏和浙江，分别占劳动力流动家庭的 23.20% 和 19.78% ，二者合计占劳动力流动家庭的 42.97% 。

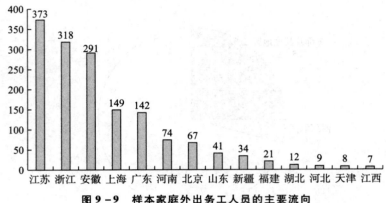

图 9 - 9　样本家庭外出务工人员的主要流向

（3）流入地更高的收入水平是样本家庭劳动力外流的主要诱因

在获得外出人口地域流向信息的基础上，为进一步探究农村家庭劳动力流动行为背后的决定因素，问卷中针对家庭流动人员设置了如下问题："您出去打工的直接原因是什么？"。①

图 9 - 10 给出了所有备选项中选择较多的 5 个原因。可以看出，在 1608 户有劳动力外出务工的家庭中，927 户家庭的流动理由中包括"外地收入高"这个选项，是选择最多的外出理由，排在第 2~5 位的选项依次为"家乡找好一点的工作太难""受到同乡外出的影响""外出学技术，找个好一点的工作""为了子女接受更好的教育"。不难看出，收入的增加仍是农村家庭劳动力外流的主要动力。受访地区自身的经济发展水平在一定程度上限制了劳动力在当地的发展，从而促使当地劳动力做出外流的决策。

（4）超六成的劳动力外流家庭选择将子女留在农村

依据问卷中流动人口基本信息部分"子女是否随迁"这一问题，将

---

① 问题：您出去打工的直接原因是什么？（选3个）按重要程度排序。选项：a. 外地收入高；b. 家里人多地少；c. 外出学技术，找个好一点的工作；d. 为了子女接受更好的教育；e. 家乡找好一点的工作太难；f. 受到同乡外出的影响；g. 有能力外出创业经商；h. 家庭条件不错，但想找点事做；i. 一直读书，不懂农活；j. 其他

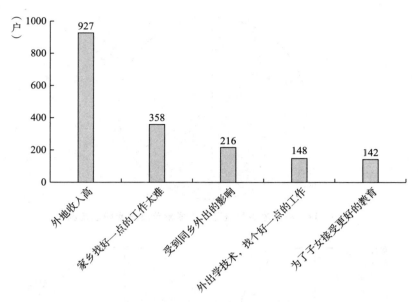

图 9 – 10 样本家庭劳动力外流的原因

回答"未随迁"的外出务工人员所在的家庭认定为存在留守儿童的家庭①，数据显示在有劳动力外出务工的家庭中超六成的家庭有留守儿童（见图 9 – 11）。

2. 农村家庭外流劳动力的个体特征

（1）样本家庭外出务工人员以男性为主

图 9 – 12 （a）和（b）分别给出了受访家庭中流动人口和非流动人口的性别构成情况。在家庭流动人口，即家庭外出务工人员中，男性占比为 78%，女性占比为 22%，男女比例约为 4∶1；而在家庭非流动人口中，男性占比为 41%，女性占比为 59%，男女比例约为 2∶3。与流动人口的性别构成相比，样本家庭非流动人口具有明显的以女性为主的特征。

（2）样本家庭外流劳动力以中青年为主

从图 9 – 13 可以看出，样本家庭外流劳动力中 30 ~ 40 岁的劳动力占

---

① 考虑到留守儿童是指外出务工连续 3 个月以上的劳动力托留在户籍所在地，由父母单方或其他亲属监护接受义务教育的适龄儿童，而受访外出务工人员中存在年龄较大的人员，其子女可能已成年，故实际统计"是否随迁"这一问题的答案时结合子女年龄对不符合留守儿童定义的数据进行了剔除。

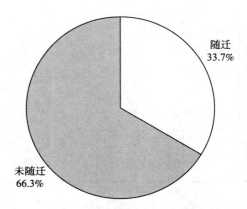

图 9 – 11　样本家庭外流劳动力学龄阶段子女随迁情况

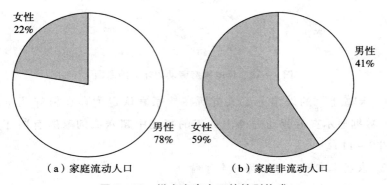

（a）家庭流动人口　　　　　　　（b）家庭非流动人口

图 9 – 12　样本家庭人口的性别构成

比最高，为 34.11%，年龄为 20～50 岁的劳动力占比为 83.83%。进一步地，图 9 – 13 显示外流劳动力中有 0.61% 的青少年和 1.34% 的老年人，这两个特殊群体的占比虽然不高，但其存在意味着在农村特别是贫困地区的农村仍存在青少年辍学打工①和年老者奔波生计的问题。此外，图 9 – 14 显示，农村家庭外流劳动力中已婚人员占比达到 80.9%，这与前述外流劳动力的年龄构成相符。

（3）样本家庭外流劳动力的受教育程度整体偏低

根据图 9 – 15，样本家庭外流劳动力中受教育程度为高中以下的人数在全部外流劳动力中的占比接近 2/3。而受教育程度为本科及以上的

---

① 2020 年发布的中央一号文件明确提出要持续推进农村义务教育控辍保学专项行动，巩固义务教育普及成果。

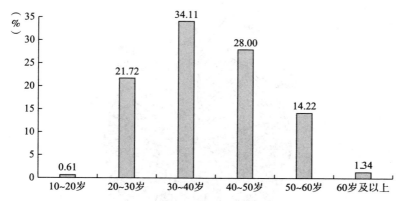

图 9-13　样本家庭外流劳动力的年龄构成

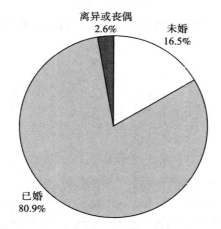

图 9-14　样本家庭外流劳动力的婚姻状况

样本家庭外流劳动力在全部外流劳动力中的占比不足 1/10。

　　作为补充，图 9-16 呈现了不同受教育程度下男性与女性外流劳动力在各自性别群体中的占比情况。可以看出，男性和女性外流劳动力中受教育程度为初中/中专及以下的人数均占 50% 以上，但需要注意的是，女性外流劳动力中受教育程度为本科及以上的人数占 16.4%，是男性外流劳动力中这一比例的 2.2 倍。

　　（4）样本家庭流动人口的受教育情况好于非流动人口

　　图 9-17 分别绘制了样本家庭流动人口（即外出务工人口）与非流动人口中不同受教育程度的人口所占比例。可以看出，家庭非流动人口中受教育程度为初中/中专以下的人数占比为 56.8%，而在家庭流动人

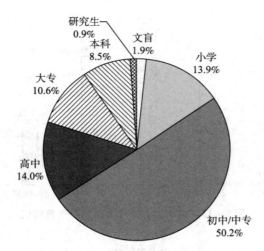

图 9 - 15　样本家庭外流劳动力的受教育程度

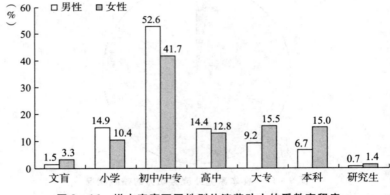

图 9 - 16　样本家庭不同性别外流劳动力的受教育程度

口中这一比例为 15.8%。同时，通过比较受教育程度较高的劳动力在两类人群中的占比可以发现，家庭非流动人口中高中以上学历的人数占比为 4.3%，而家庭流动人口中，仅受教育程度为大专的人数占比就超过了 10%，高中以上学历的人数占比合计达到 20.0%。

3. 样本家庭外流劳动力的就业选择

（1）样本家庭的外流劳动力主要进入建筑业与制造业

从产业层面来看，样本家庭中第二产业和第三产业就业人员占比相近，第三产业就业人员占比略低于第二产业。根据样本数据测算得到本次受访家庭的外流劳动力中在第二产业就业的劳动力占比为 49.41%，

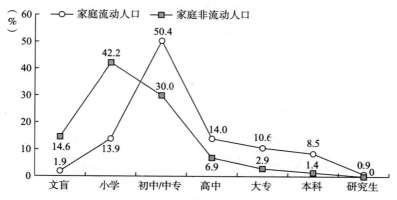

图 9 - 17　样本家庭流动人口与非流动人口的受教育程度

在第三产业就业的劳动力占比为 43.02%。进一步地，从具体行业来看，图 9 - 18 给出了样本家庭外流劳动力根据行业人员数排序后排在前六位的行业。可以看出，从事建筑业相关工作的外流劳动力最多，其次为制造业，排在第 3~6 位的依次为居民服务和其他服务业，批发零售贸易业，交通运输、仓储和邮政业以及住宿和餐饮业。

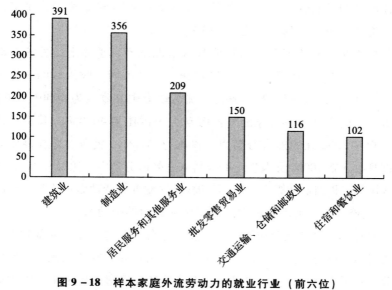

图 9 - 18　样本家庭外流劳动力的就业行业（前六位）

（2）人脉和社会关系是外流劳动力获得工作机会的主要渠道

根据图 9 - 19，本次调查的所有农村家庭的外流劳动力中 59.4% 是

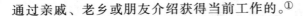

通过亲戚、老乡或朋友介绍获得当前工作的。①

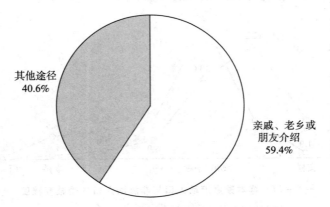

图 9 - 19　样本家庭外流劳动力的就业渠道

4. 样本家庭外流劳动力的收入水平

（1）工资性收入在样本家庭年总收入中的占比较高

劳动力流动是农村人口减贫的主要途径之一。农村人口通过在外务工并将在流入地获得的收入寄回家中以改善家庭整体经济状况。在以劳动力流动获得工资性收入为家庭经济来源之一的农村家庭中，工资性收入在家庭年总收入中的占比为 67.40%。

从样本家庭外流劳动力的具体收入情况来看，整体上，外流劳动力的月收入均值为 5710 元。图 9 - 20 给出了 5 个不同月收入区间的样本家庭外流劳动力占比情况。样本家庭外流劳动力中月收入为 5000 ~ 7500 元的人数最多，在所有样本家庭外流劳动力中占比为 40.0%，其次是月收入为 2500 ~ 5000 元的外流劳动力，占比为 37.8%。此外，落在高收入区间，即月收入在 10000 元及以上的农村家庭外流劳动力占比为 9.9%；落在低收入区间，即月收入低于 2500 元的样本家庭外流劳动力占比为 3.5%。

（2）跨省流动劳动力的收入高于留在省内的劳动力

在对样本家庭外流劳动力的整体收入分布情况进行分析的基础上，进一步将样本家庭外流劳动力细分为跨省务工人员和省内务工人员，并对二者的收入水平进行对比。结果显示，不论是来自河南省还是来自安徽省的样本家庭，跨省务工人员的月收入均高于省内务工人员（见图 9 -21）。

---

① 其他途径包括求职网站、App、校园招聘等。

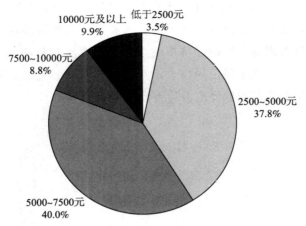

图9-20　样本家庭外流劳动力的月收入水平

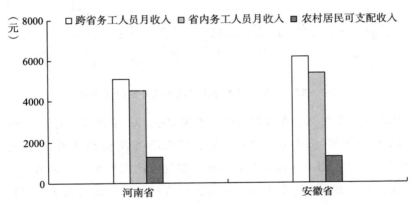

图9-21　跨省务工人员与省内务工人员月收入及农村居民可支配收入

（3）外流劳动力月收入均高于流出地农村居民可支配收入

进一步将不同类型的样本家庭外流劳动力月收入与相应省份的农村居民可支配收入①进行比较，从图9-21可以看出，跨省务工人员月收入明显高于本省份农村居民可支配收入，省内务工人员月收入虽低于跨省务工人员月收入，但同样高于本省份农村居民可支配收入。

---

① 此处与外出务工人员月收入进行比较的农村居民可支配收入是将国家统计局公布的2019年相应省份农村居民年人均可支配收入进行月度平均之后得到的数据。后文中提到的城镇居民月均可支配收入计算过程同上。

（4）外流劳动力的城市生活水平在很大程度上受其农村家庭的影响

跨省流动劳动力在流入地的工资收入高于流入地城镇居民的可支配收入，但扣除其农村家庭的经济影响之后，跨省流动劳动力在流入地的工资收入整体低于当地居民的收入水平。图 9 - 22 绘制了以月为单位各外出时长对应的农村家庭外流劳动力数量。

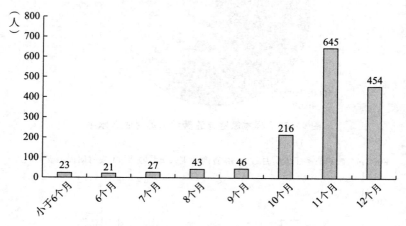

图 9 - 22　一年内样本家庭劳动力的外出时长分布

由图 9 - 22 可知，在被调查的样本家庭中，一年内外出时长在 10 个月及以上的外流劳动力共 1315 人，在全部外流劳动力中的占比为 89.15%。[①] 一方面，这意味着中部地区农村劳动力外流以长期外流为主要形式；另一方面，这表明近九成的受访农村家庭外流劳动力长期在流入地生活。根据第六次全国人口普查对常住人口的规定，这一部分农业转移人口均可被认定为流入地常住人口。[②] 因此，在上述基础上进一步对跨省流动劳动力的月收入与流入地城镇居民月均可支配收入进行比较。

具体地，基于前文对农村家庭外流劳动力流入地选择的相关讨论，这里选取跨省农村家庭劳动力流入较多的江苏省、浙江省、上海市和广

---

① 在所有针对家庭流动人口的问卷中，对外出时长这一问题给出有效回答的问卷共 1475 份，此处的 89.15% 由 1315 除以 1475 计算得到。

② 常住人口为国际上进行人口普查时常用的统计口径之一。第六次全国人口普查使用的常住人口包括以下情况：户口在本辖区人也在本辖区居住、户口在本辖区之外但人在户口登记地半年以上、户口待定（无户口和口袋户口）、户口在本辖区但人离开本辖区半年以下。

东省作为主要分析对象。图 9-23 为各流入地的跨省流动劳动力月收入及当地城镇居民月均可支配收入情况。

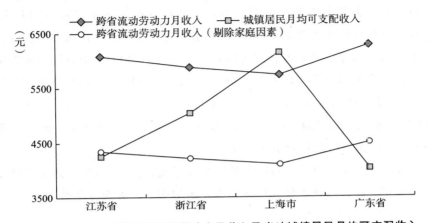

图 9-23 各流入地的跨省流动劳动力月收入及当地城镇居民月均可支配收入

资料来源：各地区 2019 年城镇居民可支配收入数据来自国家统计局分省份年度数据中人民生活整体及分城乡居民收支基本情况（新口径）。

由图 9-23 可知，各流入地的跨省流动劳动力月收入均在 6000 元上下，流入江苏省、浙江省和广东省的劳动力月收入均高于当地城镇居民月均可支配收入，流入上海市的劳动力月收入虽低于当地城镇居民月均可支配收入，但二者差距较小。考虑到跨省流动劳动力与流出地家庭间的经济联系，图 9-23 进一步给出了剔除寄回家的务工收入等家庭因素之后各流入地的跨省流动劳动力月收入曲线。① 结果显示，在剔除家庭因素的影响后，流入浙江省与上海市的劳动力月收入显著低于当地城镇居民月均可支配收入，流入江苏省与广东省的劳动力月收入与当地城镇居民月均可支配收入间的差距较此前大幅缩小，前者仅略高于后者。

三 劳动力流动对农村家庭绝对贫困影响的实证研究

（一）计量模型构建

在前述统计性分析的基础上，为进一步探讨劳动力流动对农村家庭

---

① 根据问卷数据，外出务工人员寄回家的收入占其总收入的 28.4%，图 9-23 中剔除家庭因素后跨省流动劳动力月收入曲线由原曲线按这一比例向下平移得到。

贫困的影响，本章依据 Logit 模型构建计量回归模型并对相关实证结果进行分析。对 Logit 模型的选择基于家庭贫困状态的二元特性，即贫困作为定性指标分为是与否两种情形。用虚拟变量 *poverty* 表示家庭贫困状态，若样本家庭为贫困家庭则 *poverty* = 1，反之 *poverty* = 0。分别在四种贫困标准下对样本家庭的贫困状况进行判断，依次为 2011 年中央制定的 2300 元农村家庭贫困标准、以调查年份物价水平对 2300 元贫困标准进行换算后的 3218 元贫困标准、以调查年份美元兑人民币汇率中间价计算得到的 4687 元国际绝对贫困标准、以样本家庭年人均纯收入中位数的 60%（即 12332 元）为基准的相对贫困标准。

式（9－1）给出了 Logit 模型的基本形式，其中 prob 为某个事件发生的概率，x_i 为对该事件发生概率有影响的变量，β_i 为待估参数。

$$\ln\frac{\text{prob}}{1-\text{prob}} = \beta_0 + \beta_1 x_1 + \beta_2 x_2 + \cdots + \beta_n x_n \qquad (9-1)$$

由于本章主要研究农村家庭劳动力流动对其家庭贫困的影响，故对应的 Logit 模型为：

$$\ln\frac{\text{prob}(poverty=1)}{1-\text{prob}(poverty=1)} = \beta_0 + \beta_1 mig + \beta_2 x \qquad (9-2)$$

其中，*mig* 为家庭劳动力流动的虚拟变量，*mig* = 1 表明样本家庭有劳动力外出务工，*mig* = 0 则表明样本家庭无劳动力外出务工；x 为由 n 个控制变量构成的向量；β_2 为由与 x 所包含的各控制变量相对应的一组参数构成的向量。

具体地，控制变量的选取主要涉及样本家庭人口构成、家庭经营生产活动、家庭成员受教育年限以及家庭成员年龄四个方面。首先，样本家庭人口构成方面，在涵盖家庭人口规模（*fsize*）和家庭人口中的劳动力占比（*labratio*）两个变量的基础上，考虑到老人和儿童作为家庭收入的主要支出对象对家庭贫困构成的影响，进一步将家庭赡养人口数（*felder*）和家庭抚养人口数（*fchild*）纳入控制变量组。其次，样本家庭经营生产活动方面，选择表征样本家庭是否从事农业生产的变量 *farm* 作为控制变量，若样本家庭从事农业生产则 *farm* = 1，反之 *farm* = 0。最后，在家庭成员受教育年限和家庭成员年龄两个方面，前者包括家庭流动人口和非流动人口的受教育年限，即变量 *edu_mig* 和变量 *edu_nonmig*，后者包括二者的年龄，即变量 *age_mig* 和变量 *age_nonmig*。

（二）变量的描述性统计

表 9 - 2 给出的各变量的描述性统计结果显示，变量 *pov2300* 的均值为 0.0126，这表明若按 2011 年中央制定的每人每年 2300 元的农村家庭贫困标准，则样本中有 1.26% 的家庭为贫困家庭；变量 *pov3218* 的均值为 0.0186，即按调查年份物价水平对 2011 年制定的贫困标准进行调整后，新标准下样本家庭中贫困家庭的比例为 1.86%；变量 *pov4687* 的均值为 0.0327，意味着按国际绝对贫困标准时 3.27% 的样本家庭为贫困家庭。相比前两种贫困标准，第三种贫困标准下样本家庭中贫困家庭的占比出现了较大幅度的上升。

表 9 - 2　以绝对贫困为被解释变量的 Logit 模型中各变量的描述性统计

变量	观测值	均值	标准差	最小值	最大值
以 2300 元贫困标准划分是否贫困（*pov2300*）是，*pov2300* = 1；否，*pov2300* = 0	1346	0.0126	0.1117	0	1
以 3218 元贫困标准划分是否贫困（*pov3218*）是，*pov3218* = 1；否，*pov3218* = 0	1346	0.0186	0.1351	0	1
以 4687 元贫困标准划分是否贫困（*pov4687*）是，*pov4687* = 1；否，*pov4687* = 0	1346	0.0327	0.1779	0	1
相对贫困标准下是否贫困（*pov12332*）是，*pov12332* = 1；否，*pov12332* = 0	1346	0.2400	0.4272	0	1
家庭年人均纯收入（*inc*）（元）	1346	26163.05	18955.31	−21500	160000
家庭年人均纯收入的对数（*lninc*）	1343	9.912847	0.7955	4.7875	11.9829
是否为外出务工家庭（*mig*）是，*mig* = 1；否，*mig* = 0	1346	0.9086	0.2883	0	1
外出劳动力占家庭劳动力的比例（*outratio*）	1346	0.6000	0.3254	0	1
家庭人口规模（*fsize*）（人）	1346	4.7444	1.5497	1	13
家庭赡养人口数（*felder*）（人）	1307	1.2800	0.9308	0	5
家庭抚养人口数（*fchild*）（人）	1316	1.0798	0.9531	0	6
家庭中患重大疾病的人数（*disease*）（人）	1311	0.1846	0.4345	0	2
是否从事农业生产（*farm*）	1300	0.4685	0.4992	0	1
家庭流动人口的受教育年限（*edu_mig*）（年）	1314	2.4692	1.2019	0	6

变量	观测值	均值	标准差	最小值	最大值
家庭非流动人口的受教育年限（edu_nonmig）（年）	883	1.3896	0.9443	0	5
家庭流动人口的年龄（age_mig）（岁）	1315	37.8905	9.7636	17	70
家庭非流动人口的年龄（age_nonmig）	874	52.1774	12.6960	10	89

资料来源：根据 2019 年笔者对中部地区 1876 户农村家庭的微观调查数据，利用 Stata 15 整理得到。

进一步地，变量 pov12332 的均值为 0.2400，即在相对贫困标准下，样本家庭中贫困家庭的占比为 24.00%。本章选用的相对贫困标准为对全部样本家庭的年人均纯收入进行排序后得到的家庭年人均纯收入中位数的 60%，24.00% 的相对贫困家庭占比意味着样本中中低收入家庭年人均纯收入的分布较为分散，家庭间的收入仍有不小的差距。

此外，从表 9 - 2 还可以看出，样本家庭年人均纯收入的均值为 26163.05 元，样本家庭中年人均纯收入最高的家庭年人均纯收入高达 160000 元，而年人均纯收入最低的家庭年人均负债 21500 元。变量 mig 的均值为 0.9086，表明样本家庭中 90.86% 的家庭有成员在外务工。同时，样本家庭中外出劳动力占家庭劳动力比例的均值为 60.00%，且从年龄和受教育年限两个方面来看，家庭流动人口相较于非流动人口具有年轻且受教育年限长的特点。进一步地，样本家庭人口规模为 4.74 人，家庭赡养人口数为 1.28 人，家庭抚养人口数为 1.08 人。前文对家庭贫困原因进行的统计分析显示，生病是导致家庭贫困的首要原因，因此将家庭中患重大疾病的人数纳入控制变量。可以看出，样本家庭中患重大疾病的人数均值为 0.18 人，最大值为 2 人。样本家庭中依然从事农业生产的家庭占比为 46.85%。

（三）回归结果分析

1. 劳动力流动对家庭贫困影响的 Logit 回归结果分析

表 9 - 3 给出了对不同贫困标准下样本家庭贫困划分结果以 Logit 模型为依据进行回归的结果，回归共涉及 807 户样本家庭的相关数据。其中，模型（1）、模型（3）、模型（5）、模型（7）以变量 mig 为核心解

表 9 - 3　不同贫困标准下的 Logit 模型回归结果

变量	pov2300		pov3218		pov4687		pov12332	
	(1)	(2)	(3)	(4)	(5)	(6)	(7)	(8)
mig	-1.4900*	-1.1052	-0.6974		-0.8894		0.2231	
	(-1.66)	(-1.08)	(-0.86)		(-1.33)		(0.64)	
outratio				-0.1222		-0.2077		-0.7784***
				(-0.15)		(-0.31)		(-2.88)
fsize	0.6362***	0.5569***	0.4003**	0.3734**	0.7096***	0.6799***	0.2772***	0.2684***
	(2.93)	(2.70)	(2.27)	(2.14)	(4.77)	(4.64)	(3.82)	(3.71)
felder	-1.8808***	-1.7538***	-1.1522***	-1.1247***	-1.0419***	-1.0071***	-0.0974	-0.0743
	(-3.42)	(-3.39)	(-3.25)	(-3.23)	(-3.66)	(-3.61)	(-0.94)	(-0.71)
fchild	-0.2392	-0.2122	-0.0522	-0.0526	-0.3866	-0.3870	0.5091***	0.5159***
	(-0.70)	(-0.62)	(-0.18)	(-0.18)	(-1.60)	(-1.59)	(4.40)	(4.43)
disease	1.6886***	1.7253***	1.5881***	1.5809***	1.3867***	1.3734***	0.5419***	0.5619***
	(3.07)	(3.74)	(4.25)	(4.24)	(4.22)	(4.20)	(2.78)	(2.87)
farm	-0.6626	-0.7439	-0.0561	-0.0647	0.3522	0.3384	0.8424***	0.8455***
	(-1.04)	(-1.14)	(-0.11)	(-0.13)	(0.81)	(0.77)	(4.53)	(4.53)
edu_mig	-0.1999	-0.1485	-0.2381	-0.2320	-0.1356	-0.1253	-0.1094	-0.0988
	(-0.60)	(-0.44)	(-0.88)	(-0.86)	(-0.64)	(-0.59)	(-1.22)	(-1.09)
edu_nonmig	-0.4854	-0.4175	-0.5491*	-0.5392*	-0.5804**	-0.5609**	-0.1617***	-0.1353***
	(-1.18)	(-1.03)	(-1.73)	(-1.68)	(-2.20)	(-2.12)	(-4.13)	(-3.86)

续表

变量	(1)	(2)	(3)	(4)	(5)	(6)	(7)	(8)
	pov2300		pov3218		pov4687		pov12332	
age_mig	0.4176	0.4513	-0.0016	0.0113	0.0561	0.0650	0.0166	0.0234
	(1.45)	(1.57)	(-0.01)	(0.07)	(0.35)	(0.41)	(0.23)	(0.32)
age2_mig	-0.0047	-0.0051	0.0004	0.0002	-0.0003	0.0005	0.0001	0.0002
	(-1.35)	(-1.47)	(0.17)	(0.10)	(-0.20)	(-0.25)	(-0.16)	(-0.26)
age_nonmig	0.0290	0.0278	0.0046	0.0043	0.0040	0.0031	0.0020	0.0033
	(0.93)	(0.90)	(0.21)	(0.19)	(0.23)	(0.18)	(0.28)	(0.46)
常数项	-13.9011**	-15.0682**	-4.1418	-4.8410	-6.1060*	-6.8234**	-3.2163**	-2.7774*
	(-2.17)	(-2.36)	(-1.10)	(-1.32)	(-1.82)	(-2.08)	(-2.12)	(-1.86)
N	807	807	807	807	807	807	807	807

注：括号内为各参数估计值对应的 t 统计量，*、**、*** 分别表示在 10%、5%、1% 的水平下显著。
资料来源：根据 2019 年笔者对中部地区 1876 户农村家庭的微观调查数据，利用 Stata 15 整理得到。

释变量，关注劳动力外出务工对家庭贫困的影响；模型（2）、模型（4）、模型（6）、模型（8）则以变量 outratio 为核心解释变量，关注样本家庭的劳动力流动比例，即外出劳动力占家庭劳动力的比例对家庭贫困的影响。

从表 9 - 3 给出的回归结果来看，在三种绝对贫困标准下，模型（1）、模型（3）、模型（5）中变量 mig 对应的参数估计值的符号均为负，且当贫困标准为 2300 元时，参数估计值在 10% 的水平下显著为负，这表明对于处于绝对贫困标准下的样本家庭而言，劳动力外出务工能够降低家庭贫困发生的概率，且样本家庭的贫困程度越深，外出务工对家庭贫困的积极影响越显著。相对地，在相对贫困标准下，变量 mig 对应的参数估计值不显著，且其符号与绝对贫困标准下的情况相反，这表明当样本家庭处于绝对贫困尤其是深度贫困时，外出务工往往是其增加家庭收入、改善家庭贫困最直接有效的方式，但随着贫困标准的提升，仅仅从外出务工与否很难判定其对样本家庭贫困状态的具体影响，与单一的外出务工与否相比，高收入标准下的贫困与否更多地取决于家庭成员外出就业的层次和家庭的人口及经济结构等因素。

进一步地，观察模型（2）、模型（4）、模型（6）、模型（8）中变量 outratio 对应的参数估计值可以发现，不论是在绝对贫困标准下还是在相对贫困标准下，该变量的参数估计值均为负数，且在相对贫困标准下该变量的参数估计值在 1% 的水平下显著，这说明外出劳动力占家庭劳动力的比例越高，家庭处于贫困状态的概率越低。由于样本家庭均来自农村，故外出劳动力占家庭劳动力的比例在一定程度上反映了样本家庭劳动力由农业向第二、第三产业转移的情况，即微观家庭层面的劳动力配置情况，外出劳动力占比的提升是对家庭劳动力配置的优化，有益于家庭经济水平的提升，具体表现为各贫困标准下对家庭脱贫的正向影响。

此外，由回归结果中各控制变量前的参数估计结果可知：①不论在哪个模型中，变量 fsize 对应的参数估计值均至少在 5% 的水平下显著为正，这意味着对于农村家庭而言，家庭人口规模越大，即家庭成员数越多，家庭处于贫困状态的概率就越大；②与描述性统计部分的结果相对应，变量 disease 前的参数估计值在各模型中亦显著为正，即当家庭中患重大疾病的人数增加时，家庭处于贫困状态的概率也会相应地升高；

③表征家庭成员中流动人口和非流动人口受教育程度的变量 edu_mig 和 edu_nonmig 前的参数估计值在各模型中的符号均为负，且随着贫困标准的上升，家庭非流动人口的受教育年限即变量 edu_nonmig 对应的参数估计值的显著性逐渐增强，这表明，对于一个家庭而言，家庭成员受教育程度的提升对降低家庭贫困的概率有正向的影响，而家庭非流动人口的受教育程度在家庭脱离更高水平的贫困中影响更为突出。

具体地，根据前述统计性分析，受访家庭中流动人口的受教育程度整体高于非流动人口，因此相较于外出劳动力的受教育程度，家庭非流动人口的受教育程度更能反映一个家庭整体受教育程度的高低，而受教育程度作为人力资本的主要构成部分，是决定家庭劳动力就业层次，即家庭劳动力能够进入的行业和能够选择的职业范围的重要基础，故而对于样本家庭而言，家庭非流动人口的受教育程度在其脱离更高水平的贫困时具有更重要的推动作用。

控制变量 $farm$ 对应的参数估计值的符号随着贫困标准的升高而发生了由负到正的转变，且在以相对贫困标准为依据划分贫困的两组回归结果中均在1%的水平下显著为正。变量 $farm$ 是指代样本家庭是否从事农业生产的二元变量，其估计参数的符号转变表明，对于贫困程度较深的农村贫困家庭而言，由于从事农业生产能够给其带来基本的家庭收入，因此表现出对样本家庭绝对贫困的缓解作用。而在更高的贫困标准下，相较于从事传统的农业生产活动，农村家庭的劳动力可以通过外出务工等方式参与生产率更高的生产活动从而获得更高的经济收入。此时，依然从事农业生产活动通过阻碍劳动力向高生产率行业的转移限制了样本家庭收入的增加，从而给样本家庭脱离相对贫困带来负面影响。

综合变量 mig 、 edu_nonmig 以及 $farm$ 的参数估计值在从基本的每人每年2300元、每人每年3218元、每人每年4687元的绝对贫困标准到每人每年12332元的相对贫困标准提升的过程中所发生的符号及显著性的变化可以得出，对于深度贫困家庭而言，外出务工依然是其改善自身贫困状况的直接且有效的手段，但对于更高贫困标准下的贫困家庭，尤其是对于相对贫困家庭来说，除生病这一不可控因素外，只有更多地从农业生产中解放劳动力、提升家庭成员的人力资本，才能更深层次、更彻底地脱离贫困。

2. 劳动力流动对家庭年人均纯收入影响的回归分析

（1）劳动力流动对家庭年人均纯收入影响的 OLS 回归分析

统计性分析中对农村家庭劳动力外流原因的相关讨论表明，期望获得更高的收入是农村家庭劳动力外流的首要动因，因此本章进一步分析劳动力流动对农村家庭年人均纯收入的影响。具体地，表9－4给出了以劳动力流向作为划分样本数据的依据，对不同样本组的数据以家庭年人均纯收入为被解释变量、外出劳动力占家庭劳动力的比例为核心解释变量的 OLS 回归结果。OLS 回归中控制变量的选择与前述 Logit 回归中一致，此处不再赘述。模型（9）为全样本组回归结果，模型（10）、模型（11）、模型（12）依次为东部地区样本组、中部地区样本组以及西部地区样本组所对应的回归结果，各样本组参与回归的样本数分别为 558 户、199 户以及 47 户。

表 9 － 4　劳动力流动对家庭年人均纯收入影响的 OLS 回归结果

变量	（9）	（10）	（11）	（12）
	全样本	东部地区样本	中部地区样本	西部地区样本
outratio	0. 2609 ***	0. 1402	0. 5449 ***	0. 1609
	(3. 53)	(1. 55)	(3. 99)	(0. 44)
fsize	－ 0. 1342 ***	－ 0. 1189 ***	－ 0. 1683 ***	－ 0. 1904 **
	(－ 6. 48)	(－ 4. 79)	(－ 4. 10)	(－ 2. 04)
felder	0. 0262	0. 0148	－ 0. 0806	0. 1623
	(0. 94)	(1. 25)	(－ 1. 46)	(1. 12)
fchild	－ 0. 1597 ***	－ 0. 2212 ***	－ 0. 0438	0. 0332
	(－ 4. 77)	(－ 5. 48)	(－ 0. 66)	(0. 24)
disease	－ 0. 3310 ***	－ 0. 3114 ***	－ 0. 2897 ***	－ 0. 3843
	(－ 5. 82)	(－ 4. 49)	(－ 2. 76)	(－ 1. 13)
farm	－ 0. 1824 ***	－ 0. 1842 ***	－ 0. 1793 *	－ 0. 0705
	(－ 3. 62)	(－ 2. 98)	(－ 1. 94)	(－ 0. 29)
edu_ mig	0. 0765 ***	0. 1012 ***	0. 0690 *	0. 2194
	(3. 21)	(3. 26)	(1. 81)	(1. 49)
edu_ nonmig	0. 1136 ***	0. 1082 ***	0. 1160 **	0. 0133
	(4. 05)	(3. 11)	(2. 37)	(－ 0. 09)
age_ mig	0. 0100	－ 0. 0011	0. 0243	－ 0. 0968
	(0. 50)	－ (0. 04)	(0. 73)	(－ 0. 87)

变量	(9)	(10)	(11)	(12)
	全样本	东部地区样本	中部地区样本	西部地区样本
$age2\_mig$	- 0.0002	- 0.0000	- 0.0003	0.0012
	(- 0.66)	(- 0.12)	(- 0.83)	(0.92)
age_nonmig	- 0.0006	- 0.0006	- 0.0029	- 0.0027
	(- 0.32)	(- 0.25)	(- 0.77)	(- 0.31)
常数项	10.1327 ***	10.3977 ***	9.8051 ***	12.0583 ***
	(25.32)	(19.84)	(15.40)	(5.34)
N	804	558	199	47

注：括号内为各参数估计值对应的 t 统计量，＊、＊＊、＊＊＊分别表示在 10%、5%、1% 的水平下显著。

资料来源：根据 2019 年笔者对中部地区 1876 户农村家庭的微观调查数据，利用 Stata 15 整理得到。

　　从表 9 - 4 给出的回归结果可以看出，在全样本组中核心解释变量 *outratio*，即外出劳动力占家庭劳动力的比例对应的参数估计值为 0.2609 > 0，且在 1% 的水平下显著，表明家庭劳动力中外出务工的劳动力占比越高，家庭年人均纯收入越高，具体表现为在其他变量不变的情况下，外出劳动力占家庭劳动力的比例每提高 1 个百分点，能够使得家庭年人均纯收入增加 26.09%。而在分样本组回归结果中，首先，对于中部地区样本组而言，变量 *outratio* 对应的参数估计值为 0.5449，且在 1% 的水平下显著，即在其他变量不变的情况下，流动人口在中部地区务工的家庭中，外出劳动力占家庭劳动力的比例每提高 1 个百分点，家庭年人均纯收入增加 54.49%；其次，对于东部和西部地区样本组而言，变量 *outratio* 对应的参数估计值虽然都不显著，但二者估计值的 p 值大小有明显差异，模型（10）中变量 *outratio* 对应的参数估计值的 p 值为 0.122，模型（12）中变量 *outratio* 对应的参数估计值的 p 值则为 0.664。由于各样本组回归结果中，变量 *outratio* 对应的参数估计值的符号均为正，且在全样本组和中部地区样本组中的回归结果显著，故可认为对于农村家庭而言，外出劳动力占家庭劳动力比例的提升对家庭年人均纯收入有正向影响。但由于样本家庭均来自中部地区省份，故可进一步得到对于选择在中部地区内部流动的农村家庭而言，外出劳动力占家庭劳动力比例的提升对家庭年人均纯收入的积极影响最为显著。

此外，从回归结果中各解释变量对应的参数估计值可以看出：①在全样本组及各分样本组中，变量 fsize 对应的参数估计值均为负值，且全样本组、东部地区样本组以及中部地区样本组中对应的参数估计值均在 1% 的水平下显著，西部地区样本组中对应的参数估计值在 5% 的水平下显著，这一结果表明家庭人口规模的增加会引起家庭收入水平的下降，这是对家庭人口规模增加会引致家庭贫困概率上升的内在解释；②在全样本组及各分样本组中，变量 disease 对应的参数估计值亦均为负值，且在除西部地区样本组外的其他三组样本中均显著，这说明家庭中患重大疾病的人数增加会引起家庭年人均纯收入的减少，其背后可能的原因在于，家庭中患重大疾病的人数增加往往意味着家庭中具有实际生产力、能够为家庭创造收入的劳动力减少，从而引起家庭年人均纯收入的下降；③在全样本组及各分样本组中，变量 farm 对应的参数估计值也均为负值，且同样在除西部地区样本组外的其他三组样本中均显著，以东部地区样本组为例，小于 0 的参数估计值意味着在其他变量不变的情况下，相较于脱离农业生产的家庭，从事农业生产的家庭年人均纯收入低 18.42%，这是因为相较于农业生产所增加的收入，外出务工往往能够给家庭带来更高的收入。

表 9−4 的回归结果还显示，控制变量 edu_mig 和 edu_nonmig 在模型（9）、模型（10）、模型（11）和模型（12）中的参数估计值均为正，且在除模型（12）外的三个模型的回归结果中显著。不论是家庭流动人口的受教育程度还是家庭非流动人口的受教育程度，都是家庭劳动力人力资本水平的体现，更高的受教育程度能够提升劳动力在劳动力市场中的竞争力从而增加收入，继而使其家庭年人均纯收入增加。

进一步对比控制变量 farm 和 edu_mig 在东部地区样本组和中部地区样本组中的回归结果①可以发现，上述两个变量在东部地区样本组中的参数估计值的绝对值均大于中部地区样本组，且变量 edu_mig 在两地区样本组间的参数估计值差距更为明显。对此，一方面，东部地区经济发达使得东部地区的工资水平整体高于中部地区，从而使得在东部地区务

---

① 由于变量 farm 和 edu_mig 在西部地区样本组的参数估计值均不显著，故此处不再将该地区的回归结果纳入比较。

工的家庭能够获得比中部地区更高的务工收入，而更高的务工收入对于劳动力在东部地区务工的家庭而言意味着家庭中劳动力从事农业生产活动面临更高的机会成本，最终使得劳动力到东部地区务工的家庭其收入对保留农业生产活动的反应更为敏感；另一方面，受地区经济发展水平和发展需要的影响，东部地区对劳动力具有更强的吸引力，从而使得东部地区劳动力市场的竞争更为激烈，包含受教育程度在内的劳动力的人力资本水平对这一地区劳动力的收入水平影响更大，具体表现为相较于劳动力在中部地区务工的家庭，劳动力在东部地区务工的家庭其收入对流动劳动力的受教育程度更为敏感。

（2）劳动力跨省流动对家庭年人均纯收入影响的 OLS 回归分析

为进一步分析劳动力流动的跨省决策，即家庭流动劳动力在省内务工和省外务工间的选择对农村家庭年人均纯收入的影响，在前述 OLS 计量回归的基础上将核心解释变量从家庭中外出劳动力占家庭劳动力的比例 outratio 替换为变量 outofprov。该变量为刻画劳动力流动跨省决策的哑变量，取值为 1 表明家庭流动劳动力选择在省外务工，取值为 0 则表明家庭流动劳动力选择在省内务工。此次回归以样本家庭所在省份为划分依据，数据涉及来自河南省和安徽省的总计 727 户外出务工家庭，其中河南省家庭 326 户，安徽省家庭 401 户，表 9 - 5 为具体的 OLS 回归结果。

表 9 - 5　劳动力跨省流动对家庭年人均纯收入影响的 OLS 回归结果

变量	(13)	(14)	(15)
	全样本	河南省样本	安徽省样本
outofprov	0.1609 **	0.1657 *	0.1735 **
	(2.48)	(1.88)	(2.22)
fsize	-0.1433 ***	-0.1364 ***	-0.2038 ***
	(-6.62)	(-4.70)	(-7.14)
felder	0.0394	0.0729	0.0163
	(1.34)	(1.64)	(0.48)
fchild	-0.1643 ***	0.0050	-0.1480 ***
	(-4.76)	(0.11)	(-2.89)
disease	-0.32972 ***	-0.1491 *	-0.4063 ***
	(-4.95)	(-1.73)	(-5.57)

续表

变量	（13）	（14）	（15）
	全样本	河南省样本	安徽省样本
farm	- 0. 2184 ***	- 0. 0940	0. 0143
	（ - 4. 09）	（ - 1. 11）	（0. 22）
edu_ mig	0. 0897 ***	0. 0785 **	0. 0256
	（3. 61）	（2. 04）	（0. 87）
edu_ nonmig	0. 1163 ***	0. 0556	0. 0651 *
	（3. 97）	（1. 24）	（1. 79）
age_ mig	0. 0080	0. 0122	0. 0137
	（0. 39）	（0. 40）	（0. 56）
age2_ mig	- 0. 0001	- 0. 0002	- 0. 0003
	（ - 0. 58）	（ - 0. 43）	（ - 0. 84）
age_ nonmig	- 0. 0006	- 0. 0031	0. 0011
	（ - 0. 30）	（ - 1. 21）	（0. 36）
常数项	10. 2548 ***	9. 6385 ***	10. 7799 ***
	（24. 87）	（16. 31）	（21. 54）
N	727	326	401

注：括号内为各参数估计值对应的 t 统计量，*、**、*** 分别表示在 10%、5%、1% 的水平下显著。

资料来源：根据 2019 年笔者对中部地区 1876 户农村家庭的微观调查数据，利用 Stata 15 整理得到。

根据表 9 - 5 中模型 （13） 至模型 （15） 的回归结果，表征外出务工家庭劳动力跨省务工的变量 *outofprov* 对应的参数估计值均为正数，且模型 （13） 和模型 （15） 中变量 *outofprov* 对应的参数估计值均在 5% 的水平下显著，模型 （14） 中该变量的参数估计值在 10% 的水平下显著。这一结果表明，在其他条件相同的情况下，劳动力跨省务工的家庭其收入水平要高于劳动力在省内务工的家庭。具体地，综合模型 （14） 和模型 （15），即河南省与安徽省数据的回归结果来看，由跨省与否所引起的两类家庭间的收入差异在 17% 左右。前文对样本家庭外出务工人员流向的统计性分析表明，河南省与安徽省的外出务工家庭中选择跨省务工的家庭占比均超过了 70%，且跨省务工家庭中的绝大多数流向了东部地区。结合东部地区经济发达、整体工资水平高的特点便不难理解跨省务工这一决策给外出务工家庭带来的增收效应。

　　此外，从控制变量的角度来看，几个重要变量的回归结果与此前的 OLS 回归结果在参数估计值的符号上保持一致。首先，不论是从全样本还是从河南省与安徽省样本的回归结果来看，变量 *fsize* 和变量 *disease* 对应的参数估计值依然显著为负，进一步肯定了家庭人口规模以及家庭中患重大疾病的人数与家庭年人均纯收入间的反向变动关系；其次，变量 *edu_ mig* 和变量 *edu_ nonmig* 在模型（13）至模型（15）中的参数估计值始终为正数，且变量 *edu_ mig* 的参数估计值在全样本和河南省样本的回归结果中显著，变量 *edu_ nonmig* 的参数估计值在全样本和安徽省样本的回归结果中显著，表明家庭成员受教育程度的提升对家庭年人均纯收入的增加起着重要作用。

　　从表 9 - 5 模型（13）至模型（15）的回归结果中还可以看出，全样本和安徽省样本中变量 *fchild* 对应的参数估计值均在 1% 的水平下显著为负，再次说明了家庭抚养人口数即儿童数量的增加会导致家庭年人均纯收入的减少。其背后的原因在于，儿童作为家庭抚养人口，其数量的增加会引起家庭中劳动力占比的相对下降，在家庭总收入不变的情况下会使得家庭年人均纯收入下降。需要注意的是，在河南省样本的回归结果中，该变量参数估计值的符号发生了变化，但由于河南省样本的回归结果中变量 *fchild* 的参数估计值很小且不显著，故仍认为家庭抚养人口数对家庭年人均纯收入的负面影响更为突出。

　　综合上述计量回归的结果来看，首先，对于处于深度贫困的农村家庭而言，外出务工仍是其有效且直接的脱贫手段。进一步地，对于各贫困标准下的农村家庭而言，让更多的家庭劳动力退出农业生产，优化家庭劳动力配置，能够通过增加家庭年人均纯收入有效地减缓家庭贫困。其次，就家庭外出务工地点的选择而言，去往经济更为发达的地区务工比留在当地务工能够增加家庭年人均纯收入。再次，家庭人口规模，尤其是家庭抚养人口数和家庭中患重大疾病的人数增加会加重家庭负担、降低家庭年人均纯收入水平，从而成为家庭增收减贫的突出阻力。最后，家庭人口的整体受教育程度高对农村家庭增收减贫具有积极的推动作用，是农村家庭能够长久、根本地实现脱贫的关键。

　　基于上述分析，在不同模型下，选用不同变量、使用不同样本组所得到的结论基本一致，因此可以认为本章的实证研究结果是稳健的。

四　劳动力流动对农村家庭相对贫困影响的实证研究

根据前文对农村家庭贫困性的分析可知，在调查年份，即 2019 年，在世界银行给出的每人每天 1.5 美元的绝对贫困标准下，农村家庭中的绝对贫困家庭占比已不足总数的 5%。包括受访地区的农村家庭在内，国家内部绝对贫困的全面消除是经济社会发展的必然结果，这使得贫困的定义标准由绝对向相对的转变成为国家开展下一阶段治贫工作的自然需求和必要前提。因此，本部分将进一步深入分析劳动力流动对农村家庭相对贫困的影响。具体地，本部分将相对贫困的比较范围从农村家庭内部扩展至跨省务工家庭与流入地城镇家庭之间以及省内务工家庭与本省份城镇家庭之间。

之所以将比较的重点放在外出务工家庭与流入地城镇家庭之间，是因为本书对农村家庭劳动力的流动性分析显示，存在劳动力流动情形的受访农村家庭中，劳动力一年内外出时长不低于 10 个月的家庭占比达到了 89.15%，一年内外出时长在 6 个月以上的家庭占比自然更高，这一事实表明超九成的农村家庭的流动劳动力本质上已属于其流入地的常住人口。同时，根据国家发展改革委印发的《2020 年新型城镇化建设和城乡融合发展重点任务》，国家新型城镇化战略的核心在于促进"人的城镇化"，推动农业转移人口市民化是国家新型城镇化建设的重点任务，因而在这一背景下，以流入地城镇家庭的收入水平作为劳动力流动家庭相对贫困的参照标准，既符合农村家庭的发展实际，又能够为农业转移人口市民化相关工作的开展提供参考。

（一）计量模型设定

由于作为被解释变量的家庭相对贫困的状态依然为包含"贫困"与"不贫困"两种结果的二元离散变量，故此处仍选用 Logit 模型作为本部分实证研究的基础。这里用虚拟变量 $relapov$ 表示家庭相对贫困的状态，若农村家庭为相对贫困标准下的贫困家庭则 $relapov = 1$，反之 $relapove = 0$。在具体实证中，农村家庭相对贫困的判定主要分为三种情况：①对于全样本家庭，以样本家庭年人均纯收入中位数的 60%（即 12332 元）为基准，家庭年人均纯收入低于这一指标的家庭即划定为相对贫困家庭，对应的贫困变量记为 $pov12332$；②对于省内务工家庭，以家庭所在省份调查年份当年城镇居民可支配收入的 60% 作为相对贫困标准，低于该标准即划定为贫困，对应的贫困变量记为 $relapov01$；③对于跨省务工家庭，以劳动力流入省份调查年份当年城镇居民可支配收入的 60% 作为相对贫困标准，低于该标准即划定为贫困，对应的贫困变量记为 $relapov02$。进行实证的 Logit 模型的具体形式为：

$$\ln \frac{prob(relapov = 1)}{1 - prob(relapov = 1)} = \beta_0 + \beta_1 x_1 + \beta_2 x_2 \qquad (9-3)$$

其中，x_1 为表征家庭流动人口，即农村家庭外出劳动力个体特征的一组解释变量，具体包括农村家庭外出劳动力的年龄（age_mig）、年龄的平方（$age2\_mig$）、受教育年限（edu_mig）、婚姻状况（$mig\_married$）四个变量。x_2 为表征农村家庭劳动力流动行为本身特征的一组解释变量，具体包括子女是否随迁（$withchild$）、在东部地区务工（$eastward$）、在西部地区务工（$westward$）三个变量。变量 $mig\_married$、$withchild$、$eastward$、$westward$ 均为哑变量，各自的取值与含义分别为：①变量 $mig\_married = 1$ 表明外出劳动力已婚，$mig\_married = 0$ 表明外出劳动力未婚①；②变量 $withchild = 1$ 表明外出劳动力选择将子女带在身边一起生活，$withchild = 0$ 表明外出劳动力的子女留在家乡生活；③变量 $eastward$ 和 $westward$ 用于表征农村家庭外出劳动力对流入地的区域性选择，$eastward = 1$ 表明农村家庭外出劳动力的流入地选择为东部地区，$westward = 1$ 表明农村家庭外出劳动力的流入地选择为西部地区，二者均为 0 则表明农村家庭外出劳动力的流入地选择为中部地区。

（二）变量的描述性统计

依据前述研究目标，本部分的研究对象划定为劳动力一年内外出务工时长超过 6 个月的样本家庭。表 9-6 所给出的各变量的描述性统计结果显示，变量 $pov12332$ 的均值为 0.2348，表明当以样本家庭年人均纯收

---

① 在实际回归中，婚姻状况为离异与丧偶的外出务工人员对应的变量 $mig\_married$ 的值均定义为 0。

入中位数的60%（即12332元）为贫困标准时，劳动力一年内外出务工时长超过6个月的样本家庭中相对贫困家庭的占比为23.48%；变量 relapov01 的均值为0.5030，表明对于劳动力在省内务工的农村家庭而言，当以本省份城镇居民可支配收入的60%作为相对贫困的判定标准时，省内务工家庭中相对贫困家庭的占比为50.30%；变量 relapov02 的均值为0.6568，表明对于劳动力跨省务工的农村家庭而言，当以流入省份城镇居民可支配收入的60%作为相对贫困的判定标准时，跨省务工家庭中相对贫困家庭的占比为65.68%。

表9-6　以相对贫困为被解释变量的 Logit 模型中各变量的描述性统计

变量	观测值	均值	标准差	最小值	最大值
pov12332	1316	0.2348	0.4240	0	1
relapov01	1316	0.5030	0.5002	0	1
relapov02	1279	0.6568	0.4750	0	1
age_mig	1285	37.8949	9.7664	17	70
age2_mig	1285	1531.336	779.1588	289	4900
edu_mig	1286	2.4759	1.2008	0	6
mig_married	1285	0.8265	0.3789	0	1
withchild	1036	0.2828	0.4506	0	1
eastward	1295	0.7097	0.4541	0	1
westward	1297	0.0486	0.2150	0	1

资料来源：根据2019年笔者对中部地区1876户农村家庭的微观调查数据，利用 Stata 15 整理得到。

从三种贫困标准下对应样本家庭中相对贫困家庭的占比情况不难看出，当样本家庭贫困与否的参照对象从农村家庭转变为城镇家庭后，相对贫困家庭的占比由23.48%上升至50%以上，表明对于劳动力外出务工的农村家庭而言，其家庭年人均纯收入水平与城镇居民家庭间存在显著的差距，这意味着对于劳动力长期在外务工的农村家庭来说，与将劳动再生产保留在农村的现状相比，将劳动再生产过程转移到城市会使其面临更大的相对贫困压力。

根据表9-6还可以看出：①从流动劳动力的个体特征来看，劳动力一年内外出务工时长超过6个月的外出务工人员的平均年龄为37.89岁，平均受教育程度介于初中和高中之间①，且已婚的外出务工人员占外出务工人员总数的 82.65%；②从劳动力流动的行为特征来看，劳动力一年内外出务工时长超过 6 个月的家庭中子女同劳动力一同外出的家庭占比为 28.28%，劳动力流入地为东部地区省份的家庭占比为 70.97%，劳动力流入地为西部地区省份的家庭占比不足 5%。

（三）回归结果与分析

表 9 - 7 给出了对以不同的相对贫困标准划分的家庭贫困进行 Logit 回归得到的结果。具体地，模型（16）以 1017 户劳动力一年内外出务工时长超过 6 个月的家庭为样本，模型（17）以 187 户劳动力一年内外出务工时长超过 6 个月的省内务工家庭为样本，模型（18）则以 812 户劳动力一年内外出务工时长超过 6 个月的跨省务工家庭为样本。由于对于在省内务工的家庭而言不存在流入地地理区位的问题，故模型（17）不包含 *eastward* 和 *westward* 两个变量。

表 9 - 7 劳动力流动的具体特征对家庭相对贫困的影响

变量	(16)	(17)	(18)
	*pov*12332	*relapov*01	*relapov*02
age_mig	0.0683	0.1775	0.1370 *
	(1.03)	(1.25)	(1.86)
age2_mig	- 0.0010	- 0.0026	- 0.0019 **
	(- 1.27)	(- 1.56)	(- 2.19)
edu_mig	- 0.2621 ***	- 0.4103 ***	- 0.2774 ***
	(- 3.50)	(- 3.12)	(- 3.34)
mig_married	- 0.6405 *	- 0.8047	- 0.8687
	(- 1.84)	(- 0.97)	(- 1.63)
withchild	0.1391	- 0.1698	- 0.6324 ***
	(0.85)	(- 0.48)	(- 3.56)
eastward	- 0.2945 *		0.2917
	(- 1.73)		(0.81)

① 1 表示小学及以下学历，2 表示初中学历，3 表示高中学历，*edu_mig* 的均值为 2.4759，故平均受教育程度介于初中和高中之间。

变量	（16）	（17）	（18）
	pov12332	*relapov01*	*relapov02*
westward	- 0.8017 **		- 1.2794 ***
	（- 2.04）		（- 2.87）
常数项	- 0.6264	- 0.1686	0.1747
	（- 0.50）	（- 0.06）	（0.12）
N	1017	187	812

注：括号内为各参数估计值对应的 t 统计量，*、**、*** 分别表示在 10%、5%、1% 的水平下显著。

资料来源：根据 2019 年笔者对中部地区 1876 户农村家庭的微观调查数据，利用 Stata 15 整理得到。

从表 9 - 7 给出的回归结果来看，在家庭外出劳动力的个人特征方面，首先，家庭外出劳动力的年龄 *age_mig* 在各模型回归结果中的参数估计值均为正数，且模型（18）中该变量对应的参数估计值在 10% 的水平下显著，这表明家庭中外出劳动力的年龄越大，其家庭陷入相对贫困的概率越高。需要注意的是，劳动力年龄的平方 *age2_mig* 对应的参数估计值均为负数，表明外出劳动力的年龄对家庭相对贫困的影响存在方向拐点。由于农村外出务工的劳动力大多进入制造业工作，而制造业的工作岗位要求往往更注重劳动力的体能，对于外出劳动力而言，年龄的增长意味着自身体能的下降，而与之同步下降的还有其就业竞争力以及由就业竞争力所决定的收入水平，这就使得农村家庭外出劳动力的年龄增长表现出对家庭脱贫的负面影响。但是，年龄的增长也意味着更丰富的阅历和工作经验。在实际生活中，技能熟练的工人往往比新人能够获得更高的收入，在模型中即表现为外出劳动力年龄的平方小于 0 的参数估计值。

其次，模型（16）至模型（18）的回归结果中变量 *edu_mig* 对应的参数估计值均在 1% 的水平下显著为负，表明家庭外出劳动力受教育程度的提升能够降低家庭陷入相对贫困的概率。对于劳动力外出务工的家庭，劳动力的受教育程度是其人力资本的重要组成部分，在其他条件相同的情况下，受教育程度的提高意味着人力资本水平的上升，人力资本水平的上升则进一步通过增强劳动力在流入地就业市场上的竞争力而使其获得高收入。基于受教育程度的提高所带来的家庭收入的增加能够有效缩小外出务工家庭与流入地城镇家庭间的收入差距，缓解外出务工家庭的相对贫困程度。表征外出务工劳动力婚姻状况的变量 $mig\_married$ 的参数估计值在三个样本组中均为负数，表明相较于外出劳动力未婚的农村家庭，外出劳动力已婚的家庭处于相对贫困的概率更低。

在家庭劳动力流动的行为特征方面，首先，变量 $withchild$ 在以受访家庭作为相对贫困参照的模型（16）中的参数估计值为正但不显著，而在以流入地城镇家庭作为相对贫困参照的模型（17）和模型（18）中均对应小于 0 的参数估计值，且模型（18）的回归结果中该变量的参数估计值在 1% 的水平下显著。对于外出务工的劳动力而言，通常在自身工作稳定、收入相对宽裕的情况下才会将子女带在身边，在模型中就表现为子女随迁的外出务工家庭处于相对贫困的概率较低，即可以认为模型（18）中显著为负的变量 $withchild$ 的回归系数更多反映的是家庭在城镇生活中所处的相对贫困状态对子女随迁的影响。

其次，变量 $eastward$ 在模型（16）中的参数估计值小于 0 且在 10% 的水平下显著，在模型（18）中的参数估计值则为正数。这一结果表明，一方面，当相对贫困的参照对象是同为农村家庭的其他家庭时，劳动力常年在东部地区务工的家庭其相对贫困状况优于劳动力在其他地区务工的家庭，其背后的原因在于，与中西部地区相比，东部地区经济发展速度快，居民收入水平高，劳动力去往东部地区务工能够获得比其他地区更高的工资性收入，进而使得劳动力在东部地区务工的家庭其收入在有劳动力外出的家庭中处于较高水平。另一方面，当相对贫困的参照对象是流入地的城镇家庭时，东部地区居民整体收入水平高的特点反过来使得劳动力在这一地区务工的家庭与本地区家庭间的收入差距明显，外来务工家庭在当地的相对贫困状况更为严峻。

最后，变量 $westward$ 在模型（16）和模型（18）中的参数估计值均显著为负，表明就劳动力流动的地区选择而言，去往西部地区务工能够降低家庭陷入相对贫困的概率。根据变量 $westward$ 的描述性统计结果，在劳动力一年内外出务工时长超过 6 个月的家庭中去往西部地区务工的家庭占比仅为 4.86%，这部分外出劳动力选择去经济相对落后的西部地区而非经济更为发达的东部和中部地区务工，很可能是因为尽管该地区整体收入水平偏低，但其在当地从事的工作为其提供了相对较高的薪资水平，也正因如此，模型（16）中去往西部地区务工这一劳动力流动的地区选择表现出降低家庭相对贫困概率的特点。而在模型（18）中，由于相对贫困的参照对象为流入地的城镇家庭，已知西部地区的整体收入水平相对较低，综合前述对西部地区务工家庭薪资水平较高的推断，便不难理解变量 westward 在模型（18）中的回归结果显著为负的原因。

五　本章简要小结

本章基于 2019 年笔者对河南省和安徽省贫困县 1876 户农村家庭的微观调查数据，对中部地区农村家庭贫困和劳动力流动现状进行了分析，并借助 Logit 模型和多元线性回归模型，重点研究了贫困地区农村家庭的劳动力流动对家庭贫困发生概率和年人均纯收入的影响，并在考虑我国扶贫目标发生阶段性变化的背景下，进一步分析了农村家庭流动劳动力的个体差异与劳动力流动的行为差异对劳动力长期外流的农村家庭在流入地相对贫困程度的影响。研究结果如下。

（1）家庭劳动力流动能够通过增加农村家庭的收入缓解家庭贫困，且家庭劳动力外出务工的比例越高，外出务工对家庭的增收减贫效应越明显。此外，尽管面对不同程度的家庭贫困，外出务工所能起到的缓解程度会有所不同，但对于深度贫困家庭而言，劳动力流动依然是改善自身贫困状况的直接且有效的手段。

（2）对于处于经济发展水平落后或相对落后省份的农村家庭而言，劳动力离开本地去往经济更为发达的地区务工能够给家庭带来更多的收入。依据宏观视角下劳动力流动对家庭贫困影响的理论分析，经济更为发达的地区往往工资水平更高，非农就业机会更多，从而表现出对劳动力流动增收减贫效应的强化。

（3）对中部地区农村家庭的现状分析显示，生病是导致家庭贫困的首要原因，家庭中患重大疾病的人数增多会对农村家庭造成严重的经济冲击，大大提高家庭陷入贫困的概率。而根据微观视角下劳动力流动对家庭贫困影响的理论分析，劳动力流动能够通过增加家庭收入提升家庭抵御此类经济风险的能力，从而避免农村家庭因病致贫、因病返贫。

　　（4）外出务工劳动力受教育程度的提升对增加家庭收入、缓解家庭贫困具有明显的正向效应。对于有在城市落户意愿的农村外出务工家庭而言，基于受教育程度提升所带来的家庭收入的增加能够有效缩小外出务工家庭与流入地城市家庭间的收入差距，缓解外出务工家庭的相对贫困程度。

第十章 农村劳动力流动有助于
可持续减贫吗？
——基于西部地区 1876 户农户调查数据的贫困脆弱性研究

脱贫攻坚决胜年，我国成功实现了 9899 万农村贫困人口全面脱贫、832 个贫困县全体摘帽、12.8 万个贫困村全体出列的脱贫壮举，完成了消除绝对贫困的历史性任务，提前 10 年达成《联合国 2030 年可持续发展议程》的减贫计划，不仅推进了我国全面建设小康社会的战略目标，而且为国际减贫治理提供了中国样本和中国理念。然而，"胜非其难也，持之者其难也"。一些偏远地区由于地理位置较差、生态环境恶劣、经济基础和产业发展薄弱，部分已脱贫的农村贫困边缘家庭（贫困脆弱户）仍存在返贫风险，脱贫过渡期能否实现稳定生计和可持续减贫是一个亟待考究的问题。习近平总书记在全国脱贫攻坚总结表彰大会上的讲话中强调，要切实做好巩固拓展脱贫攻坚成果同乡村振兴有效衔接各项工作，让脱贫基础更加稳固、成效更可持续。因此，如何有效防止脱贫的贫困脆弱户返贫、实现可持续减贫，对推进乡村振兴战略、实现共同富裕具有重要的现实意义。

已有文献在劳动力流动如何影响家庭当前贫困状态方面做了多维度、多标准、较为细致的研究，但未见关于劳动力流动对可持续减贫影响的研究。因此，本章可能的边际贡献在于以下三个方面。①考察劳动力流动对可持续减贫的影响。本章认为研究可持续问题既需要研究当前的减贫效应，也需要研究未来的减贫效应。因此，本章首先考察劳动力流动对家庭当前贫困的影响；其次使用预期贫困脆弱性（VEP）测度方法预测家庭未来发生贫困的概率，研究劳动力流动对家庭未来贫困的影响。②使用多元的贫困标准。使用相对贫困、多维贫困和主观贫困三个标准分别考察劳动力流动减贫效应的可持续性，为今后从多维度制定预防性减贫政策提供微观基础。③借助反事实分析框架纠正内生性偏误。在进一步比较省外劳动力流动和省内劳动力流动的减贫效应差异时，本章使用倾向得分匹配（PSM）方法将两种家庭按照家庭特征匹配，比较在相近的家庭禀赋下向省外流动和向省内流动的减贫异质性，以纠正由"自选择"造成的内生性偏误，提高结论的准确性和稳健性。

一　研究设计

本章探究我国中部地区劳动力流动对贫困的影响，实证中首先考察劳动力流动对家庭当前贫困状态的影响，其次利用贫困脆弱性概念预测家庭未来陷入贫困的概率，并考察劳动力流动对未来贫困状态的影响。本部分内容从贫困脆弱性的测度和计量模型的构建两个方面展开。

（一）贫困脆弱性的测度

关于贫困脆弱性的测度主要采用低期望效用脆弱性（VEU）测度、风险暴露脆弱性（VER）测度以及预期贫困脆弱性（VEP）测度三种方法。其中，风险暴露脆弱性测度通过估计消费对风险冲击后收入变化的敏感度来判断，测度的是事后的福利损失（黄承伟等，2010）。与之不同的是，低期望效用脆弱性测度和预期贫困脆弱性测度是一种事前预测。低期望效用脆弱性测度方法是给定均衡消费的效用水平，低于这一效用水平的家庭被识别为具有贫困脆弱性，这一方法要求数据的维度能够满足用于家庭偏好的消费特征的研究需要，在实际研究中的应用并不广泛。而由 Chaudhuri 等（2002）提出的预期贫困脆弱性测度方法则是根据家庭 t 期的特征和贫困标准预期家庭 $t+1$ 期的收入或者消费低于贫困标准的概率，这种方法的优势在于不仅可以实现对个体或者家庭未来贫困发生的事前预测，而且可以利用截面数据进行脆弱性估计，避免了数据难以量化的问题。

因此，本章选取预期贫困脆弱性测度方法测度西部地区甘肃省平凉市和天水市 1876 户农村家庭的贫困脆弱性。这一方法的思想是利用截面数据反映的家庭特征构建家庭未来收入或者消费的估计方程，并在收入或者消费服从特定分布假设的前提下测算家庭未来收入或者消费低于所设定贫困标准的概率。家庭在未来陷入贫困的概率用公式可以表示为：

$$vul_{i,t} = \Pr(Inc_{i,t+1} \leq Poverty) \tag{10-1}$$

其中，$vul_{i,t}$ 表示家庭 i 在 t 期的贫困脆弱性，$Inc_{i,t+1}$ 表示家庭 i 在 $t+1$ 期的预期收入水平，$Poverty$ 表示所设定的贫困标准。Pr 表示家庭在 $t+1$ 期的收入 $Inc_{i,t+1}$ 低于所设定的贫困阈值 $Poverty$ 的概率。家庭在 $t+1$ 期的收入可以表示为：

$$Inc_{i,t+1} = f(X_i, \beta_i, \varepsilon_i) \qquad (10-2)$$

其中，X_i 表示影响家庭 i 在 $t+1$ 期收入水平的特征变量。根据被调查的样本家庭数据，本章纳入家庭的在读比例、老人比例、是否低保户、是否建档立卡户、人均土地面积、是否从事农业经营等特征变量。β_i 对应各个特征变量的待估系数。ε_i 是随机误差项。将式（10-2）代入式（10-1），得到：

$$vul_{i,t} = Pr(Inc_{i,t+1} = f(X_i, \beta_i, \varepsilon_i) \leqslant Poverty \mid X_i, \beta_i, \varepsilon_i) \qquad (10-3)$$

参考 Chaudhuri 等（2002）对 $t+1$ 期家庭贫困脆弱性的估计方法，由于可能存在异方差，因此采用可行广义最小二乘法（FGLS）来提高结果的准确性。

第一步，构建收入的估计方程，即对 t 期收入的对数进行 OLS 回归：

$$\ln Inc_i = X_i \beta + \varepsilon_i \qquad (10-4)$$

根据式（10-4）可以得到收入的残差 ε_i，将残差的平方 ε^2 作为收入的波动进行估计，估计方程表示为：

$$\varepsilon^2 = X_i \theta + \rho \qquad (10-5)$$

式（10-4）和式（10-5）中的 X_i 与式（10-2）中的一致，得到有效且渐进的 FGLS 估计量 $\widehat{\beta_{FGLS}}$ 和 $\widehat{\theta_{FGLS}}$。

第二步，估计对数化收入 $\ln Inc_i$ 的期望值和方差，即未来对数化收入的期望值和方差，分别如式（10-6）和式（10-7）所示：

$$\hat{E}(\ln Inc_i \mid X_i) = X_i \widehat{\beta_{FGLS}} \qquad (10-6)$$

$$\hat{V}(\ln Inc_i \mid X_i) = X_i \widehat{\theta_{FGLS}} \qquad (10-7)$$

第三步，假设收入服从对数正态分布，确定具体贫困标准后进行家庭的贫困脆弱性估计，贫困脆弱性计算公式简化为式（10-8）：

$$\widehat{vul_i} = \widehat{\Pr}\left(\ln Inc_i < \ln Poverty \,|\, X_i\right) = \Phi\left(\frac{\ln Poverty - X_i\,\widehat{\beta_{FGLS}}}{\sqrt{X_i\,\widehat{\theta_{FGLS}}}}\right) \qquad (10-8)$$

其中，$\ln Poverty$ 表示贫困标准的对数形式。

需要说明的是，本章基于相对贫困脆弱性、多维贫困脆弱性和主观贫困脆弱性三个视角考察家庭未来贫困状态。其中，相对贫困脆弱性的贫困标准选取被调查样本家庭年人均纯收入中位数的 40%（约为 3500元）和 2020 年全国农村居民人均纯收入中位数的 40%（约为 6000 元）；多维贫困指数取值为 0~1，被调查家庭多维贫困指数均值为 0.23，本章选取 0.1、0.15、0.2、0.25、0.3 等多个贫困标准考察被调查家庭多维贫困脆弱性；主观贫困指数取值为 0、0.5、1，选取 0.5 作为贫困标准考察被调查家庭主观贫困脆弱性。

（二）计量模型的构建

本章的被解释变量既包含用于评价家庭当前贫困状态的贫困变量，也包含用于预测家庭未来贫困状态的贫困脆弱性变量。贫困变量和贫困脆弱性变量是本章的核心被解释变量，被解释变量取值为 1 或者 0 的虚拟变量时，往往需要使用二值选择模型。因此，构建 Logit 模型分析劳动力流动对可持续减贫的影响，该模型的一般形式为：

$$\ln\frac{prob(pov_i=1)}{prob(pov_i=0)} = \alpha_0 + \alpha_1 mig_i + \alpha_2 X_i \qquad (10-9)$$

其中，pov_i 是表示家庭 i 是否处于贫困状态的虚拟变量，处于贫困状态的家庭取 1，处于非贫困状态的家庭取 0，适用于这一模型的被解释变量包含相对贫困、相对贫困脆弱性、多维贫困脆弱性、主观贫困和主观贫困脆弱性。mig_i 表示反映家庭 i 劳动力流动情况的变量，本章反映家庭劳动力流动情况的变量包含劳动力流动和家庭劳动力流动比例，其中劳动力流动是虚拟变量，也是本章研究的劳动力流动减贫效应的核心解释变量，当家庭存在劳动力流动情形时取 1，当家庭不存在劳动力流动情形时取 0；家庭劳动力流动比例表示存在劳动力流动情形的家庭中外流劳动力占家庭总人口的比例，取值在 0 和 1 之间。X_i 表示反映家庭特征的多个控制变量，包含在读比例、老人比例、是否低保户、是否建档立卡户、人均土地面积、是否从事农业经营等。α_0、α_1、α_2 表示待估参数。

此外，由于多维贫困指数并非二值变量，本章还构建了以多维贫困程度为被解释变量的 OLS 模型，该模型的一般形式为：

$$pov\_multi_i = \beta_0 + \beta_1 mig_i + \beta_2 X_i + \varepsilon_i \qquad (10-10)$$

其中，被解释变量 pov_multi_i 表示多维贫困程度，mig_i 为核心解释变量，X_i 为控制变量，变量含义与 Logit 模型一致，此处不再赘述。β_0、β_1、β_2 为待估参数，ε_i 为误差项。

二　贫困识别与样本家庭的特征化事实

（一）贫困的识别

本章采用相对贫困、多维贫困和主观贫困三种贫困识别方法，为系统考察劳动力流动对可持续减贫的影响提供指标依据。

1. 相对贫困

国际上相对贫困的识别方法是对居民收入的平均值或者中位数选取一定的比例作为贫困标准，发达国家往往将这个比例设定为 40% ~ 60%。由于我国贫困差距较大，使用平均值作为衡量标准会高估相对贫困人口的数量，因此国内大多数学者使用中位数的 40% 作为识别我国相对贫困的标准。2020 年我国农村居民人均可支配收入中位数为 15204 元①，按照这一标准，我国农村居民收入维度的相对贫困标准为 6082 元。本章所使用数据来源于笔者所组织的调研团队于 2019 年在甘肃省所进行的农村家庭微观调查数据，由于甘肃省经济实力低于全国平均水平，因此将这一数据向下取整，将家庭年人均纯收入低于 6000 元时认定为该家庭处于相对贫困状态，即家庭年人均纯收入低于 6000 元的家庭相对于全国的农村家庭而言处于贫困状态。此外，本章还测算了针对样本家庭而言的相对贫困标准。样本家庭年人均纯收入中位数为 8750 元，那么其相对贫困标准为 3500 元，即家庭年人均纯收入低于 3500 元的家庭相对于

---

① 数据来源于国家统计局于 2021 年 1 月发布的《2020 年居民收入和消费支出情况》。

其他样本家庭而言处于贫困状态。

2. 多维贫困

为了从多个角度考察农村家庭基本需求维度的贫困状态，本章的第二个贫困标准为多维贫困。多维贫困的测度参考多维贫困指数（MPI）的方法，该指标体系包含三个维度，共 9 个指标。参考李丽忍和陈云（2019）的研究，将每个维度赋予等权重，维度内部每个指标等权重，当家庭所有指标加权分数超过 1/3 时，认定该家庭处于多维贫困状态。考虑到我国农村贫困的现实性与调查数据的可获得性，选取包含教育、健康、生活水平三个维度 9 个指标的多维贫困指标体系。具体维度、指标、贫困临界值和权重设置见表 10 - 1。

表 10 - 1   多维贫困指标体系构建

维度	指标	贫困临界值	权重
教育	受教育年限	家庭非在读成员平均受教育年限低于 6 年时赋值为 1，反之赋值为 0	1/3
健康	健康评价	家庭任一成员患有严重疾病或生活不能自理时赋值为 1，反之赋值为 0	1/6
	医保参与	家庭任一成员未参与任何医疗保险时赋值为 1，反之赋值为 0	1/6
生活水平	清洁饮用	不能使用自来水等室内或院内用水的家庭赋值为 1，反之赋值为 0	1/18
	做饭燃料	做饭使用柴或煤炭等非清洁燃料的家庭赋值为 1，反之赋值为 0	1/18
	基础营养	一日饮食不能保证蛋、奶、肉制品、蔬菜和水果的家庭赋值为 1，反之赋值为 0	1/18
	卫生设施	不能使用室内冲水或室内马桶的家庭赋值为 1，反之赋值为 0	1/18
	住房条件	家庭人均住房面积低于 12 平方米或所住房屋为危房时赋值为 1，反之赋值为 0	1/18
	耐用消费品	电视机、洗衣机、冰箱、计算机、手机、自行车、拖拉机、摩托车、空调等耐用消费品至多拥有 3 样的家庭赋值为 1，反之赋值为 0	1/18

注：①若指标的贫困临界值为 1，表明被调查家庭在该指标上处于贫困状态，反之则表明被调查家庭在该指标上处于非贫困状态。②MPI 指标体系中教育维度下包含家庭有无失学儿童和受教育年限，本章由于数据可获得性原因仅选取受教育年限一项来考察家庭教育维度的贫困状况，这一指标的贫困临界值为家庭非在读成员平均受教育年限低于 6 年，包含未读满 6 年和未上过学的家庭成员。③需要特别说明的是，部分学者考察家庭耐用消费品指标的贫困程度时，认为家庭至多拥有 1 样比如拥有电视机、洗衣机、冰箱、计算机、手机、自行车、拖拉机、摩托车、空调等耐用消费品时就处于贫困状态。笔者所调查的农户家庭均拥有超过 1 样上述耐用消费品，出于对被调查家庭生活水平的实际考虑，本章认为家庭至多拥有 3 样上述耐用消费品的家庭处于耐用消费品贫困状态。

3. 主观贫困

相对贫困以收入维度作为贫困衡量标准，多维贫困以教育、健康和生活水平三个维度的基本需求作为贫困衡量标准，为了考察被调查家庭对贫困状态的自我感知，本章的第三个贫困标准为家庭的主观贫困。将被调查者的生活水平和对贫困情况的自评作为主观贫困的代理变量。本章从两个角度考察主观贫困状况，分别是经济情况自评和贫困情况自评。其中，经济情况自评在调查问卷中所设置的问题为"您认为您的经济情况与同村比较如何？"，答案包含五种："比他们好很多""比他们好一点""差不多""比他们稍差""离他们有一定距离"。当被调查者的回答为"比他们稍差"和"离他们有一定距离"时，则在主观上认为该家庭经济情况与其他家庭相比处于贫困状态。贫困情况自评在调查问卷中所设置的问题为"您认为您属于贫困家庭吗？"，答案包含四种："是，生活必须精打细算""还行，生活水平仍有待提高""基本可以，刚好能够吃饱喝足""还算富足，有一定可支配收入"。当被调查者的回答为"是，生活必须精打细算"时，则在主观上认为该家庭处于贫困状态。

（二）样本家庭的特征化事实

本章所使用数据来自由笔者所组织的农村调研团队于 2019 年 6 月对甘肃省天水市 G 县和平凉市 Z 县所进行的农村家庭微观调查。甘肃省曾是全国脱贫攻坚任务最重的省份之一，全省 75 个贫困县中，有 58 个属于国家集中连片特困地区贫困县，所调查的两个县曾均为国家级贫困县。尽管现已实现全面脱贫，但不少贫困县地理位置偏僻、生态环境恶劣，家庭禀赋较差的贫困边缘户极有可能因外部环境和内生动力不足而再次返贫。由此看来，对这些家庭展开可持续减贫的研究迫在眉睫。此次调查范围包括 G 县和 Z 县两个县所属的 17 个镇 95 个村 1876 户家庭 8640人，调查内容包括家庭人口、外出务工情况、家庭成员受教育情况、土地面积、经济状况等方面的家庭基本信息。下面从样本家庭的贫困特征、劳动力流动情况和家庭其他基本特征等方面对样本家庭进行特征化事实分析。

1. 样本家庭的贫困特征

本章探究劳动力流动对可持续减贫的影响，可持续减贫研究不仅需要根据现期的贫困情况进行劳动力流动对家庭当前贫困的影响分析，而且需要预测未来家庭贫困状态进行劳动力流动对家庭未来贫困的影响分析。前文已对未来贫困即贫困脆弱性的测算方法和贫困标准的选取做了细致的说明，这里则对被调查家庭的当前贫困情况和未来贫困情况（贫困脆弱性），即本章的核心被解释变量做关于含义、均值、最小值和最大值的描述性统计，具体见表 10 - 2。

表 10 - 2　　样本家庭贫困情况的描述性统计

变量	变量含义	均值	最小值	最大值
贫困				
相对贫困（3500 元）	当家庭年人均纯收入低于 3500 元时认为该家庭处于相对贫困状态	0.144	0	1
相对贫困（6000 元）	当家庭年人均纯收入低于 6000 元时认为该家庭处于相对贫困状态	0.313	0	1
多维贫困	根据所设置的多维贫困指标体系加权计算所得	0.233	0	0.944
主观贫困	根据入户调查中经济情况自评和贫困情况自评加权计算所得	0.214	0	1
贫困脆弱性				
相对贫困脆弱性（3500 元）	根据 VEP 测度方法和 3500 元的相对贫困标准计算所得	0.132	0	1
相对贫困脆弱性（6000 元）	根据 VEP 测度方法和 6000 元的相对贫困标准计算所得	0.300	0	1
多维贫困脆弱性（0.1）	根据 VEP 测度方法和多维贫困程度超过 0.1 为贫困的标准计算所得	0.835	0	1
多维贫困脆弱性（0.2）	根据 VEP 测度方法和多维贫困程度超过 0.2 为贫困的标准计算所得	0.596	0	1
多维贫困脆弱性（0.3）	根据 VEP 测度方法和多维贫困程度超过 0.3 为贫困的标准计算所得	0.184	0	1
主观贫困脆弱性（0.5）	根据 VEP 测度方法和主观贫困程度超过 0.5 为贫困的标准计算所得	0.229	0	1

注：MPI 方法为当家庭所有指标加权分数超过 1/3 时，则该家庭处于多维贫困状态。李丽忍和陈云（2019）的研究中借鉴了这一方法，将 0.33 作为测算多维贫困脆弱性的贫困标准。这里借鉴国际经验和国内学者的办法，并结合被调查家庭的实际情况，将多维贫困标准设定为 0.3。为了使估计结果更加稳健，同时设置 0.1 和 0.2 的多维贫困标准。

资料来源：根据调查数据测算得到。

首先，从当前贫困状态来看，根据表 10 - 2，样本家庭的总体贫困发生率为 14.4% ~ 31.3%。相对贫困视角下，以 3500 元作为贫困标准时，样本家庭的贫困发生率为 14.4%；以 6000 元作为贫困标准时，样本家庭的贫困发生率为 31.3%。多维贫困视角下，样本家庭的贫困发生率为 23.3%。主观贫困视角下，样本家庭的贫困发生率为 21.4%。

其次，从未来贫困状态来看，样本家庭未来总体的贫困发生率（贫困脆弱性）为 13.2% ~ 83.5%。相对贫困视角下，以 3500 元作为贫困标准时，样本家庭的贫困脆弱性为 13.2%；以 6000 元作为贫困标准时，样本家庭的贫困脆弱性为 30.0%。多维贫困视角下，以 0.3 作为多维贫困标准时，样本家庭的贫困脆弱性为 18.4%。主观贫困视角下，样本家庭的贫困脆弱性为 22.9%。

值得一提的是，李莹等（2021）估计出 2019 年我国农村家庭相对贫困标准为 5800 元，贫困发生率为 21.5%。而本章中样本家庭以 6000 元作为相对贫困标准时的贫困发生率为 31.3%，贫困标准接近但贫困发生率相差较大，表明甘肃省被调查家庭的相对贫困发生率高于全国水平。

2. 劳动力流动情况和家庭其他基本特征

本章的核心解释变量为样本家庭的劳动力流动特征，包括劳动力流动、家庭劳动力流动比例和省外流动。控制变量为家庭基本特征，包括在读比例、老人比例、是否低保户、是否建档立卡户①、人均土地面积、是否从事农业经营、受教育年限和劳动力流动年限。各变量的含义、均值、最小值和最大值见表 10 - 3。

表 10 - 3 各主要变量的描述性统计

变量	变量含义	均值	最小值	最大值
核心解释变量				
劳动力流动	家庭存在劳动力流动情形时赋值为 1，反之赋值为 0	0.933	0	1
家庭劳动力流动比例	存在劳动力流动情形的家庭中外流劳动力占家庭总人口的比例，取值范围为 0 ~ 1	0.323	0	1

① 建档立卡户为甘肃省政府扶贫小组所识别的贫困家庭，政府对每一个贫困户建档立卡，录入全国扶贫信息网络，非建档立卡户即未录入全国扶贫信息网络的家庭。

变量	变量含义	均值	最小值	最大值
省外流动	存在劳动力流动情形的家庭中，向省外流动的家庭赋值为 1，在省内流动的家庭赋值为 0	0.678	0	1
控制变量				
在读比例	家庭中正在上学人数占家庭总人口的比例，取值范围为 0 ~ 1	0.148	0	0.75
老人比例	家庭中超过 60 岁的成员数量占家庭总人口的比例，取值范围为 0 ~ 1	0.106	0	1
是否低保户	家庭为低保户时赋值为 1，反之赋值为 0	0.084	0	1
是否建档立卡户	家庭为建档立卡户时赋值为 1，反之赋值为 0	0.861	0	1
人均土地面积（亩）	家庭拥有土地面积除以家庭总人口	1.299	0	12.3
是否从事农业经营	家庭从事农业经营时赋值为 1，反之赋值为 0	0.862	0	1
受教育年限（年）	家庭中成人平均受教育年限	7.685	0	15.5
劳动力流动年限（年）	家庭劳动力流动的总年限	9.583	0	38

资料来源：根据调查数据测算所得。

首先，从核心解释变量来看，绝大部分样本家庭存在外出打工的情况，即劳动力流动，从表 10 - 3 可以看出，这一数据为 93.3%。存在劳动力流动情形的家庭中，平均每户家庭劳动力流动的比例为 32.3%，且主要为男性劳动力选择外流，若样本家庭为中国家庭典型的三口之家，则意味着家中的妻子和孩子将成为留守人员，这也从侧面说明样本家庭大部分为留守家庭。此外，67.8% 的家庭选择省外流动，仅 32.2% 的家庭选择省内流动。

其次，从控制变量来看，样本家庭在读比例的均值为 14.8%，老人比例的均值为 10.6%，老人比例最大值为 100%，说明存在部分家庭只有老年人的情况。属于低保户的比例为 8.4%，属于建档立卡户的比例为 86.1%，说明样本家庭绝大多数为国家扶贫对象。家庭人均土地面积的均值为 1.30 亩，从事农业经营的家庭比例为 86.2%。样本家庭受教育年限的均值为 7.69 年。此外，存在劳动力流动情形的家庭中，劳动力流动年限超过 9 年，最高的达 38 年。

三　实证分析

本部分首先考察劳动力流动对当前家庭贫困的影响，其次利用三种贫困脆弱标准预测家庭未来发生贫困的概率，考察劳动力流动对家庭未来贫困的影响，由此得到劳动力流动能否实现可持续减贫的实证经验结论。此外，韩佳丽（2020）发现"离乡"式（即本地非农就业）劳动力流动比"离土"式（即外出非农就业）劳动力流动的减贫效果更好。周力和邵俊杰（2020）认为省内非农就业可以降低收入维度的贫困脆弱性（即降低家庭未来发生收入贫困的概率），而省外非农就业则没有相似的结果。对此，本章利用甘肃省贫困村微观调查数据进一步探究劳动力向省外和省内流动的减贫异质性。

（一）劳动力流动对贫困影响的实证分析

1. 农村劳动力流动对当前家庭贫困影响的实证研究

为了多视角探究劳动力流动对当前家庭贫困的影响，本章包含相对贫困、多维贫困和主观贫困三种评价标准。在计量实证中，相对贫困标准和主观贫困标准使用的是 Logit 模型，多维贫困标准使用的是 OLS 模型。此外，为了得到劳动力流动影响当前家庭贫困的边际效应，本章对Logit 模型做了非线性转换，具体回归结果见表 10-4。

首先，劳动力流动不仅可以降低当前家庭相对贫困程度和多维贫困程度，而且可以有效缓解家庭的主观贫困感受。第一，从相对贫困视角来看，模型（1）和模型（2）中劳动力流动的系数显著为负，表明劳动力流动能够对缓解家庭相对贫困产生积极作用。具体地，当相对贫困标准为 3500 元时，存在劳动力流动情形的家庭陷入相对贫困的概率比不存在劳动力流动情形的家庭低 13.1%；当相对贫困标准为 6000 元时，存在劳动力流动情形的家庭陷入相对贫困的概率比不存在劳动力流动情形的家庭低 8.9%。此外，模型（3）和模型（4）中家庭劳动力流动比例的系数显著为负，表明家庭劳动力外流的比例越高，该家庭陷入相对贫困的概率越低。第二，从多维贫困视角来看，模型（5）和模型（6）中劳动力流动和家庭劳动力流动比例的系数均显著为负，表明劳动力流动可

表 10－4　农村劳动力流动对当前家庭贫困影响的估计结果

变量	(1) 相对贫困 (3500元) Logit	(2) 相对贫困 (6000元) Logit	(3) 相对贫困 (3500元) Logit	(4) 相对贫困 (6000元) Logit	(5) 多维贫困 OLS	(6) 多维贫困 OLS	(7) 主观贫困 Logit	(8) 主观贫困 Logit
劳动力流动	-0.131*** (-3.16)	-0.089* (-1.94)			-0.069*** (-4.25)		-0.366*** (-6.47)	
家庭劳动力流动比例			-0.213*** (-4.43)	-0.340*** (-4.90)		-0.050** (-2.04)		-0.298*** (-4.39)
在读比例	0.086* (-1.85)	0.307*** (-4.96)	0.017 (-0.36)	0.201*** (-3.09)	0.047** (-1.97)	0.027 (-1.08)	0.187*** (-3.45)	0.088 (-1.6)
老人比例	0.116** (-2.28)	0.354*** (-4.81)	0.083 (-1.58)	0.294*** (-3.84)	0.045 (-1.63)	0.042 (-1.45)	0.268*** (-4.34)	0.207*** (-3.4)
是否低保户	0.087** (-2.54)	0.054 (-1.34)	0.092*** (-2.61)	0.06 (-1.46)	0.065*** (-4.07)	0.067*** (-4.15)	0.146*** (-3.57)	0.156*** (-3.74)
是否建档立卡户	-0.142*** (-4.43)	-0.093*** (-2.60)	-0.170*** (-5.04)	-0.120*** (-3.27)	-0.104*** (-8.16)	-0.112*** (-8.75)	-0.352*** (-9.43)	-0.397*** (-10.57)
人均土地面积	-0.014 (-1.56)	-0.042*** (-3.18)	-0.012 (-1.38)	-0.041*** (-3.14)	-0.006 (-1.42)	-0.005 (-1.19)	0.048*** (-5.34)	0.048*** (-5.53)
是否从事农业经营	-0.082*** (-2.98)	-0.163*** (-4.88)	-0.080*** (-2.93)	-0.169*** (-4.99)	0.013 (-1.22)	0.016 (-1.43)	0.012 (-0.42)	0.021 (-0.81)
观测值	1872	1872	1872	1872	1872	1872	1858	1858

注：本结果由 Stata 15.1 估计所得，*、**、*** 分别表示在10%、5%、1%的水平下显著。

以显著降低家庭多维贫困程度。具体地，存在劳动力流动情形的家庭多维贫困程度比不存在劳动力流动情形的家庭低 6.9%；当家庭劳动力流动比例提高 1 个百分点，该家庭多维贫困程度在 5% 的显著性水平下降低5.0%。第三，从主观贫困视角来看，模型（7）、模型（8）中劳动力流动和家庭劳动力流动比例的系数均显著为负，表明劳动力流动可以显著降低家庭主观贫困程度。具体地，存在劳动力流动情形的家庭陷入主观贫困的概率比不存在劳动力流动情形的家庭低 36.6%。此外，对比模型（1）、模型（2）、模型（7）中劳动力流动的系数可以发现，劳动力流动缓解主观贫困（系数为 -0.366）的效果要优于缓解相对贫困（系数分别为 -0.131 和 -0.089）的效果，这表明劳动力流动不仅从收入维度改变了家庭的贫困状态，劳动力外出务工还具有心理上的外部性，可以有效缓解家庭对自身贫困状态的主观判断。

其次，从家庭特征来看，是否建档立卡户、是否从事农业经营、在读比例、老人比例等因素均在不同程度上对当前家庭贫困产生了影响。第一，建档立卡不仅可以有效缓解家庭的相对贫困和多维贫困程度，其在心理上的外部性让家庭发生主观贫困的概率也更低。具体地，相对贫困标准为 3500 元时，建档立卡户陷入相对贫困的概率比非建档立卡户低14.2%；相对贫困标准为 6000 元时，建档立卡户陷入相对贫困的概率比非建档立卡户低 9.3%。多维贫困视角下，建档立卡户的多维贫困程度比非建档立卡户低 10.4%。主观贫困视角下，建档立卡户发生主观贫困的概率比非建档立卡户低 35.2%。第二，从事农业经营对缓解家庭相对贫困产生了积极的影响。具体地，相对贫困标准为 3500 元时，从事农业经营的家庭发生相对贫困的概率比不从事农业经营的家庭低 8.2%；相对贫困标准为 6000 元时，从事农业经营的家庭发生相对贫困的概率比不从事农业经营的家庭低 16.3%。然而，从事农业经营并不能缓解家庭多维贫困和主观贫困，多维贫困标准和主观贫困标准下从事农业经营的系数均为正数。第三，家庭在读比例和老人比例的系数均为正数，表明在读比例和老人比例越高的家庭越容易陷入贫困。在读学生、老人往往是家庭的被抚养和被赡养成员，家庭中被抚养和被赡养人数越多，即家庭抚养比例或赡养比例越高，家庭年人均纯收入越低，陷入贫困的概率就越高。除此之外，多种贫困标准下老人比例的系数总体高于在读比例，以模型（1）为例，在读比例的系数显著为 0.086，老人比例的系数显著为 0.116。这说明样本家庭中老年人的生活花销和医疗消费给家庭带来的经济负担要高于在读学生的生活花销和教育经费。

2. 农村劳动力流动对未来家庭贫困影响的经验研究

贫困脆弱性指的是未来陷入贫困的概率，属于对贫困状态的事前预测。本章依据贫困脆弱性的测度方法分别计算了样本家庭的相对贫困脆弱性、多维贫困脆弱性和主观贫困脆弱性，由于贫困脆弱性是取值为 0 或 1 的虚拟变量，因此本部分计量实证构建的是 Logit 模型。为了得到劳动力流动影响未来贫困发生概率的边际效应，这里同样对 Logit 模型进行了非线性转换，回归结果见表 10 - 5。

表 10 - 5　　农村劳动力流动对未来家庭贫困影响的估计结果

变量	(9) 相对贫困 脆弱性 (3500 元)	(10) 相对贫困 脆弱性 (6000 元)	(11) 多维贫困 脆弱性 (0.1)	(12) 多维贫困 脆弱性 (0.2)	(13) 多维贫困 脆弱性 (0.3)	(14) 主观贫困 脆弱性 (0.5)
劳动力 流动	-0.100 * (-1.91)	-0.201 *** (-2.81)	-0.067 ** (-2.13)	-0.081 (-1.52)	-0.306 *** (-5.26)	-0.074 * (-1.74)
在读比例	0.065 (-1.37)	0.154 ** (-2.31)	0.113 ** (-2.18)	0.192 *** (-2.79)	0.178 *** (-3.39)	0.004 (-1.55)
老人比例	0.051 (-0.81)	0.12 (-1.36)	0.031 (-0.52)	0.066 (-0.81)	0.256 *** (-4.59)	0.004 (-1.54)
是否 低保户	0.055 (-1.51)	0.076 (-1.51)	0.112 *** (-5.22)	0.001 (-0.02)	0.274 *** (-6.28)	0.001 (-0.55)
人均土地 面积	-0.020 ** (-2.03)	-0.034 ** (-2.44)	-0.006 (-0.73)	-0.023 * (-1.80)	-0.011 (-1.11)	0.001 (-1.55)
是否从事 农业经营	-0.050 * (-1.91)	-0.122 *** (-3.42)	-0.049 ** (-2.23)	0.029 (-0.84)	0.027 (-1.1)	0.00 (-1.35)
观测值	1803	1803	1803	1803	1803	1792

注：本结果由 Stata 15.1 估计所得，* 、** 、*** 分别表示在 10%、5%、1% 的水平下显著。

首先，从表 10 - 5 的回归结果来看，三种贫困标准下劳动力流动均可以显著降低家庭未来发生贫困的概率。第一，劳动力流动可以避免家庭未来陷入相对贫困。具体地，在以 3500 元为相对贫困标准下，当存在劳动力流动情形时，家庭未来发生贫困的概率比不存在劳动力流动情形时低 10.0%；在以 6000 元为相对贫困标准下，当存在劳动力流动情形时，家庭未来发生贫困的概率比不存在劳动力流动情形时低 20.1%。第二，劳动力流动可以避免家庭未来陷入多维贫困。在以高于 0.3 为多维贫困状态的标准下，当存在劳动力流动情形时，家庭未来陷入多维贫困状态的概率比不存在劳动力流动情形时低 30.6%。第三，劳动力流动可以避免家庭未来陷入主观贫困。当存在劳动力流动情形时，家庭未来陷入主观贫困的概率比不存在劳动力流动情形时低 7.4%。

其次，从家庭特征来看，第一，从事农业经营可以显著降低家庭陷入相对贫困和以 0.1 为多维贫困状态标准的概率，对家庭的主观贫困感受没有明显影响。具体地，在以 3500 元为相对贫困标准下，从事农业经营的系数显著为 -0.050；在以 6000 元为相对贫困标准下，从事农业经营的系数显著为 -0.122；在以高于 0.1 为多维贫困状态的标准下，从事农业经营的系数显著为 -0.049。第二，与非低保户相比，低保户更容易陷入多维贫困。具体地，在以高于 0.3 为多维贫困状态的标准下，低保户的系数在 1% 的水平下显著为 0.274。第三，在多维贫困标准下，家庭在读比例和老人比例的系数为正，这表明家庭抚养比例或赡养比例过高是家庭未来陷入多维贫困的重要原因，尤其是家庭的老人比例。以高于 0.3 为多维贫困状态的标准为例，老人比例的系数高于在读比例，这可能是由于样本家庭的老年人患病比例较高，柜对应的医疗费用较高，进而体现出家庭老人比例越高给减贫带来的负担越重。

（二）进一步讨论：省外流动和省内流动的减贫效应对比

样本中存在劳动力外流的家庭有 1746 户，其中 1184 户家庭选择向省外流动，占比高达 67.8%，也就是说愿意流动的家庭中有 2/3 更倾向于离开甘肃省务工。此外，省外流动与省内流动的家庭收入差距较大，省外流动家庭年人均纯收入为 11239.8 元，而省内流动家庭年人均纯收入为 9230.0 元，二者之间的差值高达 2009.8 元。为了厘清样本家庭向省外流动和在省内流动的收入分布差异，本部分针对这两种流动方式下的家庭收入绘制了核密度估计对比图。根据图 10-1，总体看，当家庭年人均纯收入低于 8000 元时，省内流动家庭的核密度高于省外流动家庭；当家庭年人均纯收入高于 8000 元时，省外流动家庭的核密度高于省内流动家庭。这表明向省外流动的家庭收入整体高于在省内流动的家庭，二者之间的均值差异并非过高或者过低的异常值所致。通过前文的分析发现，劳动力流动不仅可以显著缓解家庭贫困，而且可以降低家庭未来发生贫困的可能，实现可持续减贫。然而，同样是通过劳动力外出务工获得工资性收入以提高家庭年人均纯收入水平，省内流动家庭和省外流动家庭的收入却存在明显的差异。那么，这两种流向选择的减贫效应是否也存在差异？下面将回答这一问题。

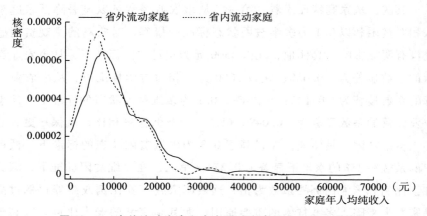

图 10 - 1　省外流动家庭和省内流动家庭的收入核密度估计

1. 方法选取

进一步研究发现，省外流动家庭年人均纯收入比省内流动家庭高2009.8 元，这一现象是否能完全说明省外流动这一行为本身的增收效应更高呢？实际上，农村家庭劳动力向省外流动或者在省内流动的选择并非随机发生，往往与家庭的人口、健康状况、人力资本等自身条件高度相关，往往是越有能力的劳动力越敢于向经济发达地区流动，这部分优秀的劳动力即便在省内流动也可能获得更高的收入。那么，可直接观察的省外流动家庭年人均纯收入与省内流动家庭年人均纯收入的差值可能会高估省外流动的增收效应。如果直接进行均值分析会因样本选择问题而导致推论结果产生严重偏误。为了有效解决样本"自选择"的偏差问题，本部分借助反事实分析框架，采用 PSM 方法纠正可能存在的内生性偏误，力求更为准确地比较省外流动和省内流动对贫困脆弱性的影响。

将省外流动家庭设置为实验组，省内流动家庭设置为对照组，找到与实验组家庭自身特征相似的对照组，比较实验组（省外流动）的平均处理效应（ATT），可表示为：

$$ATT = \mathrm{E}(Y^T \mid ex = 1) - \mathrm{E}(Y^C \mid ex = 1) \qquad (10-11)$$

其中，Y^T 表示劳动力向省外流动的收入或贫困脆弱性，Y^C 表示劳动力未向省外流动（即在省内流动）的收入或贫困脆弱性，省外流动 ex 是 0-1 的二值变量，$ex = 1$ 表示将样本限定在省外流动的家庭中。ATT 的结果表示那些向省外流动家庭的省外流动收入或贫困脆弱性与省内流动收入或贫困脆弱性的差值，这代表了在同样的家庭禀赋下，向省外流动和在省内流动这样不同的选择下收入或贫困脆弱性的净差异。然而，$\mathrm{E}(Y^T \mid ex = 1)$ 是可以被观察的真实情况，$\mathrm{E}(Y^C \mid ex = 1)$ 则是构造的反事实结果。因此，基于 PSM 方法，还需要构建省外流动的决定方程：

$$\mathrm{Probit}(ex = 1) = \gamma_0 + X_i \gamma_i + \varepsilon_i \qquad (10-12)$$

运用 Probit 回归模型计算家庭选择省外流动的倾向得分，再利用多种匹配方式为省外流动的家庭匹配一个禀赋相似的省内流动家庭样本，得到 $\mathrm{E}(Y^C \mid ex = 1)$，代入式（10-11）得到省外流动的平均处理效应。

其中，γ_0 表示常数项，γ_i 表示回归系数，ε_i 表示残差，X_i 表示影响家庭选择省外流动的协变量，主要包括家庭在读比例、老人比例、老人健康状况、是否低保户、是否从事农业经营、家庭平均受教育程度以及劳动力外流年限等可以反映家庭禀赋的特征变量。

2. 平稳性检验与共同支撑检验

使用 PSM 方法需要通过平稳性检验和共同支撑检验来检验匹配的平衡性，以保证匹配的有效性。

首先，进行平稳性检验。平稳性检验要求实验组和对照组在每一个协变量上都没有显著差异，协变量平稳性检验结果见表 10-6。匹配前，协变量的偏差都比较高，实验组与对照组之间存在显著差异。匹配后，所有协变量的偏差均在 10% 以下，并且 t 检验的结果绝大多数都不显著，这说明匹配后实验组和对照组在主要的家庭特征上不再存在显著差异。由此通过平稳性检验。

表 10 - 6　协变量平稳性检验

变量	匹配状态	省外流动家庭实验组均值	省内流动家庭对照组均值	协变量标准化偏差（%）	t 值	p 值
在读比例	匹配前	0.117	0.218	-58.9	-11.77	0.000
	匹配后	0.125	0.126	0.6	-0.09	0.931
老人比例	匹配前	0.091	0.121	-20.4	-3.98	0.000
	匹配后	0.096	0.080	9.2	2.69	0.007
老人健康状况	匹配前	0.038	0.054	-8.0	-1.59	0.112
	匹配后	0.039	0.039	2.0	0.00	1.000
是否低保户	匹配前	0.092	0.056	13.9	2.58	0.010
	匹配后	0.031	0.029	0.7	0.24	0.808
是否从事农业经营	匹配前	0.879	0.807	19.9	3.99	0.000
	匹配后	0.870	0.881	-2.9	-0.74	0.461
家庭平均受教育程度	匹配前	7.966	7.732	9.8	1.91	0.056
	匹配后	7.937	7.827	4.6	1.12	0.261
劳动力外流年限	匹配前	8.862	10.977	-30.0	-6.00	0.000
	匹配后	8.984	9.490	-7.2	-1.81	0.070

注：本结果由 Stata 15.1 估计所得。

除此之外，从图 10 - 2 中也可以看出，匹配前各协变量标准化偏差的绝对值较大，匹配后各协变量标准化偏差的绝对值显著降低，变量之间的接近度明显提升。

其次，进行共同支撑检验。图 10 - 3 为倾向得分的共同取值范围，可以看出，绝大部分观测对象在共同取值范围内，少数样本不在共同取值范围内，通过了共同支撑检验。从图 10 - 3 还可以看出，处理后样本的倾向得分明显增加，这表明通过对实验组和对照组的处理降低了因"自选择"问题而产生偏误的可能性。

3. 平均处理效应的估计

为了让估计结果更加稳健，这里采用多种匹配方法。在 k 近邻匹配中所选取的 k 值分别为 1、2、3、4；在卡尺内近邻匹配中选取的 k 值始终为 1，cal 为 0.01 和 0.1；半径匹配、核匹配的带宽为 0.05。多种匹配方法下得到的省外流动家庭年人均纯收入的平均处理效应见表 10 - 7。

此外，为了探究省外流动与省内流动避免未来陷入贫困的减贫异质

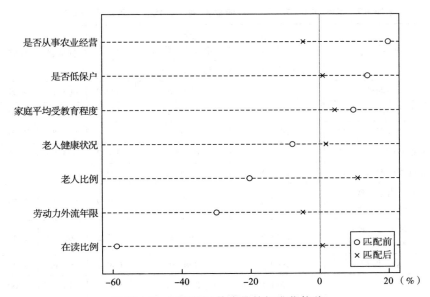

图 10 - 2　匹配前后协变量的标准化偏差

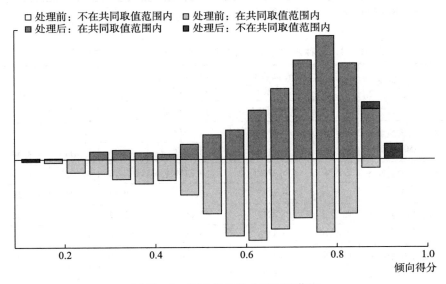

图 10 - 3　倾向得分的共同取值范围

性，这里同样选取 3500 元和 6000 元的相对贫困脆弱性、多维贫困脆弱性及主观贫困脆弱性三种贫困标准，省外流动减贫效应的平均处理效应见表 10 - 8。

表 10 - 7   多种匹配方法下省外流动家庭年人均纯收入的平均处理效应

匹配方法	省外流动家庭年人均纯收入	省内流动家庭年人均纯收入	ATT（元）	标准误	t 值
	实验组均值（元）	对照组均值（元）			
匹配前	11239.8	9230.0	2009.8	408.11	4.92
k 近邻匹配（k = 1）	11011.8	9649.6	1362.2	565.80	2.41
k 近邻匹配（k = 2）	11011.8	10000.5	1011.3	528.84	1.91
k 近邻匹配（k = 3）	11011.8	10005.6	1006.2	503.60	2.00
k 近邻匹配（k = 4）	11011.8	10109.1	902.7	492.34	1.83
卡尺内近邻匹配（k = 1，cal = 0.01）	10989.1	9687.2	1301.9	557.32	2.34
卡尺内近邻匹配（k = 1，cal = 0.1）	11011.8	9649.6	1362.2	565.80	2.41
半径匹配	10989.1	9908.7	1080.4	461.63	2.34
核匹配	11011.8	10157.3	854.5	426.25	2.00
匹配后 ATT 的平均值			1110.2		

注：本结果由 Stata 15.1 估计所得。

表 10 - 8   多种匹配方法下省外流动减贫效应的平均处理效应

贫困脆弱性指标	匹配状态	省外流动家庭的贫困脆弱性	省内流动家庭的贫困脆弱性	ATT（%）	标准误	t 值
		实验组均值	对照组均值			
相对贫困脆弱性（3500 元）	匹配前	0.1140	0.1652	- 5.12	0.0174	- 2.95
	匹配后	0.1120	0.1655	- 5.35	0.0117	- 4.58
相对贫困脆弱性（6000 元）	匹配前	0.2742	0.3739	- 9.97	0.0237	- 4.20
	匹配后	0.2747	0.3727	- 9.81	0.0161	- 6.10
多维贫困脆弱性（0.1）	匹配前	0.8218	0.8530	- 3.12	0.0193	- 1.62
	匹配后	0.8213	0.8527	- 3.14	0.0132	- 2.38
多维贫困脆弱性（0.2）	匹配前	0.5741	0.6261	- 5.20	0.0254	- 2.05
	匹配后	0.5751	0.6255	- 5.03	0.0173	- 2.91
多维贫困脆弱性（0.3）	匹配前	0.1500	0.2105	- 6.06	0.0193	- 3.13
	匹配后	0.1422	0.2091	- 6.69	0.0129	- 5.19
主观贫困脆弱性（0.5）	匹配前	0.0095	0.0292	- 1.97	0.0064	- 3.06
	匹配后	0.0097	0.0274	- 1.77	0.0042	- 4.21

注：本结果由 Stata 15.1 估计所得。

　　首先，从家庭年人均纯收入视角来看，向省外流动和在省内流动的行为选择确实存在"自选择"问题，纠正内生性偏误后，结果仍然能够证明省外流动给农村家庭带来了更高的收入。具体地，在多种匹配方法下，表 10 - 7 中的 ATT 在 5% 的显著性水平下为正（t 值大于 1.96），表明省外流动家庭年人均纯收入显著高于省内流动家庭。匹配前，省外流动家庭年人均纯收入比省内流动家庭高 2009.8 元。在 k 取值为 1 的近邻匹配方法下，省外流动家庭年人均纯收入比省内流动家庭高 1362.2 元；在半径匹配方法下，省外流动家庭年人均纯收入比省内流动家庭高 1080.4 元；在核匹配方法下，省外流动家庭年人均纯收入比省内流动家庭高 854.5 元。匹配后 ATT 的平均值为 1110.2 元，各匹配结果的 ATT 均未超过 2009.8 元，这表明利用均值分析理解省外流动的增收效应有一定偏误，选取 PSM 方法纠正"自选择"的偏误是有必要的。此外，纠正偏误后，与省内流动相比，省外流动给家庭带来的增收效应仍然显著。其中的原因可能有两个方面：一是因为甘肃省属于西部欠发达省份，其工资低于全国平均水平，农村劳动力流向省外可以获得高于本省份的工资；二是因为在所调查的 1184 户向省外流动的样本家庭中，有 420 户家庭流向北京、上海、广东、江苏、浙江等经济发达省份。接近半数向省外流动的家庭流向了全国平均工资水平居前列的省份，从而省外流动家庭的年人均纯收入要明显高于省内流动家庭。

　　其次，从贫困脆弱性视角来看，多种贫困脆弱性指标匹配后的 ATT 至少在 1% 的水平下显著为负，这表明省外流动家庭未来发生贫困的概率显著低于省内流动家庭。具体地，在 3500 元的相对贫困标准下，省外流动家庭未来发生贫困的概率比省内流动家庭低 5.35%；在 6000 元的相对贫困标准下，省外流动家庭未来发生贫困的概率比省内流动家庭低 9.81%。当多维贫困脆弱性超过 0.3 时，省外流动家庭未来发生多维贫困的概率比省内流动家庭低 6.69%；省外流动家庭未来发生主观贫困的概率比省内流动家庭低 1.77%。另外，多种贫困脆弱性指标下，匹配前和匹配后 ATT 的差异均不超过 1%，表明匹配前后的偏误较小。从回归结果来看，与省内流动相比，省外流动家庭未来陷入收入贫困和多维贫困的概率更低。此外，省外流动还有助于从心理上缓解家庭的主观贫困感受。

四　本章简要小结

本章从相对贫困、多维贫困和主观贫困三个视角出发，不仅考察了农村劳动力流动对当前家庭贫困的影响，而且基于家庭贫困脆弱性的预测，考察了劳动力流动对家庭未来贫困发生概率的影响。研究发现，第一，劳动力流动不仅可以缓解当前家庭贫困程度，而且可以降低家庭未来发生贫困的概率，有助于实现可持续减贫。农村劳动力外出务工获得的工资性收入不仅从收入维度改变了家庭的贫困状态，务工收入的减贫还具有心理上的外部性，这种外部性可以有效缓解家庭未来对自身贫困状态的主观判断。第二，从事农业经营可以降低家庭客观贫困发生的概率，但对家庭多维贫困和主观贫困没有明显影响。第三，在读比例和老人比例越高的家庭越容易陷入贫困，多种贫困标准下的估计结果表明样本家庭中老年人给家庭带来的经济负担要高于在读学生。第四，使用PSM方法纠正了劳动力省外流动和省内流动的内生性偏误，发现省外流动的增收效应和减贫效应仍然显著，且与省内流动家庭相比，省外流动家庭未来更不容易陷入贫困。

第十一章　劳动力流动对欠发达地区农村
家庭多维贫困的影响研究

尽管在理论和实践领域，关于农村贫困家庭的界定已经从单一收入维度的贫困识别方式过渡到多维贫困的识别方式，但是基于多维贫困视角研究劳动力流动的减贫效应并不多见。即便有部分学者从教育或者健康视角进行了尝试（杜鹏等，2007；牛建林，2012；张立冬，2013；连玉君等，2014；孙文凯、王乙杰，2016；舒玢玢、同钰莹，2017），但大部分研究仅仅是从单一维度进行论证，并未系统考察劳动力流动对贫困影响的复杂、多元性问题。

结合长期以来中国劳动力流动与贫困之间的演进特征，劳动力流动能否缓解欠发达地区农村家庭的多维贫困？对于不同维度的贫困，劳动力流动的减贫效应存在何种差异？与此同时，劳动力流动对多维贫困影响的动态效应如何？劳动力流动能否有效遏制返贫现象的发生，从而克服农村家庭贫困的反复性与脆弱性问题？这一系列问题构成了本章的逻辑出发点和落脚点。基于此，本章将建构多维贫困指标体系，采用较为前沿的"收入导向型"多维贫困测度方法，并在不同维度下测算我国欠发达地区农村家庭的贫困状况，最终较为全面和真实地考察劳动力流动对欠发达地区农村家庭多维贫困影响的具体效应，在这一过程中，不仅要比较其对不同维度贫困的共同特征与差异化影响，而且要考察劳动力流动微观决策的改变对家庭贫困的动态影响，进而为劳动力流动视角下扶贫政策的顶层设计和制度安排提供决策参考，这也是本章可能的边际贡献。

一　农村家庭"收入导向型"多维贫困测度

推进"精准扶贫、精准脱贫"的首要前提条件是精准识别贫困个体。鉴于以往扶贫过程中主要以家庭年人均纯收入为判定条件，同时结合最新的贫困人口退出标准，本章认为当前识别贫困个体的首要标准是收入维度，同时辅以教育、健康和生活水平等维度作为判定依据，从这一视角来看，扶贫政策体系需要体现多维贫困的思路。基于此，借鉴张昭等（2016，2017）提出的"收入导向型"多维贫困识别体系来考察中国农村家庭的多维贫困状况，"收入导向型"多维贫困指数是在 Alkire 和 Foster（2011）设计的多维贫困测度方法（这里简记为 A – F 法）中突出收入维度，并选用其他维度作为辅助，使之更具政策导向性和现实可操作性。

（一）测度方法

"收入导向型"多维贫困测度法是基于 A – F 法的改进，其本质都是构建贫困剥夺矩阵。为使指数不失一般性，先假设样本总体中包含 n 个观测样本，衡量贫困的维度为 m，令样本观测矩阵为 $\mathbf{X} = \left[x_{ij} \right]_{m \times n}$，$x_{ij}$ 为样本 i 在维度 j 的取值，z_j 为维度 j 的贫困临界值。在此基础上，"收入导向型"多维贫困识别体系通过三个步骤来确认贫困个体。

第一，给定贫困维度 j，判定样本在剥夺临界值范围内是否遭受剥夺。此处定义判定矩阵为 $F = \left[f_{ij}^{\alpha} \right]$，且 f_{ij}^{α} 的取值函数为：

$$f_{ij}^{\alpha} = \begin{cases} \left(\dfrac{z_j - x_{ij}}{z_j} \right)^{\alpha}, x_{ij} < z_j \\ 0, x_{ij} \geq z_j \end{cases} \tag{11-1}$$

其中，当 $\alpha = 0$ 时，该函数为贫困判定函数，f_{ij}^0 的取值代表样本 i 在贫困维度 j 是否贫困。如果 $f_{ij}^0 = 1$，表明样本 i 在此维度下被判定为贫困个体；反之，如果 $f_{ij}^0 = 0$，则样本 i 为非贫困个体。需要注意的是，此处 f_{ij}^0 的赋值"0"和"1"并无实际经济意义，仅作为多维贫困识别之用。此外，当 $\alpha = 1$ 时，f_{ij}^1 代表样本 i 在维度 j 相对于贫困临界值的比例差距。

第二，构建"收入导向型"贫困计数函数 c_i：

$$c_i = \begin{cases} \omega_1 f_{i1}^0 + \displaystyle\sum_{j=2}^{m} \omega_j f_{ij}^0, x_{i1} < I, x_{ij} < z_j \\ 0, x_{i1} \geq I \end{cases} \tag{11-2}$$

式（11 – 2）基于"收入导向型"多维贫困的测度思想，假定贫困剥夺矩阵第一列为收入维度，其临界值为 I，ω_j 为维度 j 所占比重，且 $\sum_{j=1}^{m} \omega_j = 1$。当样本 i 在收入维度大于贫困临界值，即 $x_{i1} \geq I$ 时，$c_i = 0$，目标样本判定为非贫困个体；反之，当样本 i 在收入维度小于贫困临界值，即 $x_{i1} < I$ 时，$c_i = \omega_1 f_{i1}^0 + \sum_{j=2}^{m} \omega_j f_{ij}^0$ 为样本 i 的贫困计数函数取值。

第三，基于不同贫困维度设定的临界值，判定目标样本是否贫困：

$$\rho(x_i) = \begin{cases} 1, c_i \geq k \\ 0, c_i < k \end{cases} \quad (11-3)$$

其中，$\rho(x_i)$ 为多维贫困判定函数，其中 k 为多维贫困临界值。当 $c_i \geq k$ 时，$\rho(x_i) = 1$，意味着样本处于贫困状态；反之，样本为非贫困个体。

简言之，"收入导向型"多维贫困测度方法的核心思想和判定逻辑是：依据收入维度判定被识别单位是否属于收入贫困个体，如果不属于收入贫困个体，则判定为非贫困个体；如果属于收入贫困个体，则继续测度其多维贫困状况。

（二）数据来源、维度指标选取及权重说明

本章所使用的数据来自中国家庭追踪调查（CFPS）数据库，该数据库覆盖了 25 个省份[1]，截至 2014 年纳入数据库的共有 13946 户家庭。这里选取 2012 年和 2014 年两次调查中的欠发达地区[2]农村家庭子样本，为保证关键变量的连续性，剔除了只有一年在样本中的家庭，在合并整理社区组、家庭组和个人组（含成人和儿童）问卷调查数据，且删除关键变量缺失的样本后，得到共计 15 个省份的 4079 个农村家庭样本。

尽管国内外对多维贫困开展了较多的研究，但是多维贫困的维度及指标选取目前尚缺乏统一的标准和现成的衡量尺度。结合中国长期以来

---

[1] 新疆、西藏、青海、内蒙古、宁夏、海南及港澳台地区除外。

[2] 这里参照传统的划分方法，将中西部地区视为欠发达地区，在本章的研究中包括山西、吉林、黑龙江、安徽、江西、河南、湖北、湖南、广西、四川、贵州、云南、陕西、甘肃和重庆。

贫困的现实演进过程和扶贫实践，借鉴多维贫困指数①（MPI）和已有研究的计算方法，并考虑数据的可得性，确定研究维度和指标。本章以MPI 指数为维度和指标的选取基准，在考察中国农村家庭"收入导向型"多维贫困时加入了收入维度，剔除教育维度中的儿童入学率②指标，并且同时剔除健康维度中的营养状况、儿童死亡率两项指标，选用 BMI 指数③、健康自评和医保参与情况三个指标进行替代。综合衡量后本章选取收入、教育、健康和生活水平四个维度以及家庭年人均纯收入、人均受教育年限等 9 项指标，建构了多维贫困指标体系，各维度及指标说明见表 11 - 1。

表 11 - 1　多维贫困指标体系：各指标及剥夺临界值

维度	指标	指标解释及剥夺临界值
收入	家庭年人均纯收入	按照 2010 年不变价格计算，若家庭年人均纯收入低于 2300 元，判定为收入维度贫困
教育	人均受教育年限	家庭成人组平均受教育年限低于 6 年，判定为教育维度贫困
健康	BMI 指数	家庭成人组中如有成员的 BMI 测算值低于 18.5，判定为健康维度贫困
	健康自评	家庭成人组中如有成员的健康自评存在"不健康"，判定为健康维度贫困
	医保参与情况	家庭如有成员未参加任何医疗保险，判定为健康维度贫困
生活水平	日常生活资源	家庭生活燃料以"柴草"为主、家庭未通电或经常断电、做饭用水非洁净水源，以上三种情况存在一种，判定为生活水平维度贫困
	家庭住房状况	家庭人均住房面积低于 12 平方米，或者存在其他住房困难，判定为生活水平维度贫困

---

① 多维贫困指数（MPI）由联合国开发计划署（UNDP）和牛津大学贫困与人类发展中心（OPHI）联合开发，具有较高的权威性和应用的广泛性。MPI 由健康、教育和生活水平三个维度构成，包括营养状况、儿童死亡率、儿童入学率、受教育程度、饮用水、电、日常生活燃料、室内空间面积、环境卫生和耐用消费品共计 10 项指标。

② 中华人民共和国教育部发展规划司小学学龄儿童净入学率数据显示，2005 年以来，中国学龄儿童入学率一直维持在 99% 以上，2012 年达到 99.9%，故本章剔除"儿童入学率"指标。

③ BMI = 体重（kg）/［身高（m）^2］。

维度	指标	指标解释及剥夺临界值
生活水平	环境卫生条件	家庭使用"非冲水厕所"或者垃圾随处倾倒，判定为生活水平维度贫困
	耐用消费品	CFPS问卷卡片中所列耐用消费品，如果家庭最多只拥有一项，判定为生活水平维度贫困

在构建多维贫困指数过程中，指标权重的选取对最终测度结果影响较大。从现有关于多维贫困的研究中可以看出，在指标权重的选取方面，学界主要存在两种思路。第一种是等权重法，主要分为等指标权重法和等维度权重法两种，如邹薇和方迎风（2011）、Vijaya等（2014）、王春超和叶琴（2014）、杨龙和汪三贵（2015）、郭熙保和周强（2016）等的研究。第二种是非等权重法，主要有复合权重法、主成分分析法、DE-MATEL – 熵权法和人工神经网络法，如方迎风（2012）、张全红和周强（2014）、王保雪（2014）、谢家智和车四方（2017）等的研究。这里借鉴目前普遍采用的等维度权重法，每个维度赋予的权重为1/4，维度下含有多项指标的，只要其中一项指标存在剥夺，即认定所在维度被剥夺。

（三）测度结果分析

根据"收入导向型"多维贫困测度方法，本章按照家庭是否外出务工分组，计算欠发达地区农村家庭在不同维度下的贫困发生率，计算结果见表11 – 2。

表11 – 2　欠发达地区农村家庭多维贫困现状

维度	年份	外出务工						非外出务工	
		总体		省内务工		省外务工			
		q	H	q	H	q	H	q	H
一维贫困	2012	203	8.61	179	10.33	24	3.85	626	36.35
	2014	223	9.43	201	9.85	22	6.77	622	36.29
二维贫困	2012	198	8.40	174	10.04	24	3.85	621	36.06
	2014	214	9.05	193	9.46	21	6.46	614	35.82
三维贫困	2012	174	7.38	150	8.66	24	3.85	566	27.80
	2014	165	6.98	148	7.25	17	5.23	540	28.03

续表

维度	年份	外出务工						非外出务工	
		总体		省内务工		省外务工			
		q	H	q	H	q	H	q	H
四维贫困	2012	108	4.58	94	5.42	14	2.24	343	19.92
	2014	92	3.89	83	4.07	9	2.77	312	18.20

注：①一维至四维贫困对应的临界值 k 分别为 0.25、0.5、0.75 和 1。②2012年，欠发达地区农村外出务工家庭样本数 $N = 2357$，非外出务工家庭样本数 $N = 1722$。外出务工家庭中，选择在省内务工的家庭样本数 $N = 1733$，选择到省外务工的家庭样本数 $N = 624$。③2014年，欠发达地区农村外出务工家庭样本数 $N = 2365$，非外出务工家庭样本数 $N = 1714$。外出务工家庭中，选择在省内务工的家庭样本数 $N = 2040$，选择到省外务工的家庭样本数 $N = 325$。④q 为相应维度贫困家庭数量，H 为多维贫困发生率，$H = q/N \times 100\%$，H 的单位为%。⑤这里的二维贫困是指农村家庭除收入维度外，还存在另一个维度的贫困。对于一个微观家庭而言，二维贫困有三种可能的维度组合：收入维度 + 教育维度、收入维度 + 健康维度、收入维度 + 生活水平维度。在计算二维贫困发生率时，q 为三种维度组合的加总。同理，三维贫困是指除收入维度贫困之外，再加入两个维度的贫困。

从纵向来看，随着贫困维度的增加，识别出的农村贫困家庭样本数逐渐减少，贫困发生率也逐步下降。在进行多维贫困研究时，不同的维度对研究结果影响较大，当贫困维度从一维增加至三维时，农村家庭的贫困发生率未发生显著变化，当贫困维度增加至四维时，贫困发生率显著下降，这表明在收入维度之外增加三个辅助维度能够较为有效地识别贫困家庭。

需要特别关注的是，从外出务工家庭样本的测算结果来看，相对于2012年，2014年欠发达地区农村外出务工家庭的一维和二维贫困发生率不但没有下降，反而有小幅回升，这表明返贫家庭总数超过脱贫家庭总数，治理贫困面临的形势比较严峻。从省内务工家庭样本的测算结果可以看出，尽管2014年一维和二维贫困发生率相对于2012年有所下降，但是贫困家庭样本频数有所增加。与此同时，2014年省外务工家庭陷入贫困的样本频数虽然减少，但是贫困发生率不降反升，造成这一结果的主要原因在于欠发达地区农村家庭外出务工选择的结构性变化。2012～2014年，选择到省外务工的家庭大幅减少，降幅达到47.92%，而选择在省内务工的家庭增幅达到17.71%，这一现象符合当前中国劳动力回流的趋势。①

---

① 《2016年农民工监测调查报告》指出，跨省流动农民工持续减少，越来越多的农民工选择就近就业。

　　横向对比欠发达地区农村外出务工家庭与非外出务工家庭的多维贫困状况可以发现：①无论是从陷入贫困的家庭样本频数还是从贫困发生率的角度来看，非外出务工家庭陷入贫困的概率显著高于外出务工家庭；②不管是从收入单一维度视角还是从多维贫困角度考察，外出务工家庭的状况都明显优于非外出务工家庭，表明对于欠发达地区农村家庭而言，劳动力流动的意义不仅在于能够提升家庭的非农收入，而且在于能够改善农村家庭教育、健康和生活水平维度的贫困；③省外务工家庭的贫困发生率低于省内务工家庭，尽管由于外出务工家庭在外出选择上的结构性变动引致 2014 年省外务工家庭的贫困发生率上升，但是从陷入贫困的样本频数来看，省外务工家庭贫困样本频数下降幅度仍然超过省内务工家庭。

二　变量选择与模型设定

　　欠发达地区农村家庭多维贫困测度结果表明，外出务工家庭各维度的贫困发生率均显著低于非外出务工家庭。对于农村家庭而言，贫困状态是二元变量，为了全面考察劳动力流动对欠发达地区农村家庭减贫的影响，本章构建 Probit 模型进行实证分析。依据 CFPS 数据库中现有的数据情况，在借鉴已有研究的基础上，本章构建的第一个计量实证模型为：

$$\Pr(pov_i^t\_d = 1 \mid X_i) = \Phi(\alpha_0 + \alpha_1 mig_i^t + \alpha_2 mig_i^t\_male + \alpha_3 mig_i^t\_female + \alpha_4 mig_i^t\_out +$$
$$\alpha_5 age_i^t\_head + \alpha_6 agesqr_i^t\_head + \alpha_7 gen_i^t\_head + \alpha_8 edu_i^t\_head +$$
$$\alpha_9 num_i^t\_home + \alpha_{10} promale_i^t\_home + \alpha_{11} prochildren_i^t\_home +$$
$$\alpha_{12} proelder_i^t\_home + \alpha_{13} age_i^t\_home + \alpha_{14} agesqr_i^t\_home +$$
$$\alpha_{15} land_i^t\_home + \alpha_{16} agr_i^t\_home) \tag{11-4}$$

　　其中，被解释变量 $\Pr(pov_i^t\_d = 1 \mid X_i)$ 表示家庭 i 陷入贫困的概率，$pov_i^t\_d$ 表示农村家庭 i 在 t 期所处的状态，d 代表贫困的维度。如果在某个维度 d 下，农村家庭处于贫困状态则 $pov_i^t\_d = 1$，反之 $pov_i^t\_d = 0$。解释变量 X_i 由核心解释变量和控制变量构成，α_0 为截距项，α_1 至 α_{16} 分别为相应解释变量的待估计系数。

　　本章的核心解释变量为欠发达地区农村家庭劳动力流动特征，具体而言，用 mig_i^t 定义农村家庭 i 在 t 期是否发生劳动力流动，如果该家庭有劳动力外出务工则 $mig_i^t = 1$，反之 $mig_i^t = 0$。此外，分别用 $mig_i^t\_male$ 和 $mig_i^t\_female$ 表示 t 期家庭 i 外出务工人员中的男性人数和女性人数。在分析欠发达地区农村家庭多维贫困现状时，笔者发现省内务工家庭与省外务工家庭在贫困发生率上有所差异，故用 $mig_i^t\_out$ 定义外出务工家庭的务工地域选择情况，如果 t 期农村家庭 i 在外出务工时选择出省务工，那么 $mig_i^t\_out = 1$，否则 $mig_i^t\_out = 0$。

控制变量由户主特征变量和家庭特征变量两部分构成。对于户主特征变量，选用户主的年龄 $age_i^t\_head$、户主年龄的平方 $agesqr_i^t\_head$、户主的性别 $gen_i^t\_head$ 以及户主的受教育年限 $edu_i^t\_head$ 加以控制。家庭特征变量包括：反映家庭规模的家庭总人口 $num_i^t\_home$；反映家庭成员性别构成的家庭男性占比 $promale_i^t\_home$；反映家庭抚养比状况的变量，分别用家庭少儿（14 岁及以下儿童）占比 $prochildren_i^t\_home$ 和家庭老人（65 岁及以上老年人）占比 $proelder_i^t\_home$ 表示；反映家庭年轻化程度的家庭人均年龄 $age_i^t\_home$ 和家庭人均年龄的平方 $agesqr_i^t\_home$；反映家庭所处地貌情况的 $land_i^t\_home$；反映家庭产业结构状况的变量，用家庭是否从事第一产业生产 $agr_i^t\_home$ 表示。

需要强调的是，微观家庭的贫困状态处于动态变化之中，脱贫与返贫交织，使得扶贫工作错综复杂，因而本章进一步尝试分析欠发达地区农村家庭劳动力流动状态的改变对中国家庭贫困状态变化的影响。对于 2012 年处于贫困状态的家庭来说，2014 年有两种状态，即实现脱贫和未能实现脱贫。同理，对于 2012 年处于非贫困状态的家庭来说，2014 年也有两种状态，即重返贫困和未重返贫困。这里用 pov_i_out 定义 2012 年处于贫困状态的农村家庭 i 在 2014 年是否实现脱贫，如果脱贫成功则 $pov_i\_out = 1$，反之 $pov_i\_out = 0$。相应地，用 pov_i_return 定义 2012 年处于非贫困状态的农村家庭 i 在 2014 年是否重返贫困，如果重返贫困则 $pov_i\_return = 1$，反之 $pov_i\_return = 0$。由于农村家庭贫困状态的变化仍是二元变量，故构建第二个 Probit 模型①：

①　式（11 - 5）为脱贫模型，被解释变量为 2012 年欠发达地区农村贫困家庭在 2014 年脱离贫困的概率。返贫模型仅被解释变量与式（11 - 5）存在不同，解释变量均一致，故此处未列出。

$$\Pr(pov_i\_out = 1 \mid X_i) = \Phi(\alpha_0 + \alpha_1 mig_i\_one \& one + \alpha_2 mig_i\_one \& zero +$$

$$\alpha_3 mig_i\_zero \& one + \alpha_4 age_i\_head + \alpha_5 agesqr_i\_head + \alpha_6 gen_i\_head +$$

$$\alpha_7 edu_i\_head + \alpha_8 num_i\_home + \alpha_9 promale_i\_home +$$

$$\alpha_{10} prochildren_i\_home + \alpha_{11} proelder_i\_home + \alpha_{12} age_i\_home +$$

$$\alpha_{13} agesqr_i\_home + \alpha_{14} land_i\_home + \alpha_{15} agr_i\_home) \qquad (11-5)$$

其中，核心解释变量为农村家庭外出务工状态的改变，用虚拟变量表示。$mig_i\_one \& one$ 代表农村家庭在 2012 年和 2014 年均外出务工，如果家庭 i 在 2012 年和 2014 年均发生劳动力流动则 $mig_i\_one \& one = 1$，反之 $mig_i\_one \& one = 0$。相应地，$mig_i\_one \& zero = 1$ 代表农村家庭 i 在 2012 年有外出务工人员，而 2014 年没有外出务工人员；$mig_i\_zero \& one = 1$ 代表农村家庭 i 在 2012 年未发生劳动力流动，而 2014 年发生了劳动力流动①。各变量的描述性统计见表 11-3。

表 11-3 各变量的描述性统计

变量	最大值	最小值	均值	标准差
被解释变量				
贫困（是 =1）	1	0	0.21	0.40
脱贫（是 =1）	1	0	0.61	0.49
核心解释变量				
劳动力流动（外出务工 =1）	1	0	0.58	0.49
外出务工男性人数（人）	4	0	0.60	0.70
外出务工女性人数（人）	4	0	0.32	0.54
是否跨省务工（是 =1）	1	0	0.11	0.32
外出务工→外出务工	1	0	0.14	0.34
外出务工→未外出务工	1	0	0.11	0.31
未外出务工→外出务工	1	0	0.24	0.43
户主特征变量				
年龄（岁）	104	16	57.36	12.79
性别（男 =1，女 =2）	2	1	1.28	0.45

---

① 需要特别说明的是，为了使核心解释变量的种类不至于过度复杂，这里没有考虑外出务工人员数量的变动以及是否出省务工选择的变动状况。此外，户主特征和家庭特征这两组控制变量与模型 1 相同，不同的是，模型 2 使用 2014 年的统计数据。

续表

变量	最大值	最小值	均值	标准差
受教育年限（年）	16	0	4.11	4.20
家庭特征变量				
家庭总人口（人）	14	1	3.92	1.76
家庭男性占比（%）	100	0	51.85	20.30
家庭少儿占比（%）	80	0	16.05	18.20
家庭老人占比（%）	100	0	13.81	27.03
家庭人均年龄（岁）	92	10.25	39.73	13.84
家庭所处地貌（山区=1，非山区=0）	1	0	0.84	0.37
家庭是否从事第一产业生产（是=1）	1	0	0.59	0.49

注：①囿于篇幅，表11-3中贫困的均值和标准差数据均为一维贫困统计数据，此外仅列出了单维脱贫模型中被解释变量和核心解释变量的描述性统计数据，控制变量描述性统计使用的是全样本数据。②CFPS数据库中农村家庭所处地貌共有丘陵地区、高山、高原、平原、草原、渔村和其他地区7种情况，本章将丘陵地区、高山和高原归为山区，其他归为非山区。

三　实证结果分析

（一）基于平衡面板数据的分析

对于平衡面板数据，这里使用随机效应Probit模型进行实证研究，表11-4为劳动力流动对欠发达地区农村家庭不同维度贫困影响的实证结果。可以看出，劳动力流动无论是对降低欠发达地区农村家庭收入贫困发生率还是对缓解家庭多维贫困，均有显著的正向作用。具体分析如下。

表11-4　劳动力流动对欠发达地区农村家庭不同维度贫困影响的实证结果

变量	(1)	(2)	(3)	(4)
	一维贫困	二维贫困	三维贫困	四维贫困
核心解释变量				
劳动力流动	-0.4222***	-0.4265***	-0.4407***	-0.2068*
	(-5.18)	(-5.14)	(-4.95)	(-1.82)
	-0.0886	-0.0879	-0.0818	-0.0263

续表

变量	（1） 一维贫困	（2） 二维贫困	（3） 三维贫困	（4） 四维贫困
外出务工男性人数	− 0.4083 ***	− 0.4125 ***	− 0.4165 ***	− 0.4668 ***
	（− 6.47）	（− 6.41）	（− 5.98）	（− 5.10）
	− 0.0857	− 0.0850	− 0.0773	− 0.0595
外出务工女性人数	− 0.2432 ***	− 0.2476 ***	− 0.2548 ***	− 0.3971 ***
	（− 4.07）	（− 4.07）	（− 3.88）	（− 4.53）
	− 0.0511	− 0.0510	− 0.0473	− 0.0506
是否跨省务工	− 0.3481 ***	− 0.3455 ***	− 0.2820 ***	− 0.3028 **
	（− 3.90）	（− 3.82）	（− 2.97）	（− 2.50）
	− 0.0731	− 0.0712	− 0.0524	− 0.0386
户主特征变量				
年龄	0.0076	0.0062	0.0186	0.0325 *
	（0.52）	（0.42）	（1.19）	（1.74）
	0.0016	0.0013	0.0034	0.0041
年龄的平方	0.0000	0.0000	− 0.0001	− 0.0002
	（0.02）	（0.07）	（− 0.66）	（− 1.12）
	0.0000	0.0000	− 0.0000	− 0.0000
性别	− 0.0549	− 0.0666	− 0.1392 **	− 0.2975 ***
	（− 1.02）	（− 1.22）	（− 2.42）	（− 4.29）
	− 0.0115	− 0.0137	− 0.0258	− 0.0379
受教育年限	− 0.0355 ***	− 0.0407 ***	− 0.0668 ***	− 0.1073 ***
	（− 6.68）	（− 7.51）	（− 11.34）	（− 13.48）
	− 0.0075	− 0.0084	− 0.0124	− 0.0137
家庭特征变量				
家庭总人口	− 0.0272	− 0.0244	− 0.0057	0.0235
	（− 1.26）	（− 1.11）	（− 0.25）	（0.88）
	− 0.0057	− 0.0050	− 0.0010	0.0030
家庭男性占比	− 0.2190 **	− 0.1772	− 0.2596 **	− 0.3992 ***
	（− 1.98）	（− 1.59）	（− 2.21）	（− 2.85）
	− 0.0460	− 0.0365	− 0.0482	− 0.0509

变量	（1）	（2）	（3）	（4）
	一维贫困	二维贫困	三维贫困	四维贫困
家庭少儿占比	0.5216 ***	0.5420 ***	0.4962 **	0.4816 **
	(2.83)	(2.91)	(2.53)	(2.04)
	0.1095	0.1117	0.0921	0.0614
家庭老人占比	0.2696 **	0.2974 **	0.2729 **	0.1426
	(2.14)	(2.34)	(2.08)	(0.96)
	0.0566	0.0613	0.0507	0.0182
家庭人均年龄	- 0.0467 ***	- 0.0441 ***	- 0.0433 ***	- 0.0302 *
	(- 3.36)	(- 3.14)	(- 2.96)	(- 1.79)
	- 0.0098	- 0.0091	- 0.0080	- 0.0038
家庭人均年龄的平方	0.0005 ***	0.0005 ***	0.0005 ***	0.0003 **
	(3.70)	(3.51)	(3.42)	(2.26)
	0.0001	0.0001	0.0001	0.0000
家庭所处地貌	0.2167 ***	0.2264 ***	0.3147 ***	0.3366 ***
	(4.94)	(5.09)	(6.66)	(5.88)
	0.0455	0.0467	0.0584	0.0429
家庭是否从事第一产业生产	- 0.1722 ***	- 0.1512 ***	- 0.1635 ***	- 0.1886 ***
	(- 3.07)	(- 2.66)	(- 2.73)	(- 2.65)
	- 0.0384	- 0.0312	- 0.0304	- 0.0240
常数项	0.3859	0.3255	- 0.1314	- 1.1921 **
	(1.00)	(0.83)	(- 0.32)	(- 2.36)
Wald chi^2 （16）	741.80	738.56	716.82	467.36
Log Likelihood	- 3479.99	- 3432.97	- 3110.36	- 2210.53
Prob > chi^2	0.000	0.000	0.000	0.000
LR test of rho = 0：χ^2 （1）	50.29	52.60	47.93	37.83
Prob ⩾ chibar2	0.000	0.000	0.000	0.000
N	8158	8158	8158	8158

注：①回归结果中，每个变量第一行数据为系数估计值，第二行数据为 z 统计量，第三行数据为边际效应。②* 、 * 、 *** 分别表示在10%、5%、1%的水平下显著。

　　首先，从核心解释变量的回归结果来看，第一，劳动力流动与家庭贫困发生率呈现显著的负向关系，意味着家庭成员外出务工能够有效降低欠发达地区农村家庭收入贫困和多维贫困发生的概率。边际效应计算结果表明，随着贫困维度的增加，劳动力流动的减贫效果趋于弱化。第二，家庭外出务工男性人数和外出务工女性人数的增加均能够缓解农村家庭单维和多维贫困，需要注意的是，男性劳动力流动减贫效应的边际贡献大于女性，一个可能的原因是劳动市场上存在性别工资差异，导致男性外出务工人员与女性外出务工人员之间存在一定的收入差距。第三，跨省务工的微观决策有利于欠发达地区农村家庭摆脱贫困，这是因为欠发达地区劳动力流向发达地区能够获得相对丰厚的工资报酬。

其次，家庭户主特征变量回归结果中值得注意的是，户主的受教育年限在不同维度下均会显著降低家庭陷入贫困的概率，并且贫困维度越高，其边际效应越大。一个可能的解释是受教育程度越高的户主对家庭成员教育和健康的重视程度越高，继而会敦促家庭的后代接受更好的教育，更加关注家庭成员的健康状况。而户主年龄对家庭除四维贫困之外的其他维度贫困的影响并不显著，进一步看其对三维贫困和四维贫困的影响可能存在倒 U 形效应。

最后，通过家庭特征变量的回归结果可以发现以下特点。第一，家庭男性占比的提高会显著降低农村家庭陷入收入贫困、三维贫困和四维贫困的概率。第二，家庭少儿占比和老人占比越高，家庭抚养和赡养压力越大，家庭陷入收入贫困和多维贫困的可能性越大，不过家庭少儿占比和老人占比的边际影响随着贫困维度的增加逐渐减弱。第三，家庭人均年龄越大，家庭陷入贫困的概率越低。第四，相对于非山区的农村家庭，居住在山区的农村家庭能够接触到的教育、医疗等公共资源以及基础设施都相对匮乏，家庭面临陷入贫困的风险更高。第五，从事第一产业生产有助于缓解欠发达地区农村家庭的收入贫困和多维贫困。

（二）对劳动力流动减贫效应的动态考察

在贫困治理过程中，脱贫后再度返贫的家庭理应构成精准脱贫工作中的重点关注对象。事实上，造成脱贫与返贫反复出现的根源在于"输血式扶贫"未能强化贫困家庭自身的"造血"功能。因此，本章进一步考察劳动力流动如何影响农村家庭贫困的动态演进，尝试剖析劳动力流动能否从深层次巩固农村贫困家庭的"造血"功能，从而有效助力脱贫，遏制返贫。这里分别从单维（收入贫困）和多维（三维贫困①）贫困进行分析。表 11－5 为劳动力流动单维减贫效应动态考察的实证结果。

表 11－5　劳动力流动单维减贫效应动态考察的实证结果

变量	(5)			(6)		
	脱贫			返贫		
	系数估计值	边际效应	z 值	系数估计值	边际效应	z 值
核心解释变量						
外出务工→外出务工	1.0273 ***	0.3379	6.06	-0.2455 ***	-0.0569	-3.11
外出务工→未外出务工	-0.0871	-0.0286	-0.57	-0.1565 **	-0.0363	-2.39
未外出务工→外出务工	0.9636 ***	0.3170	6.90	-0.4971 ***	-0.1153	-5.16
户主特征变量						
年龄	0.0244	0.0080	0.72	-0.0117	-0.0027	-0.61
年龄的平方	-0.0002	-0.0001	-0.70	0.0001	0.0000	0.94
性别	0.0655	0.2154	0.52	-0.0845	-0.0196	-1.18
受教育年限	0.0239 *	0.0079	1.86	-0.0359 ***	-0.0083	-5.21
家庭特征变量						
家庭总人口	-0.0324	-0.0106	-0.66	-0.0606 **	-0.0141	-2.20
家庭男性占比	0.2702	0.8889	1.17	-0.2137	-0.0496	-1.47
家庭少儿占比	-0.1852	-0.0609	-0.41	0.4332 *	0.1005	1.79
家庭老人占比	-0.2325	-0.0765	-0.90	0.3266 *	0.0757	1.81
家庭人均年龄	0.0193	0.0064	0.67	-0.0302	-0.0070	-1.56
家庭人均年龄的平方	-0.0002	-0.0001	-0.88	0.0003	0.0001	1.62
家庭所处地貌	-0.2887 ***	-0.0950	-2.77	0.1397 **	0.0324	2.51
家庭是否从事第一产业生产	0.2604 ***	0.0856	2.07	0.0140	0.0032	0.19
常数项	-1.2525	—	-1.30	-0.4864	—	-0.92
Pseudo R²	0.1323			0.0521		
N	829			3250		

注：*、**、*** 分别表示在 10%、5%、1%的水平下显著。

---

① 这里选择三维贫困主要是因为，从前文多维贫困发生率的测算结果来看，三维贫困既可以较好地描绘农村家庭的多维贫困，也不会因贫困维度的增加而排除掉过多的样本。

根据表 11-5 的回归结果，从助力脱贫的效果来看，2012 年和 2014 年均外出务工的农村贫困家庭实现收入维度脱贫的概率显著提高。对于 2012 年未发生劳动力流动的农村贫困家庭来说，如果 2014 年能够外出务工，那么这种微观决策的转变也能够帮助部分家庭摆脱贫困，但是其边际贡献低于坚持外出务工的家庭。由 2012 年外出务工转向 2014 年未外出务工的决策变化对农村贫困家庭脱贫的影响不显著。因此，可以认为劳动力流动有助于欠发达地区农村贫困家庭摆脱收入贫困。

从遏制返贫的效果来看，农村家庭长期外出务工能够有效降低重返收入贫困的概率。对于 2012 年未外出务工，但是 2014 年加入务工大军的农村家庭来说，这种家庭经营模式的转变有助于家庭降低单维返贫的概率。对于 2012 年外出务工，但是 2014 年未外出务工的家庭而言，收入维度返贫的概率相对更低。因此，劳动力流动能够遏制农村家庭重返收入贫困。

进一步分析劳动力流动多维减贫效应动态考察的实证结果，通过表 11-6 可以发现，农村贫困家庭如果能够长期外出务工，家庭摆脱多维贫困的概率会显著提高。2012 年如果农村贫困家庭未发生劳动力流动，但是 2014 年有家庭成员外出务工，这种选择的转变仍能够显著提高农村家庭多维脱贫的可能性。因此，劳动力流动有助于欠发达地区农村贫困家庭走出多维贫困的深渊。

表 11-6　劳动力流动多维减贫效应动态考察的实证结果

变量	(7)			(8)		
	脱贫			返贫		
	系数估计值	边际效应	z 值	系数估计值	边际效应	z 值
核心解释变量						
外出务工→外出务工	1.1043 ***	0.3498	5.67	-0.8749 ***	-0.1607	-9.71
外出务工→未外出务工	0.0324	0.0103	0.20	0.0325	0.0060	0.39
未外出务工→外出务工	0.9661 ***	0.3060	6.40	-0.7311 ***	-0.1343	-6.90
户主特征变量						
年龄	-0.0004	-0.0001	-0.01	-0.0132	-0.0024	-0.62
年龄的平方	-0.0000	-0.0000	-0.09	0.0001	0.0000	0.91
性别	0.0924	0.0293	0.69	-0.1734 **	-0.0318	-2.21
受教育年限	0.0567 ***	0.0180	3.85	-0.0611 ***	-0.0112	-7.87

变量	（7）			（8）		
	脱贫			返贫		
	系数估计值	边际效应	z 值	系数估计值	边际效应	z 值
家庭特征变量						
家庭总人口	− 0.0327	− 0.0104	− 0.62	0.0406	0.0075	1.33
家庭男性占比	0.3209	0.1016	1.28	− 0.1552	− 0.0285	− 0.97
家庭少儿占比	− 0.1315	− 0.0417	− 0.27	− 0.0518	0.0095	− 0.19
家庭老人占比	− 0.2050	− 0.0650	− 0.75	0.2228	0.0409	1.19
家庭人均年龄	0.0300	0.0095	0.98	− 0.0174	− 0.0032	− 0.84
家庭人均年龄的平方	− 0.0003	− 0.0001	− 1.20	0.0002	0.0000	0.81
家庭所处地貌	− 0.2099 *	− 0.0665	− 1.93	0.1636 ***	0.0300	2.67
家庭是否从事第一产业生产	0.1612	0.0511	1.18	− 0.1336	− 0.0245	− 1.58
常数项	− 0.6935	—	− 0.65	0.3187	—	0.54
Pseudo R^2	0.1519			0.1333		
N	740			3339		

注：*、**、***分别表示在 10%、5%、1%的水平下显著。

就劳动力流动遏制多维返贫的效果来看，长期外出务工对防止欠发达地区农村家庭重返多维贫困的效果尤为明显。结合模型（6）和模型（8）可以发现，劳动力流动遏制多维返贫的边际效果远大于遏制收入返贫。对于部分 2012 年未外出务工，但是 2014 年外出务工的农村家庭来说，家庭重返多维贫困的概率也显著降低。以上结论再一次印证了欠发达地区农村家庭劳动力流动存在减贫效应。

为了检验计量模型的稳健性，本章将模型中的二维贫困和三维贫困指标细化，选择不同的指标组合作为被解释变量进行回归分析，回归结果显示，无论是哪种维度的组合作为被解释变量，所有核心解释变量的回归系数符号均与前文的研究结果相符，而且回归系数均在 10%的显著性水平下通过检验。此外，本章也选用固定效应模型对面板数据进行了回归，回归结果中相关变量的符号与随机效应 Probit 模型的回归结果基本一致。

四 本章简要小结

本章建构了多维贫困指标体系，基于 2012 年和 2014 年 CFPS 数据库中欠发达地区农村家庭样本数据，运用"收入导向型"多维贫困指数方法测度了欠发达地区农村家庭的贫困状况，并采用随机效应 Probit 模型实证分析了劳动力流动对欠发达地区农村家庭多维贫困的内在影响，在此基础上比较不同维度之间的差异化影响。此外，还进一步考察了劳动力流动微观决策的变化对农村家庭不同维度贫困状态的动态影响。研究表明，①欠发达地区农村家庭劳动力流动能够有效降低家庭陷入收入贫困及多维贫困的概率，不过随着贫困维度的增加，减贫效应的边际影响逐渐下降；②外出务工男性及女性人数越多，并且选择跨省务工的欠发达地区农村家庭，发生收入贫困和多维贫困的可能性越低；③进一步研究表明，长期外出务工可以提高欠发达地区农村家庭单维和多维脱贫概率，降低农村家庭重返贫困的可能性，未外出务工向外出务工的微观决策转变也有助于农村家庭脱离收入贫困和多维贫困，不过其边际贡献小于坚持外出务工的家庭，这些都再次印证了劳动力流动具有多维减贫效应。

第十二章 劳动力流动对家庭多维相对
贫困影响的动态研究

长期以来，劳动力流动对贫困影响的研究主要集中在绝对贫困方面，而对多维贫困、相对贫困方面的研究关注较少。第十一章已经研究了劳动力流动对多维贫困的具体效应，本章则侧重探讨相对贫困，为了考察的全面性和系统性，与多维贫困相结合，即考察劳动力流动对家庭多维相对贫困的内在影响。之所以做这样的安排，即考察多维相对贫困，原因在于现有文献中从多维视角测度相对贫困的研究较少。与此同时，已有研究还存在以下局限：一是未将劳动力流动面临的多重约束和差异化特征纳入对贫困影响的统一框架；二是未系统考察劳动力对贫困影响的复杂性和长期性，即基于时间维度研究劳动力流动对贫困影响的动态变化。因此，本章可能的创新和边际贡献在于：基于"贫"和"困"双重视角构建多维相对贫困的识别框架，从多维视角测度相对贫困；从时间维度研究劳动力流动对多维相对贫困影响的动态变化特征，考察劳动力流动微观决策的改变对家庭贫困的动态影响，作为相关研究的有益补充。

一 多维相对贫困的识别与估计

（一）基于 A‐F 法的多维相对贫困识别策略

本章遵循被广泛使用的 A‐F 法构建多维相对贫困指数来衡量农村家庭多维相对贫困整体状况。具体测算方式如下：用 n 表示样本家庭数，i（$i=1$，2，$\cdots$，n）表示被观测的第 i 个农村家庭，d 表示福利指标数，j（$j=1$，2，$\cdots$，d）表示第 j 项福利指标，X_{ij} 表示家庭 i 在第 j 项福利指标上的观测值，z_j 表示第 j 项福利指标的剥夺临界值。家庭 i 在第 j 项福利指标上的贫困状况 g_{ij} 可表示为：

$$g_{ij}=\begin{cases}1,\text{若 } x_{ij}<z_j(\text{表示家庭 } i \text{ 在指标 } j \text{ 上属于贫困人口})\\0,\text{若 } x_{ij}\geqslant z_j(\text{表示家庭 } i \text{ 在指标 } j \text{ 上属于非贫困人口})\end{cases}\quad(12-1)$$

其中，以 w_j 表示第 j 项福利指标的权重，有 $0<w_j\leqslant1$，且 $\sum_{j=1}^{d}w_j=1$，可以得到家庭 i 在福利指标上的剥夺得分 $c_{ij}=g_{ij}\cdot w_j$，引入判断是否属于多维贫困人口的多维贫困临界值 k，加权后的多维贫困临界值 k（$0<k\leqslant1$）也可以表示为指标的剥夺得分临界值。应用式（12-2）根据临界值 k 进行多维贫困家庭识别。

$$c_{ij}(k)=\begin{cases}\sum_{j=1}^{d}w_jg_{ij},\text{如果 }\sum_{j=1}^{d}w_jg_{ij}\geqslant k(\text{家庭 } i \text{ 是多维贫困})\\0,\text{如果 }\sum_{j=1}^{d}w_jg_{ij}<k(\text{家庭 } i \text{ 不是多维贫困})\end{cases}\quad(12-2)$$

临界值 k 的取值会严重影响多维相对贫困指数。理论上 k 的取值范围为 $0\sim1$，k 值越大，贫困发生率越低。根据国际多维贫困指数的建议，通常将30%作为 k 值。国内学者也广泛采用这一比例作为临界值，因此本章将 $k=30\%$ 作为多维相对贫困临界值。

（二）数据说明和指标设计

1. 数据来源

本章所采用的数据来自北京大学中国社会科学调查中心组织实施的中国家庭追踪调查（CFPS）的微观数据。该调查以 2010 年为基期，每两年进行一次追踪，目前已完成了五轮调查。这里采用 2010~2018 年的数据，将个人自答、个人代答和少儿代答数据库并入家庭数据库，并删除相关变量的缺失值。

2. 多维相对贫困指标设计

本章所构建的多维相对贫困指数既包含相对性指标，也包含绝对性指标。如表 12-1 所示，家庭年总收入、受教育年限、健康自评、医疗保险和人均住房面积使用了相对值，而住房贷款比例、养老保险、生活满意度和未来信心度则使用了绝对值，因为住房贷款比例和养老保险无法很好地用相对性来衡量，而生活满意度和未来信心度本身就是自我的纵横双重比较与评价。同时，包含绝对性指标和相对性指标也避免了多维相对贫困指数的构建陷入不均等的概念框架。

表 12 - 1　贫困维度、指标与剥夺临界值定义

维度	指标	临界值	权重
收入	家庭年总收入	家庭年总收入低于该年度全样本家庭居民收入中位数的40%	1/6
教育	受教育年限	家庭中成年人最高受教育年限小于该年度全样本家庭的均值	1/6
健康	健康自评	家庭自评不健康成年人比例高于该年度全样本家庭的均值	1/12
	医疗保险	家庭成年人医疗保险覆盖率低于该年度全样本家庭的均值	1/12
住房	人均住房面积	家庭人均住房面积小于该年度全样本家庭的均值	1/12
	住房贷款比例	家庭住房贷款超过家庭收入的40%，认定为此维度的贫困	1/12
养老	养老保险	家庭中有年满60岁但没有养老保险的，认定为此维度的贫困	1/6
主观感受	生活满意度	家庭中有成年人对生活满意度均值小于3的，认定为此维度的贫困	1/12
	未来信心度	家庭中有成年人对未来信心度均值小于3的，认定为此维度的贫困	1/12

在收入维度指标的选择上，更加关注收入水平差距，借鉴欧盟[①]和 OECD[②] 国家按照可支配收入中位数一定比例的方法，考虑到我国 2020 年全面脱贫的背景以及城乡间的实际收入差距，本章参考孙久文和夏添（2019）采用的标准，选取城乡居民收入中位数的 40% 作为相对贫困标准。具体衡量标准为：在收入维度，若某一家庭年总收入低于该年度全样本家庭居民收入中位数的 40%，则该家庭被定义为收入维度的贫困；在教育维度，选择家庭中成年人最高受教育年限作为指标，将家庭中成年人最高受教育年限小于该年度全样本家庭的均值定义为教育维度的贫困；在健康维度，选择健康自评和医疗保险两个指标，家庭自评不健康成年人比例高于该年度全样本家庭的均值或家庭成年人医疗保险覆盖率低于该年度全样本家庭的均值即视为健康维度的贫困；在住房维度，选取人均住房面积和住房贷款比例两个指标，将家庭人均住房面积小于该年度全样本家庭的均值或家庭住房贷款超过家庭收入 40% 的家庭视为住房维度的贫困；在养老维度，选取养老保险这一指标，将家庭中有年满 60 岁但没有养老保险的视为养老维度的贫困；在主观感受维度，通过生活满意度和未来信心度两个指标分别研究样本家庭对当下和未来生活的

① 欧盟以全体居民收入中位数的 60% 作为相对贫困的标准。

② OECD 提出将一个国家或地区收入中位数或平均数的 50% 作为标准识别相对贫困。

评价，将家庭中有成年人对生活满意度或未来信心度均值小于 3 的视为主观感受维度的贫困。

在多维度权重的选择上，国内大多数文献采用等权重法，有少数学者也探索了包括主成分分析法、熵权法在内的非等权重法，这些方法虽然注重客观分析，但不能进一步反映各指标之间的随机性、离散性和非线性等复杂关系。因此，本章依旧采用广泛使用的等权重法对多维相对指标体系内的各项指标赋予相同权重，即将收入、教育、健康、住房、养老、主观感受六个维度分别赋予相等权重，六个维度中的 9 个指标也以相等的权重构造而成。

二 劳动力流动与多维相对贫困的特征化事实

为了进一步厘清劳动力流动对多维相对贫困影响的变化过程，本部分从静态和动态两个维度构建模型并做相关的实证分析。

（一）多维相对贫困特征

在静态实证模型中，被解释变量为家庭是否陷入多维相对贫困。通过比较不同贫困标准下的贫困发生率可以发现，无论在哪种贫困标准下，2018 年全国和分地区样本家庭的贫困发生率都低于 2010 年，这表明我国扶贫工作取得了显著成就（见表 12 - 2）。不同贫困标准下，2010 年、2018 年绝对收入贫困维度的贫困发生率均低于相对收入贫困维度和多维相对贫困维度的贫困发生率。绝对贫困标准在维度上过于单一和局限已经不再适用于不断变化的贫困发展现状。2010 年，相较于相对贫困标准下的贫困发生率，多维贫困标准防止了"一刀切"状况的发生，贫困发生率反而有所下降。而到了 2018 年，多维贫困问题更加严峻和显著，在全国样本中多维贫困发生率高于相对贫困发生率。除此之外，在这三个维度下，无论是 2010 年还是 2018 年，贫困发生率总体都表现出由东部地区向西部地区递增的趋势，这也反映了贫困发生的地区差异。

为了进一步探讨劳动力流动对贫困状态改变的影响，在动态实证模型中选取是否返贫和是否脱贫两个变量，将样本家庭根据贫困状态进行分类，进一步探讨劳动力流动对返贫和脱贫的影响。根据表 12 - 3 可知，

表 12 - 2　全国和分地区样本不同贫困标准下的贫困发生率

单位：%

维度	年份	全国样本	东部地区样本	中部地区样本	西部地区样本
绝对收入贫困	2010	5.86	5.59	5.21	6.95
	2018	3.59	3.40	3.36	4.17
相对收入贫困	2010	36.57	30.23	36.78	45.25
	2018	18.12	14.97	18.40	22.69
多维相对贫困	2010	23.36	20.33	21.12	30.20
	2018	19.31	15.96	14.23	16.27

无论是在全国还是分地区样本中，不贫困组占比最高，这反映了我国经济发展和扶贫攻坚的重大成就。但全国样本中仍有 10.83% 的家庭仍然处于多维相对贫困中，尤其是在西部地区，长期处于多维相对贫困的家庭占比最高，多维相对贫困的地区差异显著。值得关注的是，在全国和分地区样本家庭中，均存在返贫现象。即使在经济发展水平较高的东部地区也出现了返贫现象，而西部地区由于资源匮乏、生态脆弱、生存条件恶劣、基础设施落后，成为返贫高发区域。这反映了返贫现象的地域分布具有普遍性和不均匀性。

表 12 - 3　全国和分地区样本家庭多维相对贫困动态变化

单位：户，%

分类	全国样本		东部地区样本		中部地区样本		西部地区样本	
	家庭数	比例	家庭数	比例	家庭数	比例	家庭数	比例
贫困组	1097	10.83	367	10.02	285	8.92	445	13.60
不贫困组	5911	58.35	2304	62.88	1963	61.44	1644	50.26
脱贫组	1890	18.66	505	13.78	598	18.72	787	24.06
返贫组	1232	12.16	488	13.32	349	10.92	395	12.08

（二）劳动力流动特征

在静态实证模型中，核心解释变量为家庭是否存在劳动力流动情形。从表 12 - 4 中可以看出，2010 年全国样本家庭中，30.35% 的家庭存在劳动力流动情形，东部、中部、西部地区分别有 23.85%、31.97%、37.94% 的家庭存在劳动力流动情形，西部、中部欠发达地区的劳动力流动明显高于发达的东部地区。2018 年的劳动力流动也呈现同样的地区差异，且相较于 2010 年，无论是全国样本还是分地区样本，2018 年的劳动力流动情况均得到明显提升。同时，劳动力流出占比也在 2010~2018 年得到显著提高，与劳动力流动呈现一致的发展态势。

表 12 - 4　全国和分地区样本家庭劳动力流动情况

单位：%

指标	年份	全国样本	东部地区样本	中部地区样本	西部地区样本
劳动力流动	2010	30.35	23.85	31.97	37.94
	2018	40.05	33.09	40.96	50.00
劳动力流出占比	2010	10.49	8.34	11.31	12.63
	2018	17.27	15.78	17.19	19.27

为了进一步讨论劳动力流动状态改变以及劳动力流动年限对多维相对贫困的影响，引入仅 2010 年流动、仅 2018 年流动、2010 年和 2018 年都流动、劳动力流动年限作为核心解释变量。从表 12 - 5 可以看出，在全国样本家庭中，2010 年和 2018 年都流动的家庭占比最高，仅 2010 年流动和仅 2018 年流动的家庭合计占所有流动家庭的比例为 64.19%。由流动转变为不流动的家庭占比为 17.50%，由不流动转变为流动的家庭占比为 20.43%。在分地区样本中，2010~2018 年，西部地区家庭的流动状态变化最大。在劳动力流动年限的统计中，全国样本家庭的平均流动年限为 4.04 年，分地区样本中西部地区样本家庭的流动年限最长，为 4.93 年，远远高于东部和中部地区样本家庭。

表 12 - 5　全国和分地区样本家庭劳动力流动动态变化

单位：户，%

分类	全国样本		东部地区样本		中部地区样本		西部地区样本	
	家庭数	所占比例	家庭数	所占比例	家庭数	所占比例	家庭数	所占比例
仅 2010 年流动	1439	17.50	535	15.20	496	18.96	408	14.54
仅 2018 年流动	1680	20.43	666	18.93	528	20.18	436	23.29
2010 年和 2018 年都流动	1740	21.16	611	17.36	540	20.64	539	28.22

续表

分类	全国样本		东部地区样本		中部地区样本		西部地区样本	
	家庭数	所占比例	家庭数	所占比例	家庭数	所占比例	家庭数	所占比例
2010 年和 2018 年都不流动	3363	40.90	1707	48.51	1052	40.21	604	28.94
劳动力流动年限（年）	最大值	最小值	均值			
			全国样本	东部地区样本	中部地区样本	西部地区样本
	10	0	4.0353	3.4777	4.0703	4.9315

（三）控制变量

依据本章所要研究的具体内容以及 CFPS 问卷中数据的可得性，选取的控制变量主要包含两个方面：户主特征变量和家庭特征变量。在户主特征变量方面，选取户主年龄、户主性别、户主受教育年限加以控制。由于在微观家庭中核心决策者通常为家庭收入最高的成员，因此将每户家庭中收入最高者定义为户主。在家庭特征变量方面，选取家庭人口规模、家庭性别构成（家庭男性占比）、家庭老人占比（65 岁及以上的人口占家庭总人口的比例）以及家庭是否从事非农经营加以控制。主要控制变量的描述性统计见表 12－6。

表 12－6　全国和分地区样本主要控制变量的描述性统计

变量	年份	最大值	最小值	均值			
				全国样本	东部地区样本	中部地区样本	西部地区样本
劳动力流动（mig）	2010	1	0	0.30	0.27	0.26	0.38
	2018	1	0	0.40	0.34	0.41	0.50
户主年龄（h_age）	2010	81	18	46.24	50.70	50.86	48.01
	2018	96	18	37.29	46.92	46.85	44.40
户主性别（h_gender）	2010	1	0	0.75	0.73	0.71	0.79
	2018	1	0	0.61	0.61	0.60	0.63
户主受教育年限（h_edu）	2010	21	0	5.22	5.53	5.08	4.85
	2018	21	0	7.07	7.59	7.65	5.51

续表

变量	年份	最大值	最小值	均值			
				全国样本	东部地区样本	中部地区样本	西部地区样本
家庭人口规模 （fam_num）	2010	26	1	3.83	3.68	3.53	4.29
	2018	21	1	3.63	3.37	3.49	4.03
家庭男性占比 （male_pro）	2010	1	0	0.33	0.33	0.34	0.30
	2018	1	0	0.37	0.38	0.36	0.37
家庭老人占比 （old_pro）	2010	1	0	0.10	0.11	0.11	0.08
	2018	1	0	0.14	0.16	0.14	0.11
家庭是否从事 非农经营 （fam_unfarm）	2010	1	0	0.08	0.08	0.08	0.08
	2018	1	0	0.10	0.10	0.11	0.10

从家庭特征变量来看，相较于 2010 年，2018 年全国和分地区样本中家庭人口规模均有所下降，这可能与计划生育政策以及生育观念的转变有较大关系。家庭男性占比方面，2018 年相较于 2010 年也有了小幅上升。在人口老龄化的背景下，2018 年家庭老人占比也得到显著提高。从提升幅度来看，东部地区的提升幅度更大，老龄化问题更加突出。从家庭是否从事非农经营来看，全国和分地区样本家庭从事第二、第三产业的比例都有明显提高。

从户主特征变量来看，2010 年和 2018 年全国样本家庭中户主年龄的均值分别为 46.24 岁和 37.29 岁，户主年龄有年轻化趋势，且户主大多以男性为主。在户主受教育年限方面，2010 年和 2018 年全国样本家庭中户主受教育年限的均值分别为 5.22 年和 7.07 年，虽然 2018 年相较于 2010 年有显著的提高，但均低于我国义务教育要求的 9 年，尤其是西部地区样本家庭中户主受教育年限的均值都不足 6 年，这说明无论是 2010 年还是 2018 年，样本家庭中户主的受教育程度均相对较低，且存在较大的地区差异，西部地区的教育水平明显落后于中部和东部地区。

三 劳动力流动对多维相对贫困影响的实证研究

（一）计量模型构建

对于微观家庭而言，存在两种状态：一是贫困家庭；二是非贫困家庭。农村家庭的贫困问题构成了离散选择模型中的二元选择模型，本部分采用 Probit 模型重点考察劳动力流动及其他变量对家庭多维相对贫困发生概率的影响。具体模型为：

$$\Pr(Y_i = 1 \mid X_i) = \Phi(\alpha_0 + \alpha_1 x_i + \alpha_2 x_{i1} + \alpha_3 x_{i2}) \tag{12-3}$$

$$\Pr(pov_i^t = 1 \mid X_i) = \Phi(\alpha_0 + \alpha_1 \, mig_i + \alpha_2 h\_age + \alpha_3 h\_gender + \alpha_4 h\_edu +$$
$$\alpha_5 \, fam\_num + \alpha_6 male\_pro + \alpha_7 old\_pro + \alpha_8 fam\_unfarm) \tag{12-4}$$

$$\Pr(pov_i\_return = 1 \mid X_i) = \Phi(\alpha_0 + \alpha_1 mig_i\_2010 / \alpha_1 mig_i\_2018 / \alpha_1 mig_i\_both + \alpha_2 h\_age +$$
$$\alpha_3 h\_gender + \alpha_4 h\_edu + \alpha_5 fam\_num + \alpha_6 male\_pro + \alpha_7 old\_pro + \alpha_8 fam\_unfarm)$$
$$\tag{12-5}$$

$$\Pr(pov_i\_out = 1 \mid X_i) = \Phi(\alpha_0 + \alpha_1 mig_i\_2010 / \alpha_1 mig_i\_2018 / \alpha_1 mig_i\_both + \alpha_2 h\_age +$$
$$\alpha_3 h\_gender + \alpha_4 h\_edu + \alpha_5 fam\_num + \alpha_6 male\_pro + \alpha_7 old\_pro + \alpha_8 fam\_unfarm)$$
$$\tag{12-6}$$

$$\Pr(pov_i\_return = 1 \mid X_i) = \Phi(\alpha_0 + \alpha_1 mig\_year + \alpha_2 h\_age + \alpha_3 h\_gender +$$
$$\alpha_4 h\_edu + \alpha_5 fam\_num + \alpha_6 male\_pro + \alpha_7 old\_pro + \alpha_8 fam\_unfarm) \tag{12-7}$$

$$\Pr(pov_i\_out = 1 \mid X_i) = \Phi(\alpha_0 + \alpha_1 mig\_year + \alpha_2 h\_age + \alpha_3 h\_gender +$$
$$\alpha_4 h\_edu + \alpha_5 fam\_num + \alpha_6 male\_pro + \alpha_7 old\_pro + \alpha_8 fam\_unfarm) \tag{12-8}$$

式（12-4）中，pov_i^t 为样本家庭 i 在 t 期所处的贫困状态。式（12-5）、式（12-6）、式（12-7）、式（12-8）中，pov_i_return 为样本家庭 i 是否返贫，pov_i_out 为样本家庭是否脱贫；mig_i 为相应家庭是否存在劳动力流动情形，mig_i_2010 代表是否仅在 2010 年流动，mig_i_2018 代表是否仅在 2018 年流动，mig_i_both 代表是否在 2010 年和 2018 年都流动，mig_year 为劳动力流动年限；h_age、h_gender、h_edu 分别代表户主年龄、户主性别以及户主受教育年限；fam_num、$male\_pro$、old_pro、fam_unfarm 是相应的家庭人口规模、家庭男性占比、家庭老人占比以及家庭是否从事非农经营。

（二）实证结果分析

1. 实证结果：基于静态角度的分析

首先选取截面数据进行静态的实证分析。考虑到贫困改善具有长期性、艰巨性、复杂性的特点，因此选取 2010 年和 2018 年的数据探讨在较长时间跨度上劳动力流动对贫困效应的不同特点，得到的回归估计结果见表 12 - 7。

表 12 - 7 的回归结果显示，无论是在绝对收入贫困维度下还是在相对收入贫困维度和多维相对贫困维度下，劳动力流动对贫困均具有显著的改善作用。与 2010 年相比，2018 年劳动力流动对绝对收入贫困的影响变小，而对相对收入贫困和多维相对贫困的影响变大。这表明劳动力流动对改善多维相对贫困具有更为重要的意义。

从家庭特征变量来看，家庭人口规模越大，家庭陷入收入层面贫困的可能性越小。而多维相对贫困的发生概率却随着家庭人口规模的扩大而提高。这是因为家庭人口规模越大，所需的教育、医疗、养老支出越大，抵消掉了一部分收入优势，造成家庭陷入多维度的相对贫困。无论在哪个维度下，样本家庭老人占比越高，家庭越易陷入贫困，这与实际相符。一般而言，家庭中的青壮年是家庭财富的主要创造者，老人则会增加该家庭的医疗、养老支出，使该家庭更易陷入贫困。相较于以单一农业经营为收入来源的家庭，从事非农经营的家庭陷入贫困的概率显著降低，这是由于从事第二、第三产业不仅能够丰富样本家庭的收入来源，而且能够打破样本家庭原有的社交距离和人脉限制，为家庭提供更好的社会资本，避免陷入贫困。除 2018 年的相对收入贫困和多维相对贫困之外，其他维度中家庭男性占比越高，家庭陷入贫困的概率越低。男性在农业生产和务工人群中具有更大的性别优势，会给家庭带来更多的收入来源，降低家庭贫困发生的概率。

从户主特征变量来看，户主受教育年限与家庭贫困发生率有着显著的负相关关系，即无论在哪个维度下，户主受教育年限越长，家庭陷入贫困的概率越低。一方面，户主通常是家庭中的主事者，户主的受教育程度通常决定了家庭的决策能力和水平。另一方面，户主受教育程度越高，在就业市场上拥有的选择权越大，获得相对体面和高薪工作的概率

表 12 - 7 不同贫困标准下全国本家庭 Probit 模型估计结果

变量	2010 年			2018 年		
	绝对收入贫困	相对收入贫困	多维相对贫困	绝对收入贫困	相对收入贫困	多维相对贫困
劳动力流动 (mig)	-0.1895** (0.079)	-0.1104*** (0.039)	-0.0538* (0.0313)	-0.1161*** (0.042)	-0.2058*** (0.031)	-0.1495*** (0.034)
户主年龄 (h_age)	0.0066** (0.003)	-0.0010 (0.002)	0.0001 (0.001)	0.0063*** (0.002)	0.0003 (0.002)	0.0110*** (0.002)
户主性别 (h_gender)	-0.0345 (0.074)	0.0775* (0.041)	0.0156 (0.034)	-0.1588*** (0.043)	-0.1346*** (0.032)	-0.1303*** (0.0036)
户主受教育年限 (h_edu)	-0.0521*** (0.007)	-0.0780*** (0.004)	-0.0776*** (0.003)	-0.0093* (0.005)	-0.0524*** (0.004)	-0.0065* (0.004)
家庭人口规模 (fam_num)	-0.1854*** (0.025)	-0.1526*** (0.012)	0.0133* (0.009)	0.0077 (0.011)	-0.0663*** (0.009)	0.0819*** (0.01)
家庭男性占比 (male_pro)	-0.2764* (0.156)	-0.3510*** (0.093)	-0.0048 (0.080)	-0.2485*** (0.084)	0.1123* (0.063)	0.0874 (0.084)
家庭老人占比 (old_pro)	0.5113*** (0.125)	0.5625*** (0.086)	0.4383*** (0.078)	0.4365*** (0.072)	0.6569*** (0.054)	1.9453*** (0.123)
家庭是否从事非农经营 (fam_unfarm)	-0.2406 (0.152)	-0.1698** (0.069)	-0.3052*** (0.055)	0.1241** (0.059)	-0.5451*** (0.060)	0.0819*** (0.01)

注:本结果由 Stata 13 估计所得,括号内为 t 统计量,*、**、*** 分别表示在 10%、5%、1% 的水平下显著。

越高，越有助于改善家庭的经济状况、提高社会地位。此外，估计结果显示，户主年龄对 2010 年绝对收入贫困、2018 年绝对收入贫困和多维相对贫困的影响系数显著为正，户主性别对 2010 年相对收入贫困的影响系数显著为正。

2. 实证结果：基于动态角度的分析

在对截面数据进行静态分析的基础上，进一步引入 2010～2018 年 CFPS 数据从时间维度探讨劳动力流动对家庭多维相对贫困影响的动态变化，具体见表 12－8。

表 12－8　劳动力流动对家庭多维相对贫困影响的动态变化

变量	2010 年	2012 年	2014 年	2016 年	2018 年
劳动力流动 （mig）	－0.0538 ** （0.0313）	－0.1930 *** （0.033）	－0.0436 * （0.0262）	－0.0283 *** （0.0074）	－0.1495 *** （0.034）
户主年龄 （h_age）	0.0001 （0.001）	0.0015 ** （0.001）	－0.00870 *** （0.0008）	0.00729 *** （0.0010）	0.0110 *** （0.002）
户主性别 （h_gender）	0.0156 （0.034）	0.0462 ** （0.023）	－0.0868 *** （0.0249）	0.0950 *** （0.0275）	－0.1303 *** （0.0036）
户主受教育年限 （h_edu）	－0.0776 *** （0.003）	－0.0615 *** （0.006）	－0.0325 *** （0.0017）	－0.0608 *** （0.0017）	－0.0065 * （0.004）
家庭人口规模 （fam_num）	0.0133 * （0.009）	0.1499 *** （0.009）	0.0907 *** （0.0070）	0.0712 *** （0.0153）	0.0819 *** （0.01）
家庭男性占比 （male_pro）	－0.0048 （0.080）	0.0423 （0.049）	0.116 *** （0.0325）	0.608 *** （0.0488）	0.0874 （0.084）
家庭老人占比 （old_pro）	0.4383 *** （0.078）	0.9225 *** （0.052）	0.573 *** （0.0435）	－0.0306 *** （0.0078）	1.9453 *** （0.123）
家庭是否从事 非农经营 （fam_unfarm）	－0.3052 *** （0.055）	－0.4207 *** （0.049）	－0.310 *** （0.0442）	－0.0737 *** （0.0126）	0.0819 *** （0.01）

注：本结果由 Stata 13 估计所得，括号内为 t 统计量，*、**、*** 分别表示在 10%、5%、1% 的水平下显著。

通过 2010～2018 年全国样本数据的分析可知，劳动力流动对家庭多维相对贫困具有显著的负效应，进一步的实证结果证明这种影响在时间维度具有动态性。2010～2018 年，相关年份劳动力流动对多维相对贫困的影响系数分别为 －0.0538、－0.1930、－0.0436、－0.0283、－0.1495。

从变化趋势上看，2012 年前劳动力流动对多维相对贫困家庭贫困状态的改善是持续快速推进的，这与我国在 21 世纪 10 年代初劳动力的大规模迁移以及显著的扶贫成就是相符的。2012～2016 年，劳动力流动对多维相对贫困的影响减弱，这个阶段贫困呈现新的特征，随着人口大规模的迁移，劳动力流动在教育、健康等维度的负面效应逐渐显现，因此这个阶段劳动力流动仍旧能够改善相对贫困家庭多维剥夺的情况，但减贫效果在减弱。2016 年之后，劳动力流动对相对贫困家庭多维剥夺的影响又呈现上升的趋势。

为了进一步探究这种影响动态变化的原因，将样本家庭分为返贫组和脱贫组，厘清劳动力流动对贫困家庭脱贫和非贫困家庭返贫的影响，考察劳动力流动微观决策的改变对家庭贫困的动态影响，由此得到的回归结果见表 12-9。

从表 12-9 可以看出，在助力脱贫角度，对于 2010 年未外出务工的家庭来说，如果 2018 年选择外出务工，这种微观决策的改变能够帮助这些家庭更大概率地摆脱贫困。2010 年和 2018 年都外出务工的家庭成功脱贫的概率更是显著提高。在遏制返贫角度，对于 2010 年未外出务工的家庭来说，如果 2018 年选择外出务工，也会有效降低其重返贫困的可能性。对于 2010 年和 2018 年都选择外出务工的家庭来说，劳动力流动更是会显著降低返贫概率。这说明贫困家庭如果能够长期外出务工，家庭摆脱多维相对贫困的概率会显著提高。

在此基础上，劳动力流动年限对样本家庭脱贫和返贫的影响结果表明，劳动力流动年限对脱贫和返贫的影响并不是简单的线性关系，而是呈 U 形分布。对于脱贫家庭来说，劳动力流动年限对脱贫的影响呈倒 U 形分布，拐点时间为 6.18 年，劳动力流动在 6.18 年内有显著的减贫效应，6.70 年之后样本家庭脱贫的概率随着劳动力流动年限的增加而下降。劳动力流动年限对返贫的影响呈正 U 形分布，即起初随着劳动力流动年限的增加，家庭返贫的概率降低。但在 8.37 年之后，家庭返贫的概率随着劳动力流动年限的增加而提高。因此，劳动力流动对多维相对贫困在一定年限内具有显著的减贫效应，有助于贫困家庭脱贫以及防止返贫现象的发生。但劳动力流动对多维相对贫困的影响会随着劳动力流动年限的增加由积极转为消极。

表 12-9　返贫家庭、脱贫家庭回归估计结果

变量	脱贫概率		返贫概率	
仅2010年外出务工（mig_2010）	-0.1010*** (-2.73)		0.1280*** (2.81)	
仅2018年外出务工（mig_2018）	0.1400*** (4.47)		-0.0925** (-2.11)	
2010年和2018年都外出务工（mig_both）		0.3361*** (0.077)		-0.1157*** (0.056)
劳动力流动年限（mig_year）		0.1152*** (0.0278)		-0.09*** (0.021)
劳动力流动年限的平方（mig_year2）		-0.0093*** (0.003)		0.0054** (0.002)
户主年龄（h_age）	-0.000709 (-0.55)	-0.0295** (0.015)	0.0070*** (4.04)	0.0159*** (0.002)
户主性别（h_gender）	-0.0572 (-1.78)	-0.3221*** (0.113)	0.1880*** (4.07)	0.2685*** (0.095)
户主受教育年限（h_edu）	-0.0460*** (-15.14)	-0.2832*** (0.095)	-0.0337*** (-8.42)	0.0562*** (0.005)
家庭人口规模（fam_num）	0.0297*** (3.83)	0.2559** (0.101)	0.0288** (2.88)	-0.1392** (0.059)
家庭男性占比（male_pro）	-0.0234 (-0.30)	-0.6872*** (0.165)	0.0896 (0.86)	0.6179*** (0.128)

续表

变量	脱贫概率				返贫概率			
家庭老人占比 （old_pro）	0.3050***	0.3190***	0.0596	0.1178	−0.0767	−0.0947	−0.0956**	−0.6028***
	（3.83）	（3.99）	（0.057）	（0.2398）	（−0.72）	（−0.90）	（0.040）	（0.178）
家庭是否从事非农经营 （fam_unfarm）	−0.2880***	−0.2850***	0.0226***	−0.0752	0.0445	0.0416	−0.0321***	0.0433
	（−5.51）	（−5.45）	（0.007）	（0.101）	（0.71）	（0.66）	（0.005）	（0.074）

注：本结果由 Stata 13 估计所得，括号内为 t 统计量，*、**、*** 分别表示在 10%、5%、1% 的水平下显著。

四　稳健性检验

在之前的实证过程中，多维贫困是一个虚拟变量，对于满足多维贫困条件的家庭 $pov_i^t\_d = 1$，反之 $pov_i^t\_d = 0$。为了进一步探讨劳动力流动对多维贫困的影响，本部分更换被解释变量，将多维贫困剥夺得分作为被解释变量。

参考谢家智和车四方（2017）的方法，首先对每个维度设定一个贫困标准 z_j。若 $y_{ij} < z_j$，则家庭 i 在维度 j 上贫困，否则就不贫困。为便于计算，令 $g_{ij}^0 = \begin{cases} 1, & y_{ij} < z_j \\ 0, & 其他 \end{cases}$，于是样本矩阵 $\mathbf{Y}_{N \times D}$ 可以变换成剥夺矩阵 $g^0 = \left[g_{ij}^0 \right]$。此外，剥夺矩阵 g^0 可以由规范化差距剥夺矩阵 $g^1 = \left[g_{ij}^1 \right]$ 进行弥补，其中 $g_{ij}^1 = g_{ij}^0 \dfrac{z_j - y_{ij}}{z_j}$，即 g_{ij}^1 表示农村家庭 i 在维度 j 上的贫困差距。更一般地，对于任意的 α，$g_{ij}^\alpha = \left(g_{ij}^\alpha \dfrac{z_j - y_{ij}}{z_j} \right)^\alpha$，在此基础上计算家庭 i 在所有维度上的总剥夺得分，即 $c_i = \displaystyle\sum_{j=1}^{D} \omega_j g_{ij}^\alpha$。计算结果见表 12 – 10。

表 12 – 10　更换被解释变量的多元线性回归结果

变量	2018 年	2010 年
劳动力流动 （mig）	– 0.00548 ** （– 2.13）	– 0.0538 * （– 2.27）
户主年龄 （h_age）	0.000606 *** （4.18）	– 0.00456 *** （– 4.39）
户主性别 （h_gender）	– 0.00146 （– 0.54）	0.0661 * （2.50）
户主受教育年限 （h_edu）	– 0.00316 *** （– 10.68）	– 0.0124 *** （– 4.94）
家庭人口规模 （fam_num）	0.00780 *** （9.40）	– 0.00514 （– 0.74）
家庭男性占比 （male_pro）	0.0244 *** （3.64）	– 0.133 * （– 2.12）

变量	2018 年	2010 年
家庭老人占比 （old_pro）	0.270 *** （37.59）	0.188 ** （2.66）
家庭是否从事非农经营 （fam_unfarm）	- 0.0272 *** （- 7.33）	- 0.0474 （- 1.18）

注：本结果由 Stata 13 估计所得，括号内为 t 统计量，＊、＊＊、＊＊＊ 分别表示在 10%、5%、1% 的水平下显著。

　　从表 12 - 10 可以看出，通过更换被解释变量，再一次验证了劳动力流动对相对贫困家庭多维剥夺的现状具有显著的改善作用，这与原有的实证结果一致，即上述研究结论是稳健的。

五　本章简要小结

　　本章利用 2010～2018 年 CFPS 数据，从静态和动态两个视角讨论劳动力流动对多维相对贫困的影响及其作用机制，结果如下。①从静态视角看，整体上劳动力流动显著降低了家庭多维相对贫困，明显提高了家庭生活质量。分组研究也表明，劳动力流动能够提高贫困家庭的脱贫概率，降低家庭重返贫困的可能性。②劳动力流动年限与家庭脱贫和返贫之间呈 U 形关系。在一定年限内，劳动力流动有助于贫困家庭摆脱多维相对贫困并降低返贫发生的概率；而当劳动力流动年限超过拐点值时，劳动力流动反而会阻碍贫困家庭脱贫，提高返贫的概率。③从动态视角看，劳动力流动对多维相对贫困的影响在时间维度具有动态性。劳动力流动对多维相对贫困的边际贡献经历了提升—下降—再提升三个阶段。④家庭特征变量以及户主特征变量等控制变量对多维相对贫困发生率以及返贫、脱贫现象具有一定的影响。

第十三章　主要结论与政策建议

一　主要结论

本书通过劳动力流动对贫困影响的内在机理与传导机制的考察得出以下结论。

一是在劳动力流动对家庭贫困影响方面，劳动力流动既对家庭所承担风险、家庭内部劳动力数量以及留守儿童和留守老人福利三个方面产生负向冲击，进而加剧贫困，又对工资性收入、家庭农业生产的边际产出、家庭健康投入和家庭人力资本四个方面产生正向作用，进而缓解家庭贫困。

二是在劳动力流动对家庭可持续减贫方面，劳动力流动既可能通过提高家庭农业收入、优化家庭收入结构和改善家庭生活条件三个方面降低家庭未来贫困发生的概率，又可能导致家庭农业劳动力相对短缺、农业生产的内生动力不足以及亲情传达与感情陪伴缺位，进而加深家庭未来贫困程度。

三是在劳动力流动对农村贫困影响方面，劳动力流动既通过位置效应、收入效应和收入转移效应三个渠道减缓农村贫困，又通过人力资本流失、农村土地撂荒、农业生产缺位和留守家庭增加四个方面加剧农村贫困。

四是在劳动力流动对城市贫困影响方面，劳动力流动既通过集聚效应和收入效应（本地市场效应、人力资本效应和经济增长效应）两个方面缓解城市贫困，又通过贫困人口的空间转移、身份不认同与社会分化以及城市收入差距扩大三个方面导致城市贫困加剧。从城乡二维空间来看，劳动力流动对贫困的影响存在空间外溢效应，主要体现在贫困人口的空间转移、城市化的空间外部性、城市知识的空间溢出和城市收入的空间分享四个方面。

　　五是在劳动力流动对家庭多维相对贫困影响方面，劳动力流动既通过改善家庭收入状况、受教育情况、健康状况、养老保障情况以及主观评价情况降低家庭陷入多维相对贫困的概率，又对家庭收入、留守儿童教育、健康管理、老人养老以及主观评价五个方面产生负向冲击，进而造成家庭多维相对贫困恶化。

　　进一步的实证研究结果如下。

　　（1）在劳动力流动对家庭贫困影响方面，基于 2014 年和 2018 年 CFPS 数据的全国样本实证发现，存在劳动力流动情形的家庭可以显著降低贫困发生率，相比不存在劳动力流动情形的家庭，存在劳动力流动情形的家庭有 7.1% 的概率避免陷入贫困，而且劳动力外流比例越高，家庭年人均纯收入水平就越高，进而越不容易陷入贫困。进一步地，欠发达地区与发达地区二维划分的分地区研究发现，欠发达地区劳动力流动的边际减贫效应要优于发达地区，发达地区样本家庭的劳动力流动有 6.2% 的概率避免陷入贫困，而欠发达地区的概率相对较高，为 7.9%。除此之外，家庭特征变量与户主特征变量对缓解家庭贫困均有不同程度的影响。相比 2014 年，2018 年不同收入区间家庭数量分布发生了显著的结构性变化，极端低收入家庭数量大幅减少，家庭年人均纯收入获得普遍性增长，但地区间家庭年人均纯收入差距进一步扩大。

　　（2）在劳动力流动对地区贫困影响的时空效应方面，以全国 30 个省份（四川和重庆合并处理）1995～2020 年的面板数据为样本，采用固定效应模型从宏观、空间和时间维度实证检验了劳动力流动对贫困影响的异质性效应。研究结果表明，劳动力流动除在宏观层面有效缓解贫困之外，在空间层面，对减缓不同地区贫困均产生正向影响，但边际效应呈现差异化特征，中部地区的减贫效应优于东部和西部地区，即中部地区劳动力流动的减贫效应最强，东部地区次之，西部地区最弱。在时间层面，2010 年前后劳动力流动均能有效减缓贫困，且 2010 年后的总体减贫效应更突出。

　　（3）在劳动力流动对城乡贫困影响的异质性方面，基于我国 1999～2019 年 31 个省份的城市和农村面板数据，运用空间杜宾模型分析劳动力流动对城乡贫困的影响及其空间外溢效应研究发现，从整体来看，劳动力流动可以通过要素的集聚效应和收入效应显著减缓流入地的城市贫困程度，但不利于流出地的农村贫困缓解。此外，劳动力流动的空间外溢效应还会加深周边地区城市和农村的贫困程度。按时间划分阶段后，劳动力流动对城市和农村贫困的影响还存在阶段性差异。第一阶段（1999～2009年），劳动力流动可以显著缓解城市和农村的贫困程度，且这种缓解作用具有空间外溢性；第二阶段（2010～2019年），劳动力流动并不能缓解城市和农村的贫困程度，但劳动力流动的空间外溢效应仍可以显著减缓周边地区的贫困程度。从空间效应角度来说，随着我国近十年来人口持续集中和城镇化的不断推进，第二阶段减贫的空间外溢效应明显优于第一阶段。对城市和农村减贫的横向比较发现，第一阶段劳动力流动对城市的减贫效果更好，第二阶段城乡减贫没有明显差异。通过对劳动力流动程度的空间集聚性进行分析发现，我国劳动力流动在地理上的分布呈现由"胡焕庸线"式"线分布"向"菱形空间"式"面分布"的结构性转变，基于该客观事实对"菱形空间"的减贫效应进行计量估计，与全国范围的横向比较发现，劳动力流动集聚性更高的"菱形空间"的减贫效应明显强于全国范围。

（4）在劳动力流动对东部地区贫困影响方面，基于笔者对东部沿海地区欠发达县域江苏S县878户农户的微观调查数据，实证研究结果如下。①贫困促使农村家庭劳动力外出务工，进而提高了家庭收入，改善了家庭生活状况，缓解了贫困。但采用不同的贫困标准，劳动力流动对缓解贫困的影响程度不尽相同。②劳动力流动同时降低了主观感受的绝对贫困和相对贫困，但对缓解主观感受的相对贫困更显著。③劳动力的受教育程度、性别、年龄、外出务工年限、所从事行业、在读学生占家庭人口的比例以及老人、学龄前儿童和其他无劳动能力的人口比例等构成了务工收入和贫困的重要影响因素。家庭受教育程度越高，年人均纯收入越高，贫困发生概率越低；男性比女性的外出务工收入要高；外出务工收入与年龄呈倒U形的非线性关系；从事交通运输、仓储和邮政业，批发零售贸易业，住宿和餐饮业的劳动力收入相对较高，而从事建筑业和制造业的劳动力收入相对较低；老人、学龄前儿童和其他无劳动能力的人员作为家庭负担构成了贫困的重要诱因，但在读学生有助于降低主观感受的相对贫困。

（5）在劳动力流动对中部地区贫困影响方面，基于笔者对中部地区

1876 户农村家庭的微观调查数据，利用 Logit 模型和多元线性回归模型，实证验证了劳动力流动对中部地区家庭贫困发生概率和年人均纯收入的影响。整体来看，劳动力流动能够增加中部地区农村家庭的收入，缓解家庭贫困程度，且劳动力流动规模越大，对农村家庭的增收减贫效应越明显。在流入地的具体选择上，相较于省内流动，省外流动尤其是流向经济更为发达的省份务工，收入提升效应更为明显。特别地，在致贫原因上，生病作为家庭负担的重要组成部分，是中部地区贫困县农村家庭贫困的一大诱因。进一步地，基于当前我国扶贫任务发生阶段性转变的发展背景，进一步研究表明，外流劳动力受教育程度提升对增加家庭收入、缓解家庭贫困具有明显的正向效应。对于有在城市落户意愿的农村外出务工家庭而言，基于受教育程度提升所带来的家庭收入的增加能够有效缩小外出务工家庭与流入地城市家庭间的收入差距，缓解外出务工家庭的相对贫困程度。

（6）在劳动力流动对西部地区贫困影响方面，基于笔者对西部地区代表性省份甘肃 1876 户农户的微观调查数据，从相对贫困、多维贫困和主观贫困三个视角出发，不仅考察了农村劳动力流动对当前家庭贫困的影响，而且基于家庭贫困脆弱性的预测，考察了劳动力流动对家庭未来贫困发生概率的影响。研究发现，劳动力流动不仅可以缓解当前家庭的贫困程度，而且有助于降低家庭未来发生贫困的概率，表明农村劳动力流动的减贫效应具有可持续性。在此基础之上，借助倾向得分匹配法纠正了劳动力省外流动和省内流动的内生性偏误，发现与省内流动相比，省外流动给家庭带来的增收效应和减贫效应更强。

（7）在劳动力流动对多维贫困影响方面，以 2012 年和 2014 年 CFPS 数据为基础，实证研究发现，劳动力流动能够有效降低欠发达地区农村家庭收入贫困及多维贫困发生的概率；男性外出务工人员相比女性对缓解多维贫困的边际贡献更大，选择跨省务工的减贫效应更为显著，然而随着贫困维度的增加，劳动力流动对贫困的边际效应呈现逐渐减弱的特征。此外，持续外出务工不仅可以有效提高欠发达地区农村家庭单维和多维的脱贫概率，而且能够降低农村家庭重返贫困的可能性，由未外出务工向外出务工的微观决策转变也有助于缓解贫困，不过其边际贡献小于持续外出务工的家庭。这些都印证了劳动力流动具有多维减贫效应。

（8）在劳动力流动对多维相对贫困影响方面，基于 2010～2018 年 CFPS 数据，运用 A－F 法测度样本家庭多维相对贫困状况，并从静态和动态两个视角聚焦劳动力流动对家庭多维相对贫困的具体效应，实证研究结果如下。①从静态视角看，整体上劳动力流动显著缓解了家庭多维相对贫困状况，既提升了相对贫困家庭的收入，又改善了其在教育、健康、住房以及养老等多方面的相对贫困状态，进而提升了其对生活的主观满足感。分组研究也表明，劳动力流动能够提高贫困家庭的脱贫概率，降低家庭重返贫困的可能性。②劳动力流动年限与家庭脱贫和返贫之间呈 U 形关系。随着劳动力流动年限的增加，劳动力流动对家庭多维相对贫困的影响由积极转向消极。③从动态视角看，劳动力流动对多维相对贫困的影响在时间维度具有动态性。劳动力流动对多维相对贫困的边际贡献经历了提升—下降—再提升三个阶段。

二　政策建议

中央在 2013 年提出了"精准扶贫"这一新的方略，实现了扶贫治理主体的微观化和具体化、扶贫考核和问责机制的转变与创新、精准扶贫工作机制的建构与创新、社会监督和社会参与下的扶贫过程透明化与公开化。2021 年 2 月 25 日，习近平总书记在全国脱贫攻坚总结表彰大会上向世界庄严宣告："在迎来中国共产党成立一百周年的重要时刻，我国脱贫攻坚战取得了全面胜利，现行标准下 9899 万农村贫困人口全部脱贫，832 个贫困县全部摘帽，12.8 万个贫困村全部出列，区域性整体贫困得到解决，完成了消除绝对贫困的艰巨任务，创造了又一个彪炳史册的人间奇迹！"然而，为进一步校正传统扶贫着力点在空间上的偏差、对象上的遗漏、方式上的不当，规避因劳动力流动而形成的"新城市贫困"，降低劳动力外流所导致的农村和欠发达地区内生发展动力源的漏出，进一步发挥与挖掘劳动力流动在减贫中的潜在效应，最终推进乡村振兴和城乡深度融合。基于本书关于劳动力流动对贫困影响机理的理论分析和具体效应的系列实证研究，提出以下创新路径选择与政策建议。

第一，将劳务输出纳入扶贫工作的战略框架，并凸显其战略地位，这是弥补传统区域开发扶贫的不足、纠正扶贫政策方向偏差和扶贫对象漏出的需要。尽管劳动力流动早已自 20 世纪 80 年代开始，然而劳务输出并不能给地方政府带来直接的财政收入，进而导致劳动输出在扶贫中往往流于形式，未实现劳务输出与减贫两者间的激励相容。另外，近年来贫困的空间位移导致漏出部分的贫困人口无法从政府扶贫开发资源中受益：政府扶贫开发资源只流向贫困区域与贫困县域，而非贫困县的贫困人口以及劳动力外流的贫困群体并未得到足够关注。因此，将劳务输出与缓解贫困摆在同样的战略高度尤为必要。

为了推进劳务输出战略的具体落实，以发挥其在减贫中的潜在效应，建议从以下几个方面着手。①改革与创新劳务输出制度和政策，有序引导劳动力在城乡间、部门间和产业间的合理流动。②进一步推进户籍制度改革，打破和清除劳动力流动的潜在制度障碍与制约因素，促进和鼓励劳动力流动，促进微观家庭经济模式的转变。这需要中央政府从根本上做出相应的顶层设计，推动长期以来劳动力在城乡间、部门间和地区间"候鸟式""浮萍式""钟摆式"流动，向真正融入城镇、发达地区和现代部门并能享受流入地相应的社会福利转变，释放制度改革红利，充分拓展和挖掘劳动力流动理应具有的潜在的减贫效应。③遵循劳动力流动的特点，进一步建立完善城市对外流劳动力在医疗、养老、子女教育等社会保障方面的转移接续制度，消除劳动力流动和回流返乡定居的制度障碍。④有针对性地构建全国统一的劳动力流动信息化供需平台，为外流劳动力提供动态、充分的就业信息服务，疏通就业渠道，有效降低劳动力流动过程中的各种交易成本，有效服务近 2.9 亿农民工群体，在此基础上建立与完善农村劳动力流动机制，加强对外流劳动力的有序引导，避免劳动力盲目流动，促使劳务输出战略得以落实、落细。⑤欠发达地区地方政府和基层扶贫人员应合理评估贫困家庭外出务工的条件以及外出务工意愿，对于具备外出务工条件的农村家庭，可以有针对性地加强组织引导，推进劳务输出。基于本书的研究发现，持续外出务工、由未外出务工向外出务工的转变、跨省外出务工均对缓解家庭多维贫困更为有利，因此在欠发达地区和农村尚未有更合适的机会或扶贫项目的情况下，可以优先选择外出务工。⑥加强和完善对外出务工人员从事非农职业的技能培训，提升外出务工人员实现非农就业的综合竞争力，引导外出务工人员进入收入较高的行业，拓展家庭收入渠道，提高收入水平，最终缓解贫困。同时，应兼顾技能型劳务输出和体能型劳务输出，这也是中央精准扶贫"扶智"的题中应有之义。

第二，拓宽对家庭留守人员的帮扶维度并加大保障力度，做好外流劳动力的后方保障，提升劳动力流动减贫的潜在质量和效率。在有劳动力流动的家庭中，留守老人、留守儿童和其他无劳动能力的人员比例较高构成了较重的家庭负担，这也是致贫的关键诱因，理应成为精准扶贫的重中之重。在进行扶贫和防范返贫的动态监测时，应着重关注存在劳动力流动情形下老年人比例高的家庭，特别是有重病、大病和残疾，甚至没有劳动力能力的家庭，应提高动态监测等级和监测强度，做好"事前防范、事后帮扶"。与此同时，通过建立和完善非营利性养老服务机构、农村留守儿童救助中心等，构建和创新农村留守人员关爱扶贫体系，为劳动力流动、缓解农村家庭贫困提供保障机制。

第三，制定区域本地开发扶贫、劳务输出扶贫与配套的农村救济式扶贫等多种不同组合的扶贫政策，因人因地而异，提高扶贫的针对性、精准性和有效性。例如，对于自然资源相对丰富、交通条件较好的地区，确定以就地开发扶贫为主、劳务输出扶贫为辅的扶贫政策，反之则采用以劳务输出扶贫为主、就地开发扶贫为辅的扶贫政策；在缺乏基本生存条件的地区，实行强制性的移民扶贫政策；对农村特困人员和家庭采用社会保障的救济式扶贫政策，并减少扶贫项目和资金的中间环节，最终形成以贫困人口是否受益、受益多少为考核目标的扶贫体系；贫困地区既可以充分利用地方优势发展有特色的现代农业和非农产业，也可以整合资源、有选择性地创造条件承接发达地区部分劳动密集型产业的转移，尤其是创造具有地方特色、符合自身比较优势、适宜本地农民就近就业的产业，扩增农村劳动力非农就业的工作岗位，推动产业扶贫，这一措施得到了从事农业生产和就地进行非农产业兼业可以避免陷入贫困和降低家庭贫困发生率这一研究发现的有力支撑；鼓励本地劳动力和返乡劳动力自主创业，设立"贫困脆弱户"专用创业基金，为欠发达地区和农村家庭开发多种非农经营项目提供资金、技术以及初创阶段的风险分担等多方位支持和扶持，这样既能够拓宽家庭收入来源，又可以降低非农经营失败致贫的风险，切实推动摆脱贫困。

第四，发挥城乡和区域协同效应，实现城乡和区域间的扶贫脱贫一体化，并辅之以户籍制度及其背后所附属的一系列福利制度改革，为发挥劳动力流动的减贫效应创造制度条件。具体来说，为预防与缓解劳动力流动所带来的贫困由农村向城镇、由传统部门向现代部门、由欠发达地区向发达地区的空间位移问题以及扶贫政策在空间上的割裂与偏差，应注重城镇与农村之间、发达地区与欠发达地区之间的协同，城镇和发达地区可以在享受外来劳动力对自身飞跃式发展贡献的同时，承担相应的扶贫脱贫义务，并发挥对农村和中西部地区的辐射效应与扩散效应，而农村和中西部地区可以借鉴东部沿海地区劳动力流动在推进城镇化、增加外流劳动力家庭收入、缓解贫困等方面所积累的成功经验，逐步从传统的单纯向外输出转向吸引部分劳动力回流和人才集聚，推动自身的内涵式发展，形成"区域发展推动扶贫"的思路，并实现二者间的良性互动，这也是中央"农村就地城镇化"和"户籍就近市民化"的题中应有之义。上述城乡间和区域间扶贫一体化过程中协同效应、辐射效应与扩散效应的发挥，需要从根本上进行户籍制度及其背后所附属的一系列福利制度改革，打破二元经济壁垒与藩篱，进而让外流劳动力享受与城市均等的公共服务和社会福利，推进劳动力流动、城镇化与区域协调发展三者间的内生式耦合，这样不仅可以完善精准扶贫的治理体系，而且能够创造和释放新的人口红利与改革红利。

在区域协同方面，从地方政府层面来看，需要发挥发达地区与欠发达地区地方政府之间的协同效应，切实增加劳动力流动的净收益，缓解劳动力外流家庭贫困。作为流出地的欠发达地区地方政府，不仅需要重视聚焦本地的产业扶贫和项目扶贫，而且需要从主观上重视国家的劳务输出战略，并将其落地、落细和落小，为劳动力外流提供直接的并与其内在需求相匹配的就业信息、技能培训以及留守儿童和空巢老人关爱等帮扶，通过重视留守儿童教育、健全控辍保学工作机制、完善养老保障服务，加大对留守儿童和留守老人的关爱与帮扶力度，减轻外流劳动力的现实负担，提升劳动力流动的"外推力"。与此同时，进行劳动力外流过程中的动态追踪。作为流入地的发达地区地方政府，在享受外来劳动力对自身的城镇化、工业化和高质量发展提供要素禀赋和内在动力的同时，要重视为外来劳动力营造宽松和平等的就业环境，提供急需的医疗、随迁子女义务教育等社会保障和公共服务，完善外来劳动力的劳动权益与社会保障政策，特别是加大其中的多维相对贫困家庭各项权利的保障力度，增强区域对外来劳动力的"内吸力"，降低外来劳动力流动过程中的心理成本和经济成本，提升其流动过程中的精神收益和经济收益，最终形成地区间的合力，通过外流真实净收益的增加减缓家庭贫困。

不同地区要实行差异化的扶贫政策。推动东部、中部和西部地区之间的区域协调发展，促进劳动力流动均衡。关于统筹区域协调发展，一方面，东部地区应清除劳动力流动的潜在障碍与制约因素，释放相比中西部地区更为灵活的制度红利，实现东部沿海地区劳动力流动与产业转型升级相互间的匹配，采取高工资、高福利等政策进一步吸引或留住高技能劳动力，最大限度地推动新兴产业的发展。近年来，东部地区发达省份江苏苏北的欠发达县域承接苏南乃至整个长三角地区的产业转移越来越频繁，在这一过程中，地方政府应充分发挥该县域位于东部沿海地区的地理位置、劳动力禀赋等比较优势，注重所承接产业的成长空间、高附加值以及对本地经济发展的辐射效应与外溢性，尤其是协调和提高劳动力与产业承接之间的匹配度，促进劳动力能够实现就近转移，这样既可以降低外流成本，又能够进入效益较高的行业，进而提高劳动力流动的净收益，实现可持续的收入提升，最终真正消除贫困，这对于中西部贫困地区的精准扶贫、精准脱贫也有一定的政策启示。以西部地区为对象的研究发现，没有外出务工人员的家庭年人均纯收入要比有外出务工人员的家庭低一半以上（柳建平、张永丽，2009），这与东部地区的情况显著不同。因此，在政策建议上东部地区与西部地区要有所差别。对于西部地区来说，可以通过进一步引导劳动力流动来消除贫困；而鉴于东部沿海地区劳动力流动比较充分，更为关键的是，应消除其在劳动力流动缓解贫困中所存在的问题。东部地区贫困家庭外出务工虽然能够减轻贫困，但与非贫困家庭相比，贫困家庭外出务工所获得的收入相对较少。在分析外流劳动力特征对务工收入影响的基础上，进一步发现贫困家庭的外出务工劳动力在受教育程度、所从事行业等特征上与非贫困家庭存在差距，从而导致贫困家庭外出务工的收入不高。所以，对于东部地区来说，不能单纯地引导劳动力流动，而应侧重帮助贫困家庭的外出务工人员提高技能和受教育程度，进而帮助其进入收入较高的行业，最终实现贫困家庭在劳动力流动中获得更高的收入。另一方面，应支持中西部地区培育优势特色产业，确立重点产业集群，优化入编晋级、落户购房等优惠措施，提高中西部地区城市特别是小型和中型城市的高技能劳动力流入率。针对那些吸纳从本地外出后又返回当地定居的劳动力较多的城市，尤其是广大中西部地区的中小城市应探索并制定财政支持政策。这些外出务工的劳动力将生命周期中的黄金时期贡献给了异地流入城市，而将年龄"负债期"留在了流出地，从全国层面考虑，理应对这些曾经的劳动力流出地、现在的劳动力归宿地予以财政支持。与此同时，中西部地区农村家庭劳动力外出就业大多依赖以人脉和社会关系为核心的家庭社会资本，但家庭层面的社会资本解决农村外流劳动力就业问题的能力相对有限，进而导致外流劳动力就业机会匮乏。对此，中西部地区各省份政府应积极加强与东部地区的扶贫合作，深化地区间的就业扶贫协作，拓宽本地区农村劳动力的非农就业渠道，进而发挥中西部地区劳动力流动边际减贫效应较高的比较优势。

在城乡协同方面，作为主要流出地的农村，需要改变传统劳务经济的单一思路，整合劳动力、人才、资本、信息、技术、管理等多种要素和资源，避免出现因劳动力和人才流失给自身所带来的内生动力不足的问题，实现自身的超常规发展，通过内生式发展实现可持续和更高标准的减贫。而劳动力流动导致贫困由农村向城市发生了空间位移，因此新时期需要将城市贫困、农村贫困，尤其是城乡相对贫困纳入城乡贫困统一的治理体系，推动城市与农村、流入地与流出地扶贫政策和扶贫体系的有机衔接，校正以往扶贫过程中"重农村、轻城市"的误区和偏差。相比以往扶贫举措与扶贫过程，城市维度理应得到重视，城市贫困治理也必然成为未来贫困治理的重要内容。其一，进一步创新城市户籍制度改革。2021年4月国家发展改革委发布的《2021年新型城镇化和城乡融合发展重点任务》明确指出，"城区常住人口300万以下城市落实全面取消落户限制政策"。与此同时，根据《2019年城市建设统计年鉴》，全国包含北京、上海、深圳等特大城市在内的城区常住人口超过300万的城市共有21个，其中石家庄、济南和昆明等省会城市实行开放落户政策，中国目前仍有落户门槛的城市有18个。本书认为，针对城区人口超过300万的城市同样需要降低外来劳动力落户城市的门槛，实行积分落户政策的城市应提高社保实际缴纳和居住年限分数所占比例，适当降低用作衡量教育水平因素——学历的权重。此外，城市群内可推行落户积分互认制度，实现积分同城化，破除劳动力流动的制度障碍，推动外来劳动力市民化，发挥劳动力流动的本地市场效应和人力资本效应，进一步挖掘其对城市贫困减缓的潜力。其二，按照常住人口的数量和结构布局配置公共服务，实现公共服务的均等化和均质化。户籍制度应与公共服务脱钩，促进城乡间的教育公平、医疗公平和基本公共服务均等化，提高城市综合承载能力，为外来劳动力提供更加公平的就业环境和更多的就业机会；健全包含城市"新市民"的社会保障体系，避免农民工成为城市消费和收入的相对贫困群体。具体地，在人口流入地可以增加公共服务的供给数量，除中央和地方两级政府之外，可以允许民间企业和机构参与到公共服务投入中，尤其是在教育方面；在人口流出地则应该强调公共服务的配置效率，根据常住人口的数量适当做减量规划。通过政府、市场和社会等多元主体提高公共服务在人口流动集中地和集散地的配置效率，着重解决部分人口集中流入地公共服务相对短缺的问题。其三，流动人口贫困主要表现为城市生活的相对贫困，脱贫攻坚收官后应侧重关注相对贫困群体，尤其是城市相对贫困群体。加强外来劳动力的职前培训，丰富职业技能培训内容，提高外来劳动力人力资本水平，提高其在城市劳动力市场的工作竞争力，解决就业困难和失业问题对避免农民工成为城市贫困人口具有重要作用。其四，针对不同城市群、经济圈实施差别化的区域扶贫政策，采用多元化扶贫手段。为破除劳动力流动的交通限制，一方面，应着重加强区域间、城市群间和城市内部轨道建设，尤其是人口集中流动的"菱形空间"，做好城市群和区域间的轨道交通一体化，推动地区间劳动力的自由流动；另一方面，应推动交通向乡村延伸，实现城乡客运道路一体化，推动农村劳动力向城市自由流动。利用经济带和都市圈的集聚效应与规模经济强化劳动力流动减贫的空间外溢效应，鼓励劳动力就近迁移、就地流动，缩小城乡贫困差距，实现城乡经济融合，这也是中央针对全面推动乡村振兴和坚持城乡融合发展规划的题中应有之义。其五，充分发挥社会组织参与扶贫的作用。仅依靠政府力量缓解城乡相对贫困只是杯水车薪，仅靠放活要素流动权也不能强化外来劳动力在城市的身份认同感和社会融入感。与此同时，农村"三留守"、城乡劳动力市场"同工不同酬"和农民工过度劳动等问题同样依靠政府这只"看得见的手"无法彻底解决。有研究表明，城市流动人口的社会融合度越高，外来劳动力过度劳动的程度越低，在城市生活的幸福感就越高（孙文凯、王格非，2020）。因此，城乡相对贫困治理不仅应从政策和制度方面降低城市"新市民"门槛，而且应整合社会组织多重发力，助力外来劳动力更加广泛地融入城市生活。其六，除了"精准到户"和"帮扶到人"的扶贫手段以外，还应着眼于缩小城乡之间和城市内部的经济差距，实现城乡一体化和乡村致富是聚焦增加农民及低收入群体收入、扩大中等收入群体的根本力量，建立缓解城乡贫困情况和城市内部相对贫困发生的长效机制，也是全面推进乡村振兴和城乡融合发展背景下实现共同富裕的关键一环。

第五，建立健全的贫困人口和贫困家庭动态数据库以及城乡一体化的社会保障和福利体系，同时以劳动力市场需求为导向，建立教育和培训两大体系，确保对贫困人口在空间上的动态追踪，并实现贫困人口、家庭和贫困地区的内生式脱贫：劳动力流动往往导致贫困由农村向城市、由欠发达地区向发达地区的空间位移。为追踪和锁定扶贫对象，校正扶贫在对象上的偏差，需要挖掘"互联网＋大数据"相互间的双重叠加效应，建立健全的贫困人口和贫困家庭动态数据库，动态监测不同时期、不同阶段劳动力流动对贫困影响的变化情况与变化趋势，跟踪和锁定扶贫对象，适时进行系统干预和综合治理，并建立与完善城乡一体化的社会保障和福利体系，既实现外流劳动力在就业、医疗、住房、社保、子女教育等方面信息的全国互联，又保障其与本地居民在公共服务、社会保障和社会福利等方面的均等化，进而降低劳动力外流成本，提升劳动力流动的收入效应与城乡减贫效应，将外流劳动力的贫困情况全面纳入该体系，改变劳动力流动导致的城镇和农村"两边都不管"的状态，跳出以往扶贫政策的碎片化和滞后性问题。为变"输血式扶贫"为"内生式发展脱贫"，应建立以劳动力市场需求为导向的教育与培训体系，加大贫困人口和家庭人力资本以及贫困地区的教育投入，以应对贫困与扶贫的长期性问题。这样既能提高劳动力的外流能力，增加就业和创收的机会，防止脱贫后再返贫，又可以减少甚至阻断贫困的代际传递。这也是人口红利日趋式微背景下推进劳动力要素供给侧结构性改革、促进贫困地区实现脱贫与内生式发展的重要路径。

　　第六，教育扶贫是根本，需要处理好教育扶贫短期性与长期性的关系，通过教育扶贫，既可以扶外流劳动力这一代人的贫困，又能够防止贫困的代际传递。就外流劳动力和家庭这一微观个体而言，教育在劳动力流动的减贫效应中起到了重要作用。具体来说，受教育程度无论对家庭劳动力从事农业经营还是外流劳动力获得就业机会与选择就业行业均具有重要作用，因此应为贫困家庭劳动力提供与自身和市场相适应的职业技能培训、技术指导等。与此同时，应加大农村和欠发达地区的义务教育投入，提升义务教育质量和水平，发挥教育在当下脱贫和预防代际贫困中的关键作用。不仅要加大对农村和欠发达地区下一代的教育投入，而且要定期或不定期地为贫困家庭外流劳动力提供直接的、有效的、动态的技术与技能培训，切实提高其人力资本水平，这样既有助于拓展就业空间、增加就业机会，又有利于为外流劳动力实现高收入行业的就业提供可能。

　　第七，脱贫攻坚战全面胜利后，中国的减贫战略需要转向更为复杂的相对贫困、多维贫困和防止新的贫困发生，着力解决农村和欠发达地区多方面发展的不平衡不充分问题，推进共同富裕。单一收入维度的绝对贫困解决之后，教育、健康、养老、社会保障、就业、住房、生活水平等其他多重维度的相对贫困，必然构成我国下一步扶贫工作的重中之重。因此，为了从根本上解决上述问题，需要建立三大机制，在这一过程中应凸显微观主体的内生能力和长效机制建设。其一是建立健全多维相对贫困识别和动态监测机制。不仅要适时组织对脱贫人口开展"回头看"，建立完整的退出评价体系和保障措施，而且要强化贫困人口的"造血"功能，防止返贫的发生，逐步按照多维相对贫困标准建立贫困识别和动态监测机制，解决"扶贫对象"的甄别问题。对此，本书认为，建立健全的贫困人口和贫困家庭动态数据库可以解决后续扶贫该聚焦哪些贫困微观个体和家庭的问题，尤其是按贫困程度划分可以梳理出后续扶贫的重点维度与重点人群。与此同时，正如本书所指出的劳动力流动导致贫困在城乡间与区域间发生空间位移，后续扶贫不能仅仅局限于农村、欠发达地区，还应将城市贫困和发达地区贫困纳入扶贫范畴，避免扶贫对象的遗漏和扶贫空间的错位，尤其是对于后续缓解多维相对贫困更应如此。其二是建立健全返贫监测和多维相对贫困动态帮扶机制。

尽管绝对贫困已经全面消除，但可能因诸多方面的原因再返贫，加之原有绝对贫困家庭的教育、健康、医疗、住房和生活水平仍然较低，仍可能成为农村家庭未来返贫的诱因以及下一步解决多维相对贫困的重点主体。因此，需要根据地方贫困特点和村落贫困基础，合理设置新的多维度、多标准、多层次、全方位的防止返贫动态监测预警机制，划定监测对象的贫困脆弱区间，监测对象以建档立卡户为主，但不限于建档立卡户。对于符合监测条件的家庭按照贫困脆弱程度和致贫原因分维度、分等级、分类别地进行动态监测，简化流程、专人专用、专事专办，提高帮扶的精准度，加强对防止返贫的事前把握。利用大数据、"互联网＋"等信息技术健全扶贫信息平台，实现"智慧帮扶"，提供远程帮扶服务，以鼓励"先富带动后富，守望相助"。需要强调的是，应对易返贫致贫人口及时发现、及时帮扶，守住防止规模性返贫底线，其中最为关键的是，建立贫困家庭就业帮扶机制，提供"一人一档""一人一策"精细化服务，扩大公益性岗位安置，确保零就业家庭动态清零，实现"以工代赈"式的"我要脱贫"，激发贫困家庭脱贫的内在动力。此外，在帮扶过程中，可借鉴国外普遍实施的"有条件现金转移支付"，明确受益人在接受贫困救助时需承担某些家庭义务和履行寻找工作的承诺，这对规避扶贫政策"反向激励"、扶贫资源"福利化"具有重要影响。其三是建立并完善要素尤其是劳动力和人才在城乡间的自由流动机制，为乡村振兴和城乡深度发展提供最关键的能动要素。目前制约城乡和区域发展不平衡不充分的最大短板仍然在农村，而农村发展的滞后在很大程度上是由于长期以来劳动力和人才要素的流失和短缺。因此，需要建立劳动力和人才等核心要素在城乡间的自由流动机制，推动人才和科技在城乡间与地区间的循环，进而通过技术创新、科技推广等方式促进农村和欠发达地区产业结构升级，提升其内生发展动力，最终增强农村和欠发达地区的脱贫能力，进而实现巩固脱贫攻坚成果同乡村振兴的有效衔接，这也是解决我国当前乃至未来很长一段时间贫困问题的重要路径。

参考文献

白永秀、刘盼：《新中国成立以来农村劳动力流动的历史演进——基于家庭联产承包责任制推动视角》，《福建论坛》（人文社会科学版）2019年第3期。

蔡昉、都阳：《迁移的双重动因及其政策含义——检验相对贫困假说》，《中国人口科学》2002年第4期。

蔡昉：《改革时期农业劳动力转移与重新配置》，《中国农村经济》2017年第10期。

蔡昉：《理解中国经济发展的过去、现在和将来——基于一个贯通的增长理论框架》，《经济研究》2013年第11期。

蔡昉：《四方面探讨扶贫脱贫战略的"后2020升级版"》，《农村工作通讯》2020年第5期。

蔡昉、王德文、都阳、张车伟、王美艳：《农村发展与增加农民收入》，中国劳动社会保障出版社，2006。

蔡昉、王德文：《经济增长成分变化与农民收入源泉》，《管理世界》2005年第5期。

蔡昉：《中国经济改革效应分析——劳动力重新配置的视角》，《经济研究》2017年第7期。

蔡皙、王德文：《中国经济增长可持续性与劳动贡献》，《经济研究》1999年第10期。

曹芳芳、程杰、武拉平、李先德：《劳动力流动推进了中国产业升级吗？——来自地级市的经验证据》，《产业经济研究》2020年第1期。

车四方、谢家智、姚领：《社会资本、农村劳动力流动与农户家庭多维贫困》，《西南大学学报》（社会科学版）2019年第2期。

陈芳妹、龙志和：《相对贫困对农村劳动力迁移决策的影响研究》，《南方经济》2006年第10期。

陈磊、胡立君、何芳：《要素流动、产业集聚与经济发展的实证检验》，《统计与决策》2021 年第 6 期。

陈珣、徐舒：《农民工与城镇职工的工资差距及动态同化》，《经济研究》2014 年第 10 期。

陈钊、陆铭：《从分割到融合：城乡经济增长与社会和谐的政治经济学》，《经济研究》2008 年第 1 期。

成德宁：《中国"贫困人口城市化"的趋势与对策》，《中国地质大学学报》（社会科学版）2007 年第 5 期。

程名望、贾晓佳、仇焕广：《中国经济增长（1978—2015）：灵感还是汗水？》，《经济研究》2019 年第 7 期。

程名望、贾晓佳、俞宁：《农村劳动力转移对中国经济增长的贡献（1978～2015 年）：模型与实证》，《管理世界》2018 年第 10 期。

单德朋、郑长德、王英：《贫困乡城转移、城市化模式选择对异质性减贫效应的影响》，《中国人口·资源与环境》2015 年第 9 期。

邓翔、朱高峰、万春林：《人力资本对中国经济增长的门槛效应分析——基于人力资本集聚视角》，《经济问题探索》2019 年第 5 期。

都阳、朴之水：《劳动力迁移收入转移与贫困变化》，《中国农村观察》2003a 年第 5 期。

都阳、朴之水：《迁移与减贫——来自农户调查的经验证据》，《中国人口科学》2003b 年第 4 期。

都阳、万广华：《城市劳动力市场上的非正规就业及其在减贫中的作用》，《经济学动态》2014 年第 9 期。

杜鹏、李一男、王澎湖：《流动人口外出对其家庭的影响》，《人口学刊》2007 年第 1 期。

段成荣、杨舸、张斐、卢雪和：《改革开放以来我国流动人口变动的九大趋势》，《人口研究》2008 年第 6 期。

段平忠、刘传江：《人口流动对经济增长地区差距的影响》，《中国软科学》2005 年第 12 期。

樊纲：《既要扩大"分子"，也要缩小"分母"——关于在要素流动中缩小"人均收入"差距的思考》，《中国投资与建设》1995 年第 6 期。

樊士德、柏若云：《中国劳动力流动对家庭多维贫困影响的动态效应研究——来自 CFPS 的微观证据》，《中共南京市委党校学报》2023 年第 2 期。

樊士德、江克忠：《中国农村家庭劳动力流动的减贫效应研究——基于 CFPS 数据的微观证据》，《中国人口科学》2016 年第 5 期。

樊士德、姜德波：《劳动力流动与地区经济增长差距研究》，《中国人口科学》2011 年第 2 期。

樊士德、金童谣：《中国劳动力流动对城乡贫困影响的异质性研究》，《中国人口科学》2021 年第 4 期。

樊士德、金童谣：《中国劳动力流动对家庭贫困影响的内在机理与效应研究——基于面板 Logit 模型与随机效应模型的实证研究》，《江苏社会科学》2020 年第 6 期。

樊士德、沈坤荣、朱克朋：《中国制造业劳动力转移刚性与产业区际转移——基于核心–边缘模型拓展的数值模拟和经验验证》，《中国工业经济》2015 年第 11 期。

樊士德、王思怡：《中国劳动力流动减贫效应的时空异质性研究》，《长沙理工大学学报》（社会科学版）2023 年第 2 期。

樊士德：《以劳务输出推动精准扶贫》，《光明日报》2017 年 6 月 23 日，第 11 版。

樊士德：《中国劳动力流动社会经济政策演化脉络与效应研究》，《人口学刊》2013 年第 5 期。

樊士德、朱克朋：《劳动力外流对中国农村和欠发达地区的福利效应研究——基于微观调研数据的视角》，《农业经济问题》2016 年第 11 期。

樊士德、朱克朋：《农村劳动力流动、务工收入与家庭贫困——基于东部欠发达县域 878 户农户的实证研究》，《南京社会科学》2019 年第 6 期。

方迎风、张芬：《邻里效应作用下的人口流动与中国农村贫困动态》，《中国人口·资源与环境》2016 年第 10 期。

方迎风：《中国贫困的多维测度》，《当代经济科学》2012 年第 4 期。

盖庆恩、程名望、朱熹、史清华：《土地流转能够影响农地资源配置效率吗？——来自农村固定观察点的证据》，《经济学》（季刊）2020 年第 5 期。

高帆：《城乡二元结构转化视域下的中国减贫"奇迹"》，《学术月刊》
　　2020 年第 9 期。

高飞：《"中国式减贫" 40 年：经验、困境与超越》，《山东社会科学》
　　2019 年第 5 期。

高若晨、李实：《农村劳动力外出是否有利留守家庭持久脱贫？——基于
　　贫困脆弱性方法的实证分析》，《北京师范大学学报》（社会科学版）
　　2018 年第 4 期。

高翔、王三秀：《劳动力外流、养老保险与农村老年多维贫困》，《现代
　　经济探讨》2018 年第 5 期。

耿肖肖：《多维贫困视角下农村劳动力转移的减贫效应研究》，北京交通
　　大学硕士学位论文，2020。

郭凤鸣、张世伟：《最低工资提升对低收入农民工过度劳动的影响》，
　　《中国人口科学》2018 年第 5 期。

郭建宇、吴国宝：《基于不同指标及权重选择的多维贫困测量——以山西
　　省贫困县为例》，《中国农村经济》2012 年第 2 期。

郭剑雄、李志俊：《劳动力选择性转移条件下的农业发展机制》，《经济
　　研究》2009 年第 5 期。

郭熙保、周强：《长期多维贫困、不平等与致贫因素》，《经济研究》
　　2016 年第 6 期。

韩佳丽：《深度贫困地区农村劳动力流动减贫的理论逻辑与实践路径》，
　　《云南民族大学学报》（哲学社会科学版）2020 年第 4 期。

韩佳丽、王志章、王汉杰：《贫困地区劳动力流动对农户多维贫困的影
　　响》，《经济科学》2017 年第 6 期。

韩佳丽、王志章、王汉杰：《新形势下贫困地区农村劳动力流动的减贫效
　　应研究——基于连片特困地区的经验分析》，《人口学刊》2018 年第
　　5 期。

郝大明：《中国经济增长中的劳动配置结构效应：1953～2018》，《中国
　　人口科学》2020 年第 2 期。

何春、崔万田：《农村劳动力转移减贫的作用机制——基于中国省级面板
　　数据的分析》，《城市问题》2018 年第 3 期。

贺坤、周云波：《精准扶贫视角下中国农民工收入贫困与多维贫困比较研究》，《经济与管理研究》2018 年第 2 期。

贺雪峰：《农村扶贫要从观念上引导》，《中国农村科技》2016 年第 10 期。

侯佳伟：《人口流动家庭化过程和个体影响因素研究》，《人口研究》2009 年第 1 期。

侯力：《劳动力流动对人力资本形成与配置的影响》，《人口学刊》2003 年第 6 期。

胡鞍钢：《城市化是今后中国经济发展的主要推动力》，《中国人口科学》2003 年第 6 期。

胡枫：《农民工汇款与家庭收入不平等：基于反事实收入的分析》，《人口研究》2010 年第 3 期。

胡枫、史宇鹏：《农民工汇款与输出地经济发展——基于农民工汇款用途的影响因素分析》，《世界经济文汇》2013 年第 2 期。

胡苏云、王振：《农村劳动力的外出就业及其对农户的影响——安徽省霍山县与山东省牟平县的比较分析》，《中国农村经济》2004 年第 1 期。

黄斌、徐彩群：《农村劳动力非农就业与人力资本投资收益》，《中国农村经济》2013 年第 1 期。

黄承伟、王小林、徐丽萍：《贫困脆弱性：概念框架和测量方法》，《农业技术经济》2010 年第 8 期。

黄承伟：《新中国扶贫 70 年：战略演变、伟大成就与基本经验》，《南京农业大学学报》（社会科学版）2019 年第 6 期。

黄俊毅：《减贫奇迹铸丰碑》，《经济日报》2021 年 6 月 30 日。

黄乾、晋晓飞：《子女流动对农村老龄人口相对贫困的影响》，《广东社会科学》2022 年第 1 期。

贾朋、都阳、王美艳：《中国农村劳动力转移与减贫》，《劳动经济研究》2016 年第 6 期。

孔祥智、周振：《我国农村要素市场化配置改革历程、基本经验与深化路径》，《改革》2020 年第 7 期。

蓝红星：《流动人口相对贫困问题的解决路径探析》，《国家治理》2021

年第 15 期。

李聪、王颖文、刘杰、荀阳：《易地扶贫搬迁家庭劳动力外出务工对多维
　　贫困的影响》，《当代经济科学》2020 年第 2 期。

李翠锦：《贫困地区劳动力迁移、农户收入与贫困的缓解——基于新疆农
　　户面板数据的实证分析》，《西北人口》2014 年第 1 期。

李丽忍、陈云：《我国农村家户多维贫困脆弱性的测度分析》，《统计与
　　决策》2019 年第 11 期。

李强、毛学峰、张涛：《农民工汇款的决策、数量与用途分析》，《中国
　　农村观察》2008 年第 3 期。

李强：《同伴效应对农村义务教育儿童辍学的影响》，《教育与经济》
　　2019 年第 4 期。

李强、叶昱利、姜太碧：《父母外出对农村留守儿童辍学的影响研究》，
　　《农村经济》2020 年第 4 期。

李强：《中国外出农民工及其汇款之研究》，《社会学研究》2001 年第
　　4 期。

李实、Knight J.：《中国城市中的三种贫困类型》，《经济研究》2002 年
　　第 10 期。

李实、吴彬彬：《中国外出农民工经济状况研究》，《社会科学战线》
　　2020 年第 5 期。

李实：《中国农村劳动力流动与收入增长和分配》，《中国社会科学》
　　1999 年第 2 期。

李晓阳、黄毅祥：《中国劳动力流动与区域经济增长的空间联动研究》，
　　《中国人口科学》2014 年第 1 期。

李扬、殷剑峰：《劳动力转移过程中的高储蓄、高投资和中国经济增
　　长》，《经济研究》2005 年第 2 期。

李莹、于学霆、李帆：《中国相对贫困标准界定与规模测算》，《中国农
　　村经济》2021 年第 1 期。

李永友、沈坤荣：《财政支出结构、相对贫困与经济增长》，《管理世界》
　　2007 年第 11 期。

连玉君、黎文素、黄必红：《子女外出务工对父母健康和生活满意度影响
　　研究》，《经济学》（季刊）2014 年第 4 期。

林本喜、邓衡山：《农业劳动力老龄化对土地利用效率影响的实证分析——基于浙江省农村固定观察点数据》，《中国农村经济》2012年第4期。

林毅夫、蔡昉、李周：《中国经济转型时期的地区差距分析》，《经济研究》1998年第6期。

柳建平、张永丽：《劳动力流动对贫困地区农村经济的影响——基于甘肃10个贫困村调查资料的分析》，《中国农村观察》2009年第3期。

卢海阳、钱文荣：《子女外出务工对农村留守老人生活的影响研究》，《农业经济问题》2014年第6期。

陆铭：《玻璃幕墙下的劳动力流动——制度约束、社会互动与滞后的城市化》，《南方经济》2011年第6期。

陆铭、高虹、佐藤宏：《城市规模与包容性就业》，《中国社会科学》2012年第10期。

吕炜、杨沫、朱东明：《农民工能实现与城镇职工的工资同化吗？》，《财经研究》2019年第2期。

罗楚亮：《农村贫困的动态变化》，《经济研究》2010年第5期。

马忠东：《改革开放40年中国人口迁移变动趋势——基于人口普查和1%抽样调查数据的分析》，《中国人口科学》2019年第3期。

毛新雅、翟振武：《中国人口流迁与区域经济增长收敛性研究》，《中国人口科学》2013年第1期。

明娟、曾湘泉：《农村劳动力外出与家乡住房投资行为——基于广东省的调查》，《中国人口科学》2014年第4期。

牛建林：《农村地区外出务工潮对义务教育阶段辍学的影响》，《中国人口科学》2012年第4期。

彭国华：《技术能力匹配、劳动力流动与中国地区差距》，《经济研究》2015年第1期。

彭建交：《基于VAR模型的旅游业发展、劳动力转移与贫困减缓关系研究》，《生态经济》2020年第4期。

蒲艳萍：劳动力流动对缓解家庭贫困的影响效应——以西部为例》，《内蒙古社会科学》（汉文版）2011年第1期。

蒲艳萍、李霞：《劳动力流动对农村经济的影响效应——基于对四川省调查数据的分析》，《人口与经济》2011 年第 1 期。

《人口研究》编辑部：《中国的人口增长和粮食问题》，《人口研究》1996 年第 3 期。

Roberts K.、王冉：《中国劳动力流动的形势及其变化——从历时最久的流动中得到的启示》，《中国人口科学》2005 年第 6 期。

阮荣平、刘力、郑风田：《人口流动对输出地人力资本影响研究》，《中国人口科学》2011 年第 1 期。

沙占华：《百年来中国共产党领导下的农村减贫的政策演进、基本经验及世界意义》，《创新》2021 年第 3 期。

申洪源：《劳动力流动对省域经济增长的空间计量实证研究》，《统计与决策》2013 年第 17 期。

沈坤荣、余吉祥：《农村劳动力流动对中国城镇居民收入的影响——基于市场化进程中城乡劳动力分工视角的研究》，《管理世界》2011 年第 3 期。

师荣蓉、徐璋勇、赵彦嘉：《金融减贫的门槛效应及其实证检验——基于中国西部省际面板数据的研究》，《中国软科学》2013 年第 3 期。

舒玢玢、同钰莹：《成年子女外出务工对农村老年人健康的影响——再论"父母在，不远游"》，《人口研究》2017 年第 2 期。

宋伟轩、袁亚琦、谷跃等：《南京棚户区改造的城市社会空间重构效应》，《地理研究》2021 年第 4 期。

宋嘉豪、吴海涛、程威特：《劳动力禀赋、非农就业与相对贫困》，《华中农业大学学报》（社会科学版）2022 年第 1 期。

孙伯驰、段志民：《非农就业对农村家庭贫困脆弱性的影响》，《现代财经》（天津财经大学学报）2019 年第 9 期。

孙久文、夏添：《中国扶贫战略与 2020 年后相对贫困线划定——基于理论、政策和数据的分析》，《中国农村经济》2019 年第 10 期。

孙立平：《"厨师困境""剪刀差"与农民的相对贫困》，《财政研究》2001 年第 1 期。

孙三百：《城市移民的收入增长效应有多大——兼论新型城镇化与户籍制度改革》，《财贸经济》2015 年第 9 期。

孙三百、黄薇、洪俊杰：《劳动力自由迁移为何如此重要？——基于代际收入流动的视角》，《经济研究》2012 年第 5 期。

孙文凯、王格非：《流动人口社会身份认同、过度劳动与城乡差异》，《经济学动态》2020 年第 9 期。

孙文凯、王乙杰：《父母外出务工对留守儿童健康的影响——基于微观面板数据的再考察》，《经济学》（季刊）2016 年第 3 期。

孙志军、杜育红：《农村劳动力流动及其对收入的影响——采自内蒙古赤峰市农村地区的证据》，《人口与经济》2004 年第 4 期。

谭永生：《农村劳动力流动与中国经济增长——基于人力资本角度的实证研究》，《经济问题探索》2007 年第 4 期。

檀学文、谭清香：《面向 2035 年的中国反贫困战略研究》，《农业经济问题》2021 年第 12 期。

田红宇、王嫒名、覃朝晖：《高铁开通、劳动力流动与农村多维贫困》，《统计与决策》2021 年第 3 期。

汪三贵、孙俊娜：《全面建成小康社会后中国的相对贫困标准、测量与瞄准——基于 2018 年中国住户调查数据的分析》，《中国农村经济》2021 年第 3 期。

汪三贵、王彩玲：《交通基础设施的可获得性与贫困村劳动力迁移——来自贫困村农户的证据》，《劳动经济研究》2015 年第 6 期。

汪三贵：《在发展中战胜贫困——对中国 30 年大规模减贫经验的总结与评价》，《管理世界》2008 年第 11 期。

王保雪：《基于 DEMATEL - 熵权法云南多维贫困指标的权重研究》，云南财经大学硕士学位论文，2014。

王春超、叶琴：《中国农民工多维贫困的演进——基于收入与教育维度的考察》，《经济研究》2014 年第 12 期。

王德文、蔡昉：《中国农村劳动力流动与消除贫困》，《中国劳动经济学》2006 年第 3 期。

王恒：《社会资本、劳动力流动与农户多维贫困研究——基于秦巴山区的微观调查数据》，西北农林科技大学博士学位论文，2020。

王建国：《外出从业、农村不平等和贫困》，《财经科学》2013 年第 3 期。

王金营、李竞博：《连片贫困地区农村家庭贫困测度及其致贫原因分析——以燕山 - 太行山和黑龙港地区为例》，《中国人口科学》2013

年第 4 期。

王金营、魏慧静：《农村贫困地区家庭成员受教育程度、外出状况与家庭经济发展——基于河北省燕山－太行山、黑龙港流域的调查》，《人口学刊》2015 年第 5 期。

王灵桂、侯波：《新中国成立 70 年贫困治理的历史演进、经验总结和世界意义》，《开发性金融研究》2020 年第 1 期。

王湘红、孙文凯、任继球：《相对收入对外出务工的影响：来自中国农村的证据》，《世界经济》2012 年第 5 期。

王小林、Alkire S.：《中国多维贫困测量：估计和政策含义》，《中国农村经济》2009 年第 12 期。

王小林、冯贺霞：《2020 年后中国多维相对贫困标准：国际经验与政策取向》，《中国农村经济》2020 年第 3 期。

王璇、王卓：《农地流转、劳动力流动与农户多维相对贫困》，《经济问题》2021 年第 6 期。

王永培、晏维龙：《中国劳动力跨省迁徙的实证研究》，《人口与经济》2013 年第 2 期。

魏后凯、刘长全：《中国农村改革的基本脉络、经验与展望》，《中国农村经济》2019 年第 2 期。

文华成：《中国农业劳动力女性化：程度、成因与影响——基于历史宏观截面数据的验证》，《人口学刊》2014 年第 4 期。

吴国宝：《下步农村扶贫的战略举措》，《经济研究参考》2001 年第 1 期。

伍山林：《农业劳动力流动对中国经济增长的贡献》，《经济研究》2016 年第 2 期。

向运华、刘欢：《农村人口外出流动与家庭多维贫困动态演进》，《吉林大学社会科学学报》2016 年第 6 期。

谢家智、车四方：《农村家庭多维贫困测度与分析》，《统计研究》2017 年第 9 期。

谢勇：《中国农村居民储蓄率的影响因素——基于 CGSS 2006 微观数据的实证研究》，《山西财经大学学报》2011 年第 2 期。

徐充：《治理我国城镇贫困的问题探讨》，《生产力研究》2009 年第 1 期。

徐昀、张伟飞、汪毅、陈培阳：《南京城市户籍贫困人口的时空分异格局》，《地理研究》2019 年第 12 期。

许清清、范甜甜、袁祺：《我国人口迁移政策对产业结构升级的影响研究——基于 2000—2016 年我国 31 个省的面板数据的实证检验》，《宏观质量研究》2019 年第 4 期。

许召元、李善同：《区域间劳动力迁移对经济增长和地区差距的影响》，《数量经济技术经济研究》2008 年第 2 期。

严丽娜：《农村劳动力转移的减贫效应研究——基于多维贫困视角》，云南财经大学硕士学位论文，2019。

阳义南、连玉君：《中国社会代际流动性的动态解析——CGSS 与 CLDS 混合横截面数据的经验证据》，《管理世界》2015 年第 4 期。

杨芳元：《外出务工对农户家庭多维贫困的影响研究——基于 2018 年中国家庭追踪调查数据（CFPS）的实证分析》，《经济研究导刊》2021 年第 32 期。

杨舸：《流动人口与城市相对贫困：现状、风险与政策》，《经济与管理评论》2017 年第 1 期。

杨靳：《人口迁移如何影响农村贫困》，《中国人口科学》2005 年第 4 期。

杨龙、汪三贵：《贫困地区农户的多维贫困测量与分解——基于 2010 年中国农村贫困监测的农户数据》，《人口学刊》2015 年第 2 期。

杨洋、马晓：《流动人口与城市相对贫困的实证研究》，《贵州社会科学》2012 年第 10 期。

姚枝仲、周素芳：《劳动力流动与地区差距》，《世界经济》2003 年第 4 期。

叶敬忠：《农村留守人口研究：基本立场、认识误区与理论转向》，《人口研究》2019 年第 2 期。

易行健、张波、杨碧云：《农村留守人口研究：基本立场、认识误区与理论转向》，《中国农村经济》2014 年第 6 期。

岳希明、罗楚亮：《农村劳动力外出打工与缓解贫困》，《世界经济》2010 年第 11 期。

张安驰、樊士德：《劳动力流动、家庭收入与农村人力资本投入——基于 CFPS 微观数据的实证研究》，《现代经济探讨》2018 年第 3 期。

张兵、翁辰：《农村金融发展的减贫效应——空间溢出和门槛特征》，

《农业技术经济》2015 年第 9 期。

张车伟、蔡翼飞：《人口与经济分布匹配视角下的中国区域均衡发展》，《人口研究》2013 年第 6 期。

张桂文、王青、张荣：《中国农业劳动力转移的减贫效应研究》，《中国人口科学》2018 年第 4 期。

张立冬：《中国农村贫困代际传递实证研究》，《中国人口·资源与环境》2013 年第 6 期。

张琦、任航、罗拓：《发展方式转变与减贫关系研究》，《首都经济贸易大学学报》2012 年第 1 期。

张全红、周强：《中国多维贫困的测度及分解：1989—2009 年》，《数量经济技术经济研究》2014 年第 6 期。

张伟丽、晏晶晶、聂桂博：《中国城市人口流动格局演变及影响因素分析》，《中国人口科学》2021 年第 2 期。

张永丽、王博：《农村劳动力流动减贫效应的实证研究——基于甘肃省农户的调查》，《人口学刊》2017 年第 4 期。

张昭、杨澄宇、袁强：《收入导向型多维贫困测度的稳健性与敏感性》，《劳动经济研究》2016 年第 5 期。

张昭、杨澄宇、袁强：《"收入导向型"多维贫困的识别与流动性研究——基于 CFPS 调查数据农村子样本的考察》，《经济理论与经济管理》2017 年第 2 期。

张子璇：《人力资本、劳动力流动与相对贫困》，《商业经济》2021 年第 6 期。

赵曼、程翔宇：《劳动力外流对农村家庭贫困的影响研究——基于湖北省四大片区的调查》，《中国人口科学》2016 年第 3 期。

赵楠：《劳动力流动与产业结构调整的空间效应研究》，《统计研究》2016 年第 2 期。

赵晓航：《父母外出务工对农村留守儿童健康的影响——基于 CFPS 2012 数据的实证分析》，《社会发展研究》2017 年第 1 期。

甄小鹏、凌晨：《农村劳动力流动对农村收入及收入差距的影响——基于劳动力异质性的视角》，《经济学》（季刊）2017 年第 3 期。

钟甫宁、纪月清：《土地产权、非农就业机会与农户农业生产投资》，

《经济研究》2009 年第 12 期。

钟笑寒：《城乡移民与收入不平等：基于基尼系数的理论分析》，《数量经济技术经济研究》2008 年第 8 期。

周力、邵俊杰：《非农就业与缓解相对贫困——基于主客观标准的二维视角》，《南京农业大学学报》（社会科学版）2020 年第 4 期。

周启良、范红忠：《异质性劳动力流入对产业结构升级的影响研究——基于中国 278 个地级及以上城市面板数据的实证检验》，《西北人口》2021 年第 2 期。

朱江丽、李子联：《户籍改革、人口流动与地区差距——基于异质性人口跨期流动模型的分析》，《经济学》（季刊）2016 年第 2 期。

朱庆生、蔡弘、丁仁船：《农业劳动力结构变迁视角下农业现代化研究》，《江淮论坛》2020 年第 2 期。

朱晓、段成荣：《"生存–发展–风险"视角下离土又离乡农民工贫困状况研究》，《人口研究》2016 年第 3 期。

邹薇、樊增增：《劳动力外流与资金汇回的净减贫效应》，《中国人口科学》2020 年第 4 期。

邹薇、方迎风：《关于中国贫困的动态多维度研究》，《中国人口科学》2011 年第 6 期。

邹一南：《农民工落户悖论与市民化政策转型》，《中国农村经济》2021 年第 6 期。

Acosta, P., Calderón, C., Fajnzylber, P., Lopez, H., "What Is the Impact of International Remittances on Poverty and Inequality in Latin America?", *World Development*, 2008, 36 (1), pp. 89 – 114.

Adams, R. H., "International Remittances and the Household: Analysis and Review of Global Evidence", *Journal of African Economies*, 2006, 15 (AERC Supplement 2), pp. 396 – 425.

Adams, R. H., Page, J., "Do International Migration, Remittance Reduce Poverty in Development Countries?", *World Development*, 2005, 33 (10), pp. 1645 – 1669.

Alkire, S., Foster, J., "Counting and Multidimensional Poverty Measurement", *Journal of Public Economics*, 2010, 95 (7), pp. 476 – 487.

Alkire, S., Foster, J., "Understanding and Misunderstanding of Multidimensional Poverty Measurement", *Journal of Economic Inequality*, 2011, 2 (9), pp. 289 – 314.

Anselin, L., *Spatial Econometrics: Methods and Models*, Kluwer Academic Publishers, Boston, 1988.

Barro, R. J., Lee, J. W., "International Comparisons of Educational Attainment", *Journal of Monetary Economics*, 1993, 32 (3), pp. 363 – 394.

Barro, R. J., Sala-I-Martin, X., *Economic Growth*, New York: McGraw-Hill, 1995, pp. 23 – 26.

Bertolia, S., Marchetta, F., "Migration, Remittances and Poverty in Ecuador", *The Journal of Development Studies*, 2014, 50 (8), pp. 1067 – 1089.

Black, R., Castaldo, A., "Return Migration and Entrepreneurship in Ghana and Cote Divorce: The Role of Capital Transfers", *Tijdschrift Voor Economische En Sociale Geografie*, 2009, 100 (1), pp. 44 – 58.

Black, R., Collyer, M., "Population 'Trapped' at Times of Crisis", *Forced Migration Review*, 2014, 45, pp. 52 – 55.

Black, R., "Migration, Return, and Agricultural Development in the Serra Do Alvao, Northern Portugal", *Economic Development and Cultural Change*, 1993, 41 (3), pp. 563 – 585.

Black, R., "The Infernal Machine: Imperial America and John Sayles's a Moment in the Sun", *Studies in American Naturalism*, 2014, 9 (1), 79 – 102.

Blau, F. D., Kahn, L. M., "Immigration and the Distribution of Incomes", NBER Working Paper, 2012.

Brown, R. P. C., Jimenez, E. V., "Estimating the Net Effects of Migration and Remittances on Poverty and Inequality: Comparison of Fiji and Tonga", *Journal of International Development*, 2008, 20 (4), pp. 547 – 571.

Cai, F., Wang, D., Du, Y., "Regional Disparity and Economic Growth in China: The Impact of Labor Market Distortions", *China Economic Review*, 2002, 13 (2 – 3), pp. 197 – 212.

Cali, M. , Menon, C. , "Does Urbanization Affect Rural Poverty? Evidence from Indian Districts", *The World Bank Economic Review*, 2013, 27 (5), pp. 171 – 201.

Campbell, E. K. , Kandala, N. B. , "Remittances from Internal Migration and Poverty in Botswana", *Sociology Mind*, 2011, 1 (3), pp. 130 – 137.

Chaudhuri, S. , Jalan, J. , Suryahadi, A. , "Assessing Household Vulnerability to Poverty from Cross-Sectional Data: A Methodology and Estimates from Indonesia", Discussion Paper Series, Department of Economics, Columbia University, 2002, pp. 605 – 618.

Chinn, D. L. , "Rural Poverty and the Structure of Farm Household Income in Developing Countries: Evidence from Taiwan", *Economic Development and Cultural Change*, 1979, 27 (2), pp. 283 – 301.

Christiaensen, L. , Todo, Y. , "Poverty Reduction during the Rural-Urban Transformation: The Role of the Missing Middle", *Word Development*, 2014, 63 (10), pp. 43 – 58.

De Haan, A. , "Livelihood and Poverty: The Role of Migration: A Critical Review of the Migration Literature", *The Journal of Development Studies*, 1999, 36 (2), pp. 1 – 47.

Dollar, D. , Kraay, A. , "Growth is Good for the Poor", *Journal of Economic Growth*, 2002, 7 (3), pp. 195 – 225.

Du, Y. , Park, A. , Wang, S. , "Migration and Rural Poverty in China", *Journal of Comparative Economics*, 2005, 33 (4), pp. 683 – 709.

Elhorst, J. P. , "Matlab Software for Spatial Panels", *International Regional Science Review*, 2014, 37 (3), pp. 389 – 405.

Foster, J. , Greer, J. , Thorbecke, E. , "A Class of Decomposable Poverty Measures", *Econometrica: Journal of the Econometric Society*, 1984, 52 (3), pp. 761 – 766.

Giovanni, J. D. , Levchenko, A. A. , Ortega, F. , "A Global View of Cross-Border Migation", *Journal of the European Economic Association*, 2014, 13 (1), pp. 168 – 202.

Gottlieb, D. , Fruman, A. , "A Quality-index of Poverty Measures", Working Paper, 2011.

Griffith, D. A. , Anselin, L. , "Spatial Econometrics: Methods and Models", *Economic Geography*, 1989, 65 (2), pp. 160 – 160.

Gupta, S. , Pattillo, C. A. , Wagh, S. , "Effect of Remittances on Poverty and Financial Development in Sub-Saharan Africa", *World Development*, 2009, 37 (1), pp. 104 – 115.

Guriev, S. , Vakulenko, E. , "Breaking Out of Poverty Traps: Internal Migration and Interregional Convergence in Russia", *Journal of Comparative Economics*, 2015, 43 (3), pp. 633 – 649.

Haggblade, S. , Hazell, P. , Reardon, T. , "The Rural Non-Farm Economy: Prospects for Growth and Poverty Reduction", *World Development*, 2010, 38 (10), pp. 1429 – 1441.

Haq, R. U. , Jahangeer, A. , Ahmad, A. , "Out-Migration in Rural Pakistan: Does Household Poverty Status Matter", *The Pakistan Development Review*, 2015, 54 (4), pp. 315 – 331.

Heizmann, B. , Böhnke, P. , "Migrant Poverty and Social Capital: The Impact of Intra-and Interethnic Contacts", *Research in Social Stratification and Mobility*, 2016, 46 (10), pp. 73 – 85.

Imai, K. S. , Gaiha, R. , Thapa, G. , "Does Non-Farm Sector Employment Reduce Rural Poverty and Vulnerability? Evidence from Vietnam and India", *Journal of Asian Economics*, 2015, 36, pp. 47 – 61.

Johnson, D. G. , "Economic Reform in the People's Republic of China", *Economic Development and Cultural Change*, 1998, 86 (3), pp. 178 – 180.

Kimura, F. , Chang, M. S. , "Industrialization and Poverty Reduction in East Asia: Internal Labor Movements Matter", *Journal of Asian Economics*, 2017, 48, pp. 23 – 37.

Koppel, Hawkins, "Rural Transformation and the Future of Work in Rural Asia", *Economic Development and Cultural Change*, 1991, 42 (4), pp. 788 – 805.

Kothari, U. , "Staying Put and Staying Poor?", *Journal of International Development*, 2003, 15 (5), pp. 645 – 657.

LeSage, J. P. , Pace, R. K. , *Introduction to Spatial Econometrics*, Boca Raton, Taylor & Francis, 2009.

Lewis, W. A. , "Economic Development with Unlimited Supplies of Labor", *Manchester School of Economic and Social Studies*, 1954, 22 (2), pp. 139 – 191.

Lokshin, M. , Bontch-Osmolovski, M. , Glinskaya, E. , "Work-Related Migration and Poverty Reduction in Nepal", *Review of Development Economics*, 2010, 14 (2), pp. 323 – 332.

Lucas, R. E. , "Life Earnings and Rural-Urban Migration", *Journal of Political Economy*, 2004, 112 (S1), p. 29.

Lucas, R. E. , Stark, O. , "Motivations to Remit: Evidence from Botswana", *Journal of Political Economy*, 1985, 93 (5), pp. 901 – 918.

Maddox, J. G. , "Private and Social Costs of the Movement of People Out of Agriculture", *The American Economic Review*, 1960, 50 (2): 392 – 402.

Marré, A. W. , "Rural Out-Migration, Income, and Poverty: Are Those Who Move Truly Better Off?", Agricultural and Applied Economics Association 2009, AAEA & ACCI Joint Annual Meeting, Milwaukee, Wisconsin, 2009.

McKenzie, D. , Rapoport, H. "Self-Selection Patterns in Mexico-U. S. Misgration: The Role of Migration Networks", *The Review of Economics and Statistics*, 2010, 92 (4), pp. 811 – 821.

Moran, P. A. P. , "Notes on Continuous Stochastic Phenomena", *Biometrika*, 1950, 37 (1 – 2), pp. 17 – 23.

Nguyen, C. V. , Berg, M. V. D. , Lensink, R. , "The Impact of Work and Non-Work Migration on Household Welfare, Poverty and Inequality", *Economics of Transition*, 2011, 4, pp. 771 – 799.

Nguyen, L. D. , Raabe, K. , Grote, U. , "Rural-Urban Migration, Household Vulnerability, and Welfare in Vietnam", *World Development*, 2015, 71, pp. 79 – 93.

Nord, M. , "Poor People on the Move: County-to-County Migration and the

Spatial Concentration of Poverty", *Journal of Regional Science*, 1998, 38 (2), pp. 329 – 351.

Portes, A. , Min, Z. , "The New Second Generation: Segmented Assimilation and Its Variants", *Annals of the American Academy of Political and Social Sciences*, 1993, 530 (1), pp. 74 – 96.

Ravallion, M. , Chen, S. , Sangraula, P. , "New Evidence on the Urbanization of Global Poverty", *Population and Development Review*, 2007, 33 (4), pp. 667 – 701.

Rempel, H. , Lobdell, R. A. , "The Role of Urban-to-Rural Remittances in Rural Development", *The Journal of Development Studies*, 1978, 14 (3), pp. 324 – 341.

Shen, I. L. , Docquier, F. , Rapoport, H. , "Remittances and Inequality: A Dynamic Migration Model", *The Journal of Economic Inequality*, 2010, 8 (2), pp. 197 – 220.

Stark, O. , Lucas, R. E. B. , "Migration, Remittances, and the Family", *Economic Development and Cultural Change*, 1988, 36 (3), pp. 465 – 481.

Taylor, J. E. , Martin, P. L. , "Human Capital: Migration and Rural Population Change", *Handbook of Agricultural Economics*, 2001, 1 (1), pp. 457 – 511.

Taylor, J. E. , Rozelle, S. , De Brau, A. , "Migration and Incomes in Source Communities: A New Economics of Migration Perspective from China", *Economic Development and Cultural Change*, 2003, 52 (1), pp. 75 – 101.

Ul Haq, R. , Jahangeer, A. , Ahmad, A. , "Out-Migration in Rural Pakistan: Does Household Poverty Status Matter", *The Pakistan Development Review*, 2015, 54 (4), pp. 315 – 331.

UNDP, *Human Development Report 1998*, New York: Oxford University Press, 1998.

Van Vliet, O. , Wang, C. , "Social Investment and Poverty Reduction: A Comparative Analysis across Fifteen European Countries", *Journal of Social Policy*, 2015, 44 (3), pp. 611 – 638.

Vijaya, R. M. , Lahoti, R. , Swaminathan, H. , Moving from the Household to the Individual: Multidimensional Poverty Analysis", *World Development*, 2014, 59 (3), pp. 70 – 81.

Ward, C. D. , Shackleton, C. M. , "Natural Resource Use, Incomes, and Poverty Along the Rural-Urban Continuum of Two Mediun-Sized, South African Towns", *World Development*, 2016, 78, pp. 80 – 93.

Wheeler, R. S. , Sabates, R. , Castaldo, A. , "Tackling Poverty-Migration Linkages: Evidence from Ghana and Egypt", *Social Indicators Research*, 2008, 87 (2), pp. 307 – 328.

World Bank, "Monitoring Global Poverty: Report of the Commission on Global Poverty", 2017.

Wouterse, F. S. , "Migration and Technical Efficiency in Cereal Production: Evidence from Burkina Faso", *Agricultural Economics*, 2010, 41 (5), pp. 385 – 395.

Yacob, A, Zereyesus, Y. A. , Embaye, W. T. , Tsiboe, F. , Amanor-Boadu, V. , "Implications of Non-Farm Work to Vulnerability to Food Poverty-Recent Evidence from Northern Ghana", *World Development*, 2017, 91, pp. 113 – 124.

Yang, D. , "International Migration, Remittances and Household Investment: Evidence from Philippine Migrants' Exchange Rate Shocks", *The Economic Journal*, 2008, 118 (528), pp. 591 – 630.

Zereyesus, Y. A. , Embaye, W. T. , Tsiboe, F. , Amanor-Boadu, V. , "Implications of Non-Farm Work to Vulnerability to Food Poverty-Recent Evidence from Northern Ghana", *World Development*, 2017, 91, pp. 113 – 124.

Zhong, F. , Miao, Q. , Liu, H. , "Reassessment of Poverty Status and Performance of Poverty Alleviation Measures", *Journal of Comparative Economics*, 2006, 34, pp. 694 – 712.

Zhu, N. , Luo, X. , "The Impact of Migration on Rural Poverty and Inequality: A Case Study in China", *Agricultural Economics*, 2010, 41 (2), pp. 191 – 204.

后 记

　　中国劳动力流动的现实是变动不居的，其对中国社会经济发展的影响是巨大的。近年来，无论是经济学界还是社会学界抑或是其他学科的前辈和同人们在这一领域进行了持续的耕耘和深入的探究，为本研究的展开奠定了坚实的基础，在此由衷地表示敬意和感谢。

　　劳动力流动最初在很大程度上源于城乡间和地区间的收入差距。长期以来，劳动力在现实流动过程中给家庭收入和家庭贫困带来了什么样的内在影响？是否实现了改善？如果改善，是否对农村整体贫困的缓解与面貌的改变产生了作用？与此同时，劳动力在城乡间或地区间的流动是否导致了贫困在城乡间或地区间的"空间位移"？基于对上述问题的思考，本书既考察了劳动力流动对农村贫困的影响，又考察了劳动力流动对城市贫困的影响；既考察了劳动力流动对欠发达地区贫困的影响，又考察了劳动力流动对发达地区贫困的影响。在此基础上，这一效应是否可持续？本书不仅考察了劳动力流动对长期以来贫困的影响，而且考察了劳动力对贫困影响的可持续性问题。沿着城乡、地区向全国宏观层面的递归，本书同时围绕劳动力流动对全国贫困的内在影响与效应进行了全面的考察，最终期望从微观家庭、中观区域和城乡层面对劳动力流动与贫困缓解的差异化政策以及宏观层面的顶层设计和制度安排进行系统探究。上述学术思考构成了我写作本书的内在逻辑出发点和落脚点。

　　此外，劳动力流动除了对收入和贫困有重要影响之外，还会影响个体的发展和家庭的悲欢，而不单纯是一组抽象的数据。这可能与我自己生于农村、长于农村的经历有关。长期以来，我深谙我的家乡从一个传统的农业村庄逐步发展成基础设施较为完善、产业落地生根、乡风越发文明的具有现代气息的村庄，然而伴随青壮年劳动力外出务工，最为典型的特征是人口结构从 10 年前的"386199"演变成更为单一的"6199"，再发展到今天的"99"，在这一过程中，留守老人和留守儿童的社会与经济福利难以得到根本保障，尤为值得关注。的确，通过外出务工，农民的收入增加了，但这是否等于他们及其家庭的幸福感提升了？带着这些或感性或理性的思考，我结合国家近年来推进的精准扶贫战略和乡村振兴战略进行了研究。唯愿能有抛砖引玉之效。

本书的研究离不开众人的支持与帮助。感谢我的博士后合作导师沈坤荣教授，沈老师一直是我的楷模，感谢他一直以来对我的信任，鼓励我、支持我在自己的领域持续深耕；感谢我的博士生导师中国社会科学院经济研究所、清华大学中国经济思想与实践研究院袁钢明教授，虽然毕业已经十二个年头，但每当我有困惑的时候，袁老师总是用他专业独到的见解给我启迪，促使我进行更深入的思考；感谢我的硕士生导师四川大学经济学院廖君沛教授，尽管他已经 85 岁高龄，但是还一直关心和支持我的个人成长与学术研究；感谢天津师范大学原党委书记、博士生导师李家祥教授，教育部长江学者特聘教授、中国人民大学经济学院博士生导师贾根良教授，以及中国社会科学院蔡昉研究员、魏后凯研究员、张宇燕研究员、杨春学研究员，南京大学商学院刘志彪教授、范从来教授、张二震教授、安同良教授、郑江淮教授、葛扬教授、吴福象教授、韩剑教授、耿强教授等长期以来对我的学术研究和其他各项工作的关心与支持；感谢我在美国波士顿大学访学期间的合作导师格林·菲尔德（Liah Greenfeld）教授，她从社会学的视野关注问题，让我在研究中国劳动力流动的过程中不仅仅局限在经济福利的范畴，还更多地去思考劳动力流动给每一个个体、每一个家庭、每一个村庄带来的社会福利和文化福利。

感谢南京审计大学学校、学院、各职能部门的领导和同事们一直以来对我在教学、科研、管理方面的支持，让我得以在三者之间找到平衡点，继续在我感兴趣的领域勉力前行。同时，也要感谢南京审计大学的本科生和研究生们，如颜瑾、费振东、金童谣、柏若云、王思怡、黄天洲、唐雪梅、顾煜、袁祥胜、金子杰、金从静、王翔、张浩宇、郝静怡、李成秀、周惠、陈潇颖、李玉金、何颖、邹晓欢、朱凤萍、梁晶晶等，他们在文献梳理以及数据和资料收集与整理等方面做了大量辛勤的工作。

感谢社会科学文献出版社经济与管理分社的陈凤玲总编辑、冯咏梅编辑以及其他所有为本书付出的老师们，他们的努力与辛勤工作使得本书得以高质量出版。

　　最后，感谢我的父母和家人。近年来，自己因为众多的教学、科研和行政等工作，没有抽出更多的时间陪伴他们，在此由衷地向他们表示歉意，感谢他们长期以来的理解和支持。

　　这是我在劳动力流动领域出版的第三本专著，但因本人学力不逮，书中难免有不足之处，敬请读者诸君指正，也恳请方家批评。

樊士德

2023 年 10 月 25 日

图书在版编目（CIP）数据

减贫：中国劳动力流动的多重效应／樊士德著. --
北京：社会科学文献出版社，2023.12
ISBN 978 - 7 - 5228 - 2947 - 0

Ⅰ.①减⋯　Ⅱ.①樊⋯　Ⅲ.①劳动力流动 - 影响 - 扶
贫 - 研究 - 中国　Ⅳ.①F249.21②F126

中国国家版本馆 CIP 数据核字（2023）第 239030 号

减贫：中国劳动力流动的多重效应

著　　者／樊士德

出 版 人／冀祥德
组稿编辑／陈凤玲
责任编辑／冯咏梅
责任印制／王京美

出　　版／社会科学文献出版社·经济与管理分社（010）59367226
　　　　　　地址：北京市北三环中路甲 29 号院华龙大厦　邮编：100029
　　　　　　网址：www.ssap.com.cn
发　　行／社会科学文献出版社（010）59367028
印　　装／北京联兴盛业印刷股份有限公司

规　　格／开　本：787mm × 1092mm　1/16
　　　　　　印　张：19.5　字　数：308 千字
版　　次／2023 年 12 月第 1 版　2023 年 12 月第 1 次印刷
书　　号／ISBN 978 - 7 - 5228 - 2947 - 0
定　　价／128.00 元

读者服务电话：4008918866